辽宁师范大学规划教材建设项目

王震 叶 红 吴咏桐——主编

物理课程与教学论

湖南师范大学出版社

·长沙·

图书在版编目（CIP）数据

物理课程与教学论 / 王震，叶红，吴咏桐主编. —长沙：湖南师范大学出版社，2023.12

ISBN 978 – 7 – 5648 – 4892 – 7

Ⅰ.①物…　Ⅱ.①王…②叶…③吴…　Ⅲ.①中学物理课—教学研究　Ⅳ.①G633.72

中国国家版本馆 CIP 数据核字（2023）第 065677 号

物理课程与教学论

Wuli Kecheng yu Jiaoxuelun

王　震　叶　红　吴咏桐　主编

◇出　版　人：吴真文
◇组稿编辑：李　阳
◇责任编辑：李健宁　孟　霞
◇责任校对：陆羿妤　蒋旭东
◇出版发行：湖南师范大学出版社
　　　　　　地址/长沙市岳麓区　邮编/410081
　　　　　　电话/0731 – 88873071　0731 – 88873070
　　　　　　网址/https：// press. hunnu. edu. cn
◇经销：新华书店
◇印刷：长沙市宏发印刷有限公司
◇开本：710 mm×1000 mm　1/16
◇印张：16.75
◇字数：280 千字
◇版次：2023 年 12 月第 1 版
◇印次：2023 年 12 月第 1 次印刷
◇书号：ISBN 978 – 7 – 5648 – 4892 – 7
◇定价：69.00 元

前 言

　　"物理课程与教学论"是高等师范院校物理学专业师范生必修的一门专业基础课，肩负着为未来培养中学物理教师的重任。本书基于基础物理教育教学改革的要求，以物理学科核心素养为导向，系统地探讨了中学物理课程教学的规律、方法和策略，并融入对基础物理教育课程改革的新思考、新案例。

　　本书的编写力图简明、实用，选择对物理学专业师范生素养培养实用的部分，注重理论性与实践性的统一，将新颖的理论与翔实的实践案例相结合，同时还注重基础性与时代性的统一，立足基础，创新实践。本书主要包括物理课程与教学论的课程性质、内涵、发展历史，中学物理课程改革概述，物理学习的心理学因素，物理教学方法，物理概念教学，物理规律教学，物理实验教学，物理教学设计，物理说课，物理教学资源的开发和利用，物理教学评价，物理教材分析等内容。每章后面附有拓展阅读资料，力图拓宽学生的视野，激发学生自主学习的兴趣，启发学生思考。

　　本书既可作为高等师范院校物理学专业师范生的必修教材，又可作为"课程与教学论"硕士研究生的辅助教材，还可以作为大学教师、中学物理教师和教育科研者的参考书。

　　参与本书编写的人员及分工如下：绪论由王震编写；第一章由王震编写；第二章由王震编写；第三章由叶红编写；第四章由吴咏桐编写；第五章由任洹好、吴咏桐编写；第六章由王震编写；第七章由王震、吴咏桐编写；第八章由叶红编写；第九章由王震、汤惠编写；第十章由叶红编写；第十一章由王震、任洹妤、汤惠编写。王震负责本书的整体策划与统稿工作。在此，对编写人员的辛勤付出致以诚挚的谢意。

本书编写过程中参阅了诸多学者的研究成果，在此向文献的作者表示敬意与谢意！

最后书中若有疏漏之处，恳请广大读者批评指正。

王震

于辽宁师范大学

目　录

引 论

　　物理课程与教学论是高等师范院校物理教育专业学生的一门必修（或必选）课，是教师教育课程领域的一个分支，通过讲授物理教育与教学的理论知识，训练物理教育专业学生教学实践技能，培养其具备从事中学物理教学与研究能力的一门理论与实践相结合的课程。它既是联结高等师范物理教学与中学物理教学的桥梁和纽带，又是实现高等师范教育培养合格中学物理教师的重要环节。因此，探讨物理课程与教学论的课程性质以及研究这门学科的形成与发展，是我们应当首要明确的问题。

一、物理课程与教学论的课程性质

　　物理课程与教学论将现代教学理论、现代课程理论、心理学理论、学习理论和现代教育技术理论等与物理学科课程相结合，主要研究中学物理课程的课程目标、课程内容、课程结构、课程评价等课程体系的内容，以及讲授物理教学的教学原则、教学方法、教学过程、教学评价等。课程教学主要是为未来的物理教师的教学活动提供理论指导，使物理学专业师范生掌握物理教学论的基础知识和物理教学的基本技能，进一步提高物理教学质量，提高物理教师的工作和教育科研能力，发展教师专业技能。

二、物理课程与教学论的历史

　　17世纪，哥白尼擎起的科学革命火炬宣告了亚里士多德的直观物理时代的结束，科学挣脱神学的桎梏得到了解放，使物理学从哲学中分化出来，逐渐成为一门独立的学科。此后，物理学工作者开始肩负起加强探索和普及物理知识的双重任务。他们一方面以科学实验和观察获得的数据、资料为依据，以严密的逻辑推理为方法，坚持不懈地向大自然的未知领域探索；另一方面则持续不断地积累知识和经验，通过分析筛选、归纳整理，使理论系统化、规范化，以便更有效地把研究成果传授给后继者，并以物理学的基础知识教育学生。

我国自清末（1866 年）在同文馆中将"格物"列入学校教育内容后，学校便有了比较正规的物理教育。《奏定学堂章程》讲道："凡教授物理……所用器具、标本、模型、图画等物，均宜全备……"这里提出的理论结合实际、重视物理实验、使学生所获得的知识适用于日常生活及在实际中发挥作用等教学方法，至今仍是物理教师应遵循的。

我国高等师范院校始建于光绪二十八年（1902 年），即京师大学堂"师范馆"。学制四年，第一年学习普通课，二年后分科学习，所习课程中有中学的伦理、经学、习字、作文等，还开设西学的算学、博物、物理、化学等课程。至于"教授法"即讲授"各科教学之次序法则"，是由盛宣怀创办的南洋公学师范院在 1904 年"癸卯学制"中提出的。在初级师范学堂和优级师范学堂开设了各科教授法和教育实习课，并规定这些内容为各门学科第四学年所授内容，称为"数理科之次序方法"，每周安排 3 课时。至此，物理教授法便以此为基础在师范教育中发展起来。1918 年秋，时任南京高等师范学校教务主任的陶行知先生草拟了教学方案，提倡"教、学、做合一"的方法，主张把"教授法"改称"教学法"。1922 年，北洋政府通过《学制系统改革案》，史称"新学制"或"壬戌学制"。"壬戌学制"对师范教育进行了一定程度的调整：将师范教育纳入中等教育体系，提高了师范生的受教育水平，延长了修业年限，由旧制的预科 1 年、本科 4 年增加到 6 年；将传统的高等师范学校升级为 4 年制的师范大学，专设教育系。1922 年，"壬戌学制"的颁布最终将"教学法"替代了"教授法"，使它的内涵发生了质的变化，也就是说物理教学既要研究教法，又要研究学法，不仅要让学生学习理论，还要让学生重视理论联系实际。1933 年又设立了物理系，除各种物理学科课程之外，教育课程的安排是一年级学习教育概论，二年级学习教育心理，三年级学习普通教学法、教育统计及测验、教学参观，四年级学习中等教育、教育史、教育行政、儿童及青年心理、物理教学法、参观实习。可见，我国物理教学法课程在 20 世纪 30 年代初已经开设，其宗旨是力求理论与实际结合，指导学生掌握中等学校的物理教材和教法。

我国最早出现的教学法课程是《奏定优级师范学堂章程》中的"各科教授法"（1904），著作是上海商务印书馆出版的《各科教授法精义》（1909）。我国学科教学法真正被列入师范教育的课程是在五四运动前后。20 世纪 40 年代由于注意到了教材和教学内容的研究，把分科教学法改为学科教材及教学法，1949 年后出现了学科教学法和分科教材教法交替并存的局面。20 世纪 50 年代初，我国翻译了苏联著名教育家凯洛夫主编的《教育学》，使凯洛夫的教育思想渗透到各科教学中。各师范院校相继开设了物理教学法课程，使用的是东北师范大学物理系齐庆升教授翻译的苏联教育专家兹那敏斯基的《中学物理教学法》。学习苏联的教学经验，对于我国物理教育起了积极作用。1952 年 7 月和 8 月，中央人民政府教育部分别印发了新中国成立以后拟订的第一个师范学院物理系教学计划草案和第一个师范专科学校数理科教学计划草案，这为纠正当时高师院校中存在的教学无目的、无计划的混乱现象打下了基础。1954 年 4 月和 9 月，两个比较符合我国高等师范院校实际的新的教学计划——《师范学院暂时教学计划》《师范专科学校暂行教学计划》相继颁布，其中对物理教学法及中学物理实验课程的开设目的和课时都有了明确规定。1963 年，教育部颁布了《高等师范学校物理系教学计划（草案）》，把"中学物理教学法"改称"中学物理教材教法"，很多学校采用自编讲义，开展了一些教学研究工作。

1978 年党的十一届三中全会以后，学科教学法走上健康发展的道路。1983 年，国务院学位委员会在教育学门类下设立了二级学科，即教材教法研究，使学科教学研究的法定地位得到确立。物理学科在同年开始招收教材教法研究生，这对提高物理教学研究水平，丰富高校教材、教法，充实教师队伍，培养中学物理骨干教师都起了极大的推动作用。《授予博士、硕士学位和培养研究生的学科、专业目录》还把学科教学论定为硕士研究生的学位课程。物理教学论就在此背景下建立，相应的著作陆续出版。

我国首届学科教育学学术研讨会于 1986 年在首都师范大学召开。在 20 世纪 80 年代初，由于我国教育发展特别是基础教育发展的需要，为解决中小学教育提出的一系列问题，师范教育界提出了创建具有中国特色的学科教育学的设想。

随着物理学科研究的逐步发展与研究内容的不断丰富，原有的"教学法"和"教材教法"已与学科的研究任务不相称，因而"学科教学论"的出现是历史的必然。依照国务院学位办 1997 年学科调整目录，教育学门类下设 3 个一级学科，即教育学、心理学、体育学；教育学一级学科下设 10 个二级学科，即教育学原理、课程与教学论等 10 个学科；其中课程与教学论二级学科下设 3 个三级学科，即课程论、教学论、学科教学论。

1998 年，国务院学位办将"学科教学论"更名为"课程与教学论"，由此，确定了物理教学研究的两个核心——物理课程论和物理教学论。物理课程论与物理教学论是以物理课程和物理教学领域中的各种现象和问题为研究对象，对物理课程与教学中的诸多问题作出"为什么"的回答，以揭示物理课程与教学的基本特点、基本规律，不断形成系统的理论框架。至此，物理课程与教学论已经成为一门实践性很强的理论课，即应用型理论课。

进入 21 世纪，《中共中央、国务院关于深化教育改革全面推进素质教育的决定》的颁布，正式启动国家基础教育课程改革。这是一次国家规模的课程改革，为物理课程与教学论学科的发展搭建了一个前所未有的实践研究平台，使物理课程与教学论学科的发展进入了一个新的发展阶段。

三、学习物理课程与教学论的意义

（一）提升物理师范生的教师专业素养

《物理课程与教学论》教学的基本任务是通过课程的学习，能使物理学专业师范生具有现代教育教学的理念，掌握中学物理教学的一般规律和方法，具有分析和处理中学物理教材、选择和运用教学方法和教学手段、进行教学设计的能力，具有改革创新意识和初步的物理教育研究能力，从而为顺利从事中学物理的教学与研究，为基础教育服务奠定基础。物理教师应当具备的教育理念、职业技能、职业道德、职业精神等素养都会在本课程的学习中得到体现，进而提升物理学专业师范生的教师专业素养。

（二）提高学生分析和解决物理教学问题的能力

《物理课程与教学论》不仅教给学生物理教学的基本理论知识和教学实践方法，还培养学生思考和解决物理教学问题的思维方式，促进学生多视角、多方法灵活处理物理教学中的问题。因此，本书在编写的过程中，注重中学物理教学中真实案例的呈现，注重引导学生结合教学理论分析案例，注重学生分析能力、教学反思能力和教学研究能力的提升。如，教材中典型的教学案例分析，有助于学生学习物理教师解决物理教学问题的方法和策略，学会吸收、内化、反思，进而提高分析问题和解决物理教学实践问题的能力。

（三）激励学生树立正确的教师职业价值观

对于一名中学物理教师来说，物理专业知识无疑是从事物理教学工作的基本条件。但"仅通晓一门学科并非必然地成为该学科的好教师""学者未必是良师"。教学实践表明：具有同样专业知识水平的两个教师，由于教学理论素养的差异，其教学质量和效果会有很大的不同。教学既是一门科学，又是一种艺术。作为一门科学，物理教学有自身的规律性，要求教师在教学实践中去遵循、去探索；作为一种艺术，物理教学本身就是一项创造性的活动。这种创造性活动要产生出好的教学效果，一是教师的教学要符合物理教学的规律，二是教师的教学要体现出自己的教学个性或风格。这就要求教师既要掌握物理教学的规律，同时在教学实践中发挥主动探究精神和创造力。

党的二十大报告指出，"教育是国之大计、党之大计"，"育人的根本在于立德"。为此，作为一名未来的物理教师，要有强烈的责任感，要有将毕生精力献身于教育事业的坚强决心，要有努力学习和钻研物理专业知识的顽强意志。"物理课程与教学论"的学习对一名师范生来说是十分必要的。

四、如何学习物理课程与教学论

（一）教师如何教

"物理课程与教学论"是一门理论与实践结合密切的学科，单纯的理论讲授会让学生感到枯燥、没有吸引力，若能结合现代中学物理教育教学的实践进行教学，既能激发学生的职业向往又会让学生乐此不疲。教师在教学过程中创设学生未来职业教学中可能遇到的问题情境，向学生提出学习目标和活动要求，布置学习任务，学生课后查阅资料，收集相关方面的信息，同时以小组为单位应用所学的教育教学理论知识和技能去思考问题、解决问题。在课堂上，学习小组成员将设计好的学习任务展示出来，并由其他的学习小组同学作出评价和建议。在评议展示过程中，学生们可以将研究过程中存在的问题讲出来以获得帮助。教师还要多组织学生听取优秀教师的报告、讲座，了解优秀教师的事迹。教师还可以组织学生听课、评课等实践活动，将课程的学习在实践活动中实施。物理课程与教学论的理论知识只有通过实践操作，才能将理论学习转换为实践知识。

（二）学生如何学

"物理课程与教学论"的学习，最重要的是要让学生认识到学习的价值，具备刻苦钻研的精神。物理学专业师范生对专业课程的学习往往习惯于计算和推理，然而随着"物理课程与教学论"的课程地位日益突出，价值日渐彰显，课程的学习使学生明白了要成为一名合格的中学物理教师需要学识、能力，但最重要的是要有钻研的精神。为了学好本门课程，希望大家做到以下几点：（1）系统掌握教育学和心理学的相关知识。物理课程与教学论的一级学科是教育学，教育学与心理学中的基本理论是课程学习的基础，需要刻苦去研读教育学和心理学的相关知识，具备广阔的教育视野，只有教育教学基本理论知识学得扎实，物理课程与教学论才可能学得更好。（2）勤于思考。学习中要能够经常带着问题听课、看书、学习，能够有意识地给自己提出思考的问题，多关注物理课程与教学论的理论与实践问题，不断分析、琢磨、钻研问题的解决方法，并能够经常发问，积极向他人请教，要具备理性的批判意识，既尊重权威又不迷信、不盲从，逐步将知识有效地内化到认知结构中。（3）亲身体验。在物理课程与教学论的学习过程中，要将理论与实践相结合，多实践。比如，大家可以通过参与微格训练、模拟授课、说课、评课、教学比赛等多种方式进行实践，带着问题实践、虚心学习、时常反思、勤于总结，将所学知识应用于解决实际问题中。

第一章 中学物理课程改革概述

学习目标

1. 理解普通高中物理课程和义务教育物理课程的基本理念；

2. 理解物理学科核心素养的含义，了解高中物理课程目标；

3. 认识物理教学大纲与物理课程标准的区别与联系；

4. 理解探究式学习的含义，掌握探究式学习的方法，尝试运用科学探究的方法研究物理问题。

我们进行物理教学需要研读物理课程标准的内容，领悟物理课程标准的理念，并运用物理课程标准的思想指导实际教学。理解中学物理课程的性质、基本理念、课程目标，能使我们在实施教学的过程中更好地确定物理教学的目标与内容，更好地采取有效的物理教学策略。

第一节 普通高中物理课程改革

普通高中课程改革是我国基础教育课程改革的重要组成部分。2001 年秋季，在义务教育新课程实施实验时，教育部就正式启动了普通高中新课程改革方案和课程标准的研制工作。2003 年 3 月 31 日，教育部印发了《普通高中课程方案（实验）》和 15 个学科课程标准，其中有《普通高中物理课程标准（实验）》。2004 年秋季，在广东、山东、宁夏和海南等四个省（区）进行高中新课程的实验。2005 年，8～10 个省参加普通高中新课程实验。2006 年，15～18 个省参加普通高中新课程实验。

自 2003 年以来，由教育部印发的普通高中课程方案和课程标准实验稿指导了十余年来普通高中课程改革的实践，坚持了正确的改革方向和先进的教育理念，基本建立了适合我国国情、适应时代发展要求的普通高中课程体系，促进了教育观念的更新，推进了人才培养模式的变革，提升了教师队伍的整体水平，有效推动了考试评价制度的改革，为我国基础教育质量的提高做出了积极贡献。但是，面对经济、科技的迅猛发展和社会生活的深刻变化，面对新时代社会主要矛盾的转化，面对新时代对提高全体国民素质和人才培养质量的新要求，面对我国高中阶段教育基本普及的新形势，2013 年，教育部启动了普通高中课程修订工作，希望将普通高中课程方案和课程标准修订为既符合我国实际情况，又具有国际视野的纲领性教学文件，努力构建具有中国特色的普通高中课程体系。经过 4 年多的时间，2017 年中华人民共和国教育部制定了《普通高中物理课程标准（2017 年版）》，新一轮的普通高中课程改革便开始了。2020 年 6 月中华人民共和国教育部又修订完成了《普通高中物理课程标准（2017 年版 2020 年修订）》，本次修订是深化普通高中课程改革的重要环节，直接关系育人质量的提升。习近平总书记强调"要深化教育教学改革，强化教育主阵地作用，全面提高学校教学质量"。

一、课程性质与课程理念

（一）课程性质

物理学是自然科学领域的一门基础学科，研究自然界物质的基本结构、相互作用和运动规律。物理学基于观察与实验，建构物理模型，应用数学等工具，通过科学推理和论证，形成系统的研究方法和理论体系。从古希腊时代的自然哲学，到十七八世纪的经典物理学，直至近代的相对论、量子论等，物理学始终引领着人类对自然奥秘的探索，深化着人类对自然界的认识。物理学对化学、生命科学、地球与宇宙科学等自然科学产生了重要影响，推动了材料、能源、环境、信息等科学技术的进步，促进了人类生产生活方式的变革，对人类的思维方式、价值观念等都产生了深远影响，对人类文明和社会进步做出了巨大贡献。

高中物理课程是普通高中自然科学领域的一门基础课程，旨在落实立德树人根本任务，进一步提升学生的物理学科核心素养，为学生的终身发展奠定基础，促进人类科学事业的传承与社会的发展。高中物理课程在义务教育的基础上，帮助学生从物理学的视角认识自然，理解自然，建构关于自然界的物理图景；引导学生经历科学探究过程，体会科学研究方法，养成科学思维习惯，增强创新意识和实践能力；引领学生认识科学的本质以及科学·技术·社会·环境（STSE）的关系，形成科学态度、科学世界观和正确的价值观，为做有社会责任感的公民奠定基础。

（二）基本理念

1. 注重体现物理学科本质，培养学生物理学科核心素养

高中物理课程注重体现物理学科的本质，从物理观念、科学思维、科学探究、科学态度与责任等方面提炼学科育人价值，充分体现物理学科对提高学生核心素养的独特作用，为学生终身发展、应对现代和未来社会发展的挑战打下基础。

2. 注重课程的基础性和选择性，满足学生终身发展的需求

高中物理课程在结构上注重为全体学生打好共同基础，精选学生终身发展必备的核心概念和科学实践作为必修模块内容，同时针对学生的兴趣、发展潜能和今后的升学或就业需求，设计多样化的课程模块，促进学生自主地、富有个性地学习。

3. 注重课程的时代性，关注科技进步和社会发展需求

高中物理课程在内容上注重与生产生活、现代社会及科技发展的联系，反映当代科学技术发展的重要成果和科学思想，同时关注物理学的技术应用带来的社会问题，培养学生的社会参与意识和社会责任感。

4. 引导学生自主学习，提倡教学方式多样化

高中物理课程通过创设学生积极参与、乐于探究、善于实验、勤于思考的学习情境，培养和发展学生的自主学习能力。通过多样化的教学方式，利用现代信息技术，引导学生理解物理学的本质，整体认识自然界，形成科学思维习惯，增强科学探究能力和解决实际问题的能力。

5. 注重过程评价，促进学生核心素养的发展

高中物理课程重视以评价促进学生的学习与发展，重视评价的诊断功

能和激励功能，致力于创建一个目标明确、主体多元、方法多样、既重视结果亦重视过程的物理课程评价体系。提倡评价应关注学生的个体差异，帮助学生认识自我、建立自信，改进学习方式，发展核心素养。

二、学科核心素养与课程目标

（一）学科核心素养

学科核心素养是学科育人价值的集中体现，是学生通过学科学习而逐步形成的正确价值观、必备品格和关键能力。物理学科核心素养主要包括"物理观念""科学思维""科学探究""科学态度与责任"四个方面。

1. 物理观念

"物理观念"是从物理学视角形成的关于物质、运动与相互作用、能量等的基本认识；是物理概念和规律等在头脑中的提炼与升华；是从物理学视角解释自然现象和解决实际问题的基础。

"物理观念"主要包括物质观念、运动与相互作用观念、能量观念等要素。

描述：形成经典物理的物质观、运动观、能量观、相互作用观，并能用来解释自然现象和解决实际问题；初步具有现代物理的物质观、运动观、能量观、相互作用观，能用于描述自然界的图景。

2. 科学思维

"科学思维"是从物理学视角对客观事物的本质属性、内在规律及相互关系的认识方式；是基于经验事实建构物理模型的抽象概括过程；是分析综合、推理论证等方法在科学领域的具体运用；是基于事实证据和科学推理对不同观点和结论质疑和批判，进行检验和修正，进而提出创造性见解的能力与品格。

"科学思维"主要包括模型建构、科学推理、科学论证、质疑创新等要素。

描述：具有构建理想模型的意识和能力；能正确使用物理思维方法从定性和定量两个方面进行科学推理、找出规律、形成结论，并能解释自然现象和解决实际问题；具有使用科学证据的意识和评估科学证据的能力，能使用证据对研究的问题进行描述、解释和预测；具有批判性思维的意识，能基于证据大胆质疑，会从不同角度思考问题，追求科技创新。

3. 科学探究

"科学探究"是指基于观察和实验提出物理问题、形成猜想和假设、设计实验与制订方案、获取和处理信息、基于证据得出结论并作出解释，以及对科学探究过程和结果进行交流、评估、反思的能力。

"科学探究"主要包括问题、证据、解释、交流等要素。

描述：具有科学探究的意识、能发现问题、提出合理猜测；具有设计实验探究方案和获取证据的能力，能正确实施实验探究方案，会使用各种科技手段和方法收集信息；具有分析论证的能力，会使用各种方法和手段分析、处理信息，描述、解释实验探究结果和变化趋势；具有合作交流的意愿和能力，能准确表达、评估、反思实验探究过程与结果。

4. 科学态度与责任

"科学态度与责任"是指在认识科学本质，认识科学·技术·社会·环境关系的基础上，逐渐形成的探索自然的内在动力，严谨认真、实事求是和持之以恒的科学态度，以及遵守道德规范，保护环境并推动可持续发展的责任感。

"科学态度与责任"主要包括科学本质、科学态度、社会责任等要素。

描述：能正确认识科学的本质；具有学习和研究物理的好奇心与求知欲，能主动与他人合作，尊重他人，能基于证据和逻辑发表自己的见解，实事求是，不迷信权威；在应用物理研究和物理成果时，能遵循普遍接受的道德规范；理解科学·技术·社会·环境的关系，热爱自然，珍惜生命，具有保护环境、节约资源、促进可持续发展的责任感。

物理学科核心素养明确了学生学习该学科课程后应达成的正确价值观念，体现了物理学科的教育价值，是三维课程目标的整合、提炼与发展，其中既有继承，又有创新。正如三维目标的三个维度并不是彼此独立的一样，物理核心素养的四个方面也是相互联系、共同发展的。物理观念的形成过程是学生发展科学思维和科学探究能力的过程，同时伴随着对科学本质和科学·技术·社会·环境关系的认识以及对科学态度与社会责任感的认识不断加深的过程。

（二）课程目标

高中物理课程应在义务教育的基础上，进一步促进学生物理学科核心素养的养成和发展。通过高中物理课程的学习，学生应达到如下目标：

（1）形成物质观念、运动与相互作用观念、能量观念等，能用其解释自然现象和解决实际问题。

（2）具有建构模型的意识和能力；能运用科学思维方法，从定性和定量两个方面对相关问题进行科学推理、找出规律、形成结论；具有使用科学证据的意识和评估科学证据的能力，能运用证据对研究的问题进行描述、解释和预测；具有批判性思维的意识，能基于证据大胆质疑，从不同角度思考问题，追求科技创新。

（3）具有科学探究意识，能在观察和实验中发现问题、提出合理猜想与假设；具有设计探究方案和获取证据的能力，能正确实施探究方案，使用不同方法和手段分析、处理信息，描述并解释探究结果和变化趋势；具有交流的意愿与能力，能准确表述、评估和反思探究过程与结果。

（4）能正确认识科学的本质；具有学习和研究物理的好奇心与求知欲，能主动与他人合作，尊重他人，能基于证据和逻辑发表自己的见解，实事求是，不迷信权威；关心国内外科技发展现状与趋势，了解物理研究和物理成果的应用应遵循道德规范，认识科学·技术·社会·环境的关系，具有保护环境、节约资源、促进可持续发展的责任感。

三、课程结构

（一）设计依据

1. 落实立德树人根本任务要求，体现物理课程的育人功能

注重物理课程对立德树人根本任务的落实，切实将物理学科核心素养的培养贯穿在物理课程的设计和实施中。基于学生在"物理观念""科学思维""科学探究"和"科学态度与责任"等方面的物理学科核心

素养发展水平，分层设计高中物理课程中各模块的教学目标及学业要求，体现物理课程的育人功能。

2. 依据普通高中课程方案，合理设置高中物理课程结构

普通高中课程方案规定物理课程开设必修、选择性必修和选修课程。物理必修课程是全体学生必须学习的课程，是高中学生物理学科核心素养发展的共同基础；选择性必修课程由学生根据个人需求与升学要求选择学习；选修课程由学生自主选择学习。

3. 遵循学生认知规律及学科特点，设计循序渐进的课程内容

遵循高中生的认知规律及物理学科特点，设计循序渐进的必修与选择性必修课程内容。在必修课程中，纳入物理学的基本学习内容；在选择性必修和选修课程中，进一步深化和拓展力学、电磁学、热学、光学和原子物理学等学习内容。这样既关注全体学生的共同基础，又兼顾部分学生进一步学习的需求。

4. 关注学生多元发展，设计具有基础性和选择性的课程

在必修课程设计中，关注全体学生的共同基础和现代公民对物理学的基本需求。在此基础上，考虑不同学生的发展需求，设计选择性必修和选修课程。选择性必修课程的三个模块有递进关系，注重物理内容的系统性；选修课程的三个模块是并列关系，分别从物理学与社会发展、物理学与技术应用及近代物理学初步等不同方面构建课程，为学生多元发展提供空间。

5. 融入理论和实践新成果，设计先进并具有操作性的课程

高中物理课程的设计参考了国内外物理课程研究的结果，强调课程的基础性、选择性与时代性，注重将现代物理学内容、物理学研究方法、科学·技术·社会·环境的关系纳入课程。同时，课程设计还吸收了课程改革的成功经验，加强了课程的可操作性与可评价性。

（二）结 构

高中物理课程结构由必修课程、选择性必修课程和选修课程组成。必修课程是全体学生必须学习的课程，是学生物理学科核心素养发展的共同基础，由必修1、必修2和必修3三个模块构成。选择性必修课程是学生根

据个人需求与升学要求选择学习的课程，由选择性必修 1、选择性必修 2 和选择性必修 3 三个模块构成。选修课程是学生自主选择学习的课程，由选修 1、选修 2 和选修 3 三个模块构成。无论是必修课程还是选修课程都应贯彻落实立德树人根本任务，注重发展学生的物理学科核心素养。

（三）两版物理课程标准对比分析（表 1-1）

表 1-1　两版物理课程标准对比分析

内容	2003 版（实验）	2017 年版
培养目标	进一步提高科学素养，满足全体学生的终身发展需求	进一步提升学生综合素质，着力发展核心素养
课程基本理念	课程目标：注重提高全体学生的科学素养 课程结构：体现课程的选择性 课程内容：体现时代性、基础性和选择性 课程实施：注重自主学习，提倡教学方式多样化 课程评价：强调更新观念，促进学生发展	课程目标：注重体现物理学科本质，培养学生物理核心素养 课程结构：注重课程的基础性和选择性，满足学生终身发展的需求 课程内容：注重课程的时代性，关注科技进步和社会发展需求 课程实施：引导学生自主学习，提倡教学方式多样化 课程评价：注重过程评价，促进学生核心素养的发展
课程目标	（三维目标） 知识与技能 过程与方法 情感态度与价值观	（核心素养） 物理观念 科学思维 科学探究 科学态度与责任
课程结构	必修、选修	必修、选择性必修、选修

物理课程标准修订的主要内容和变化：

1. 关于课程方案

（1）进一步明确了普通高中教育的定位

普通高中的培养目标是进一步提升学生综合素质，着力发展核心素养。

（2）进一步优化了课程结构

将课程类别调整为必修课程、选择性必修课程和选修课程；进一步明确了各类课程的功能定位，与高考综合改革相衔接。

2. 关于学科课程标准

（1）凝练了学科核心素养

对知识与技能、过程与方法、情感态度与价值观三维目标进行了整合。还围绕着核心素养的落实，精选、重组了课程内容，明确内容要求，指导教学设计，提出考试评价和教材编写建议。

（2）研制了学业质量标准

明确了学生完成本学科学习任务后，学科核心素养应该达到的水平，各水平的关键表现构成评价学业质量的标准。引导教学更加关注育人目的，更加注重培养学生核心素养。

3. 课程结构

2018年秋季，高中物理学科开始分等级：如果想拿到高中毕业证，必须参加学业水平考试，需要学习必修模块共三本书；如果参加高考时打算选考物理，要增加选择性必修三本书，即必修加选择性必修共六本书；如果想继续发展兴趣特长或参加自主招生考试，还需要增加三本选修教材。也就是说，高中学段共有九本书，只有全部学完，才能达到高中物理学习的最高境界。

4. 学分与选课

必修课程：每模块2学分，共计6学分。必修课程学完后，学生可参加用于高中毕业的学业水平合格性考试。

选择性必修课程：每模块2学分，共计6学分。选择性必修课程学完后，学生可参加用于高等院校招生录取的学业水平等级性考试。

选修课程：每模块2学分，共计6学分。学生可根据兴趣爱好、学业发展、职业倾向等自主选择学习。学校可根据实际情况开设选修课程，自主考核。

学生学完必修课程后，可先选学选择性必修课程，再选学选修课程，也可直接选学选修课程的部分模块。对于选择性必修课程，建议按模块顺序学习，确保所学习内容之间的前后衔接。

第二节　义务教育物理课程改革

2001年7月，教育部颁布《义务教育物理课程标准（实验稿）》，随后逐步在全国范围内实验。2003年，教育部进行了第一次调研和初次修订。2007年3月，教育部正式筹备组建了各学科课程标准修订组，开始对课标进行系统修订。2007年到2011年，历经4年，修订组对2003年和2007年两次大规模的问卷调查结果进行了认真研究，并进一步做了深入的访谈及调研，系统总结了10年来义务教育物理课程改革的成果，梳理了需要解决的问题，比较、研究了国际物理（科学）课程的发展状况等。在这些工作的基础上，修订组对标准进行了修订，颁布了《义务教育物理课程标准（2011年版）》。该课程标准已实施了10年以上，根据课程改革自身规律性要求，有必要作进一步的修订完善，为此教育部在《义务教育物理课程标准（2011年版）》的基础上进行修订。此次课程标准的修订，继承了我国物理课程改革与建设的成功经验，也充分借鉴了国际上物理课程改革的新成果。2022年4月，教育部印发《义务教育课程方案和课程标准（2022年版）》，其中《义务教育物理课程标准（2022年版）》正式发布。《义务教育物理课程标准（2022年版）》的颁布，标志着我国初中物理课程改革进入新阶段，将对未来10年初中物理教学产生深远影响。

一、课程性质

从古代的自然哲学，到近代的相对论、量子论等，物理学引领着人类对自然奥秘的探索，深化着人类对自然界的认识。义务教育物理课程是一门以实验为基础的自然科学课程，与小学科学和初、高中物理课程相衔接，与化学、生物学等课程相关联，具有基础性、实践性等特点。义务教育物理课程旨在促进人类科学事业的传承与社会的发展，帮助学生从物理学视角认识自然、解决相关实际问题，初步形成科学的自然观；引导学生经历科学探究过程，学习科学研究方法，养成科学思维习惯，进而学会学习；

引领学生认识科学·技术·社会·环境的关系，形成科学态度和正确价值观，增强社会责任感、民族自豪感；激发学生热爱党、热爱祖国、热爱人民的情感，为培养德智体美劳全面发展的社会主义建设者和接班人奠定基础。

2022年版的课程标准在课程性质中首先论述了物理学是"自然科学领域研究物质的基本结构、相互作用和运动规律的一门基础学科""通过科学观察、实验探究、推理计算等形成系统的研究方法和理论体系"。这是物理学在义务教育阶段与学生认知能力、学科课程要求相匹配的学习内容与研究方法，是对2011年版课程标准前言中课程性质的进一步完善。

二、课程基本理念

（一）面向全体学生，培养学生核心素养

义务教育物理课程以习近平新时代中国特色社会主义思想为指导，以学生发展为本，以提升全体学生核心素养为宗旨，为每个学生的学习和发展提供机会。注重落实物理课程的育人价值，培养学生适应个人终身发展和社会发展需要的正确价值观、必备品格和关键能力。

相比于2011年版课标中所倡导的"科学素养"，2022年版课程标准规定了义务教育物理课程要"以提升全体学生核心素养为宗旨"，这就要进一步体现物理课程的独特育人价值，突出学科在人才发展中的独特作用，满足时代发展对人才的需要。

（二）从生活走向物理，从物理走向社会

遵循初中学生身心发展规律，贴近学生生活，关注学习生长点，以具体事实、鲜活案例、生活经验和基本概念等引导学生进行理性思考。注重时代性，加强与生产生活、社会发展及科技进步的联系，凸显我国科技成就，引导学生增强文化自信，树立科技强国的远大理想。

在这一课程理念引领下开展的物理教学，可让学生深刻领会学科知识与现实价值的双重统一，了解基础科学作为科技创新基石的重要作用，也是领悟"知行合一"内涵与现实意义的有效举措。

（三）以主题为线索，构建课程结构

依据物理学科内涵，遵循学生认知规律，明确物理学习主题。主题内分级呈现，层层递进；主题间相互关联，各有侧重。注重"知行合一、学以致用"，体现物理课程基础性、实践性等特点。

2022年版课标第1次从课程结构角度明确提出了以主题为线索，促进课程结构化，全面提升课程系统性。

（四）注重科学探究，倡导教学方式多样化

注重科学探究，突出问题导向，强调真实问题情境，引导学生不断探索，提高分析问题、解决问题的实践本领和科学思维能力，发展核心素养。倡导教学方式多样化，鼓励教学中根据教学目标、教学内容、教学对象及教学资源等的实际情况，灵活选用教学方式，合理运用信息技术。

与2011年版课程标准相比较，2022年版课程标准将"注重科学探究"放在了"倡导教学方式多样化"之前，明确了科学探究不单是义务教育阶段的主要教学内容，也是促进学生物理核心素养提升需要借助的主要教学手段和方式。

（五）发挥评价的育人功能，促进学生核心素养发展

坚持核心素养导向，注重以评价促进学生发展，构建目标明确、主体多元、方式多样和功能全面的物理课程评价体系。不仅重视对学生学习过程的评价和终结性学业成就的考核，而且关注学生的个体差异，帮助学生建立自信，激发学生学习物理的兴趣和动机，充分发挥评价的育人功能。

2022年版课标对评价内容给予了更加详细的说明。通过构建主体多元、功能全面的物理课程评价体系，充分发挥评价的教育教学功能，做到以评促学、以评促教。为全面、客观、及时地对学生的发展状况作出评价与诊断，从学生所处的学习环境、所参与的学习活动入手，全方位地分类评价，从而得到真实、有效的综合评价结果。

三、课程目标

立足学生全面发展，依据核心素养内涵及学生身心发展特点，确定课

程目标，体现物理课程独特的育人价值。

在构建义务教育阶段物理核心素养时，从学科育人、终身发展的视角考虑，参考高中物理课程标准，同样将其确定为物理观念、科学思维、科学探究、科学态度与责任 4 个方面，共包含 14 个要素。初、高中物理核心素养的贯通，有利于初高中物理课程的纵向衔接，加强了学段间共通性素养的培育，为学生核心素养的持续培养创造了条件。

核心素养是课程育人价值的集中体现，是学生通过课程学习逐步形成的适应个人终身发展和社会发展需要的正确价值观、必备品格和关键能力。

（一）物理观念

物理观念是从物理学视角形成的关于物质、运动和相互作用、能量等内容的总体认识，是物理概念和规律等在头脑中的提炼与升华，是从物理学视角解释自然现象和解决实际问题的基础。

物理观念主要包括物质观念、运动和相互作用观念、能量观念等要素。

物理观念是学生对物理知识进行深入挖掘与开发后提炼升华而成的，其中体现了学习者基于知识学习而生成的主观表达。观念的形成不同于知识的习得，不可能通过浅层次的思维活动和单一的学习方式获得，这就加强了学习者本人对知识进行思维加工与内化的程度。因此，物理观念的提出超越了原有对碎片化知识的理解，是对学生知识理解和能力发展的更高要求。

（二）科学思维

科学思维是从物理学视角对客观事物的本质属性、内在规律及相互关系的认识方式；是建构物理模型的抽象概括过程；是分析综合、推理论证等方法在科学领域的具体运用；是基于事实证据和科学推理对不同信息、观点和结论进行质疑和批判，予以检验和修正，进而提出创造性见解的品格与能力。

科学思维主要包括模型建构、科学推理、科学论证、质疑创新等要素。

义务教育阶段是培养科学思维的重要阶段。物理核心素养中的科学思维主要包括模型建构、科学推理、科学论证和质疑创新等要素。这些都是物理学科在探索自然和建构理论体系过程中运用的典型思维方式，也是学生学习和运用物理知识和方法的过程中必备的思维能力。在义务教育阶段，基于学生的认知发展水平，要选择与学生发展相匹配的教学方式和教学内容，促进学生科学思维的发展。

（三）科学探究

科学探究是指基于观察和实验提出物理问题、形成猜想与假设、设计实验与制订方案、获取与处理信息、基于证据得出结论并作出解释，以及对科学探究过程和结果进行交流、评估、反思的能力。

科学探究主要包括问题、证据、解释、交流等要素。

在 2011 年版课标基础之上，2022 年版课标将科学探究作为以核心素养为中心的课程目标提出，从内容要求转换为素养要求，提高了科学探究在物理教学中的地位，进一步明确了科学探究对学生发展的重要性。

（四）科学态度与责任

科学态度与责任是指，在认识科学本质和了解科学·技术·社会·环境关系的基础上形成的，探索自然的内在动力，严谨认真、实事求是、持之以恒的品质，热爱自然、保护环境、遵守科学伦理的自觉行为，以及推动可持续发展和中华民族伟大复兴的使命担当。

科学态度与责任主要包括科学本质观、科学态度、社会责任等要素。2022 年版课标新增了对"科学本质观"这一内容的要求。步入新时代，新一轮的科技革命又会为人类发展带来前所未有的变化。对"科学本质观"的强调，其实倡导的是通过物理学习所能带来的最具时代性的价值追求，而这也正是对肩负民族复兴大任的时代新人的要求。

2022 年版课标在物理课程基本理念的基础上，制定了物理课程的核心素养培养目标，借助于物理课程将素养要求转化成物理教育教学可把握、可落实的实际行动，为物理学科的育人价值明确了发展路径。在课程目标的四个方面中，物理观念是基础，科学思维是核心，科学态度与责任贯穿始终，科学探究是学习物理观念、发展科学思维、形成科学态度与责任的手段和途径。这四个方面是物理教育中的有机整体，相互联系、相互促进，每一方面素养的加强都会对学生整体素养的提升起到促进作用。物理课程目标从 2011 年版课程标准的三维目标到 2022 年版的素养导向，完成了由知识、技能学习的课程目标与以课程为载体的促进学生发展的育人目标之间的跨越转变，进一步体现了物理学科的育人功能。

四、课程内容

义务教育物理课程内容由"物质""运动和相互作用""能量""实验探究""跨学科实践"五个一级主题构成。"物质""运动和相互作用""能量"主题不仅包含物理概念和规律，而且还包含物理探索过程、研究方法，以及科学态度与价值观等；"实验探究"旨在强调物理课程的实践性，凸显物理实验整体设计，明确学生必做实验要求；"跨学科实践"主题侧重体现物理学与日常生活、工程实践、社会发展等方面的联系。各一级主题均包含内容要求、学业要求及教学提示，内容要求含二级主题及活动建议，二级主题含三级主题及样例。学业要求反映学生完成一级主题的学习后，在物理观念、科学思维、科学探究、科学态度与责任方面应达到的学业成就。

五、目标要求

物理课程旨在促进学生核心素养的养成和发展，引导学生学会学习、学会合作、学会生活，为学生的终身发展奠定基础。通过义务教育物理课程的学习，学生应达到如下目标：

（1）物质的形态、属性及结构，认识运动和力、声和光、电和磁，认识机械能、内能、电磁能及能量的转化与守恒；能将所学物理知识与实际情境联系起来，能从物理学视角观察周围事物，解释有关现象，解决简单的实际问题。初步形成物质观念、运动和相互作用观念、能量观念。

（2）会用所学模型分析常见的物理问题；能对相关问题和信息进行分析并得出结论，具有初步的科学推理能力；有利用证据对所研究的问题进行分析和解释的意识，能使用简单和直接的证据表达自己的观点，具有初步的科学论证能力；能独立思考，对相关信息、方案和结论提出自己的见解，具有质疑创新的意识。

（3）有科学探究的意识，能发现问题、提出问题，形成猜想与假设，具有初步的观察能力和提出问题的能力；能制订简单的科学探究方案，有控制实验条件的意识，会通过实践操作等方式收集信息，初步具有获取证据的能力；能分析、处理信息，得出结论，初步具有对科学探究过程和结果作出解释的能力；能书面或口头表述自己的观点，能自我反思和听取他人意见，具有与他人交流的能力。

（4）初步认识科学本质，体会物理学对人类认识深化及社会发展的推动作用；亲近自然，崇尚科学，乐于思考与实践，具有探索自然的好奇心和求知欲，有克服困难的信心和决心，能总结成功的经验，分析失败的原因，体验战胜困难、解决问题的喜悦，严谨认真，实事求是，善于跟他人分享与合作，不迷信权威，敢于提出并坚持基于证据的个人见解，勇于放弃或修正不正确的观点；能关注科学技术对自然环境、人类生活和社会发展的影响，遵守科学伦理，有保护环境、节约资源的意识，能在力所能及的范围内为社会的可持续发展作出贡献，具有实现中华民族伟大复兴的责任感与使命感。

六、学业质量

2022 年版课标首次在义务教育阶段研制了学业质量。学业质量是学生在完成课程阶段性学习后的学业成就表现，反映核心素养的要求。因此，核心素养是学业质量制定的基础，而学业质量标准则是评价学生核心素养的依据。物理学科学业质量，从核心素养的 14 个要素出发，对学生经过阶段性学习应达到的学业表现成就的具体特征进行整体描述，以此作为学生通过物理课程学习而应达到的基本标准，从而与学生的实际表现进行对标，给予其学业水平以公正、客观的评价。学业质量的制定，加强了课程标准的可操作性，赋予了核心素养目标以实际的内涵。在课程标准中融入学业质量，有其一定的现实意义。学业质量可作为一把度量之尺，对教师的教与学生的学予以衡量并及时纠错，减去学生不必要的负担，确保其在向着核心素养发展的道路上稳步前进。同时，学业质量是依据课程内容而定的，因此也必定会成为学业水平考试命题的主要依据之一，对考试评价的模式与内容也会产生深远的影响。

七、物理教学大纲与物理课程标准比较

"课程标准"最早在我国清朝末年使用，其雏形出现在清政府举办新型学堂的文件中，如《功课教法》《学科程度及编制》等。1921年，南京国民政府颁布《普通教育暂行课程标准》，从此课程标准成为学校教育的指导性文件，并一直沿用到解放初。1949年后，我国全面学习苏联。自1952年开始，我国全面照搬苏联的教育体系、制度和模式，用苏式的"教学计划"和"教学大纲"代替"课程标准"，它们成为学校教育的指导性文件，规范着学校教育教学行为，并一直沿用到2001年。课程标准与教学大纲在课程中的地位与功能是非常相近的。国内学者对课程标准的理解和认识主要包括两个方面：一是课程标准规定了一定学习阶段学校教育的培养目标，即课程水平；二是课程标准规定了教学内容与教学安排。习惯上，我们称前者为教学计划，后者为教学大纲。

正如许多学者已经指出的那样，是使用课程标准还是使用教学大纲，国际上没有统一的说法，主要参照本国的教育传统和文化背景。教学大纲主要是从教育者（包括教师）的角度对教学的范围、教学的进程、教学的重点难点、应达到的教学要求等做出的规定，是以"教"为主线对教学操作流程和操作要点的一种描述，体现了"教的过程"与"教的结果"的统一。我们可以从教学大纲的结构方式和表述方式上，如"教学目标""教学内容与要求""课时安排""教学原则""教学所应注意的问题""考试与评价""教学设备"等，认定教学大纲体现了一种"以教为本"的设计思想和思路，在长期的教学实践中，其有意无意地反复强化着一种"教师中心主义"的教学观和课程观。课程标准要想充分体现"一切为了学生的发展"的课程理念，就必须从教学大纲"以教为本"的旧基点转变为"以学为本"的新基点，从更多地强调教师的教学转变为更多地着眼于学生的学习，关注学生的学，强调学习的过程与方法，强调教为学服务的思想。

（一）物理教学大纲

各门课程的教学大纲是根据教学计划、以纲要的形式制订的，由教育

23

部颁布的关于该门课程教学工作的指导性文件。各门课程的教学内容与要求是由该课程的教学大纲具体规定。教学大纲是教师进行教学的主要依据，因此，教师必须认真学习和钻研教学大纲，严格贯彻执行教学大纲，以便做好教学工作。

教学大纲一般包括两大部分：说明部分和大纲部分。说明部分规定课程的教学目的和具体任务，提出选择教材的原则、教材的体系以及教学方法的要点等；大纲部分系统地规定教学内容的主要课题、教学课时数以及实验与实习的内容等。

（二）物理课程标准

不同研究角度与课程发展阶段对课程标准会有不同的理解，较主流的观点是把课程标准定义为"对课程期望的学习目标的描述"。美国1992年举行的亚太经济合作组织成员方会议指出，"课程标准是对我们希望学生在校期间应掌握的特定知识、技能和态度的非常清晰明确的阐述"。

我国《基础教育课程改革纲要（试行）》提到，课程标准应"体现国家对不同阶段的学生在知识与技能、过程与方法、情感态度与价值观等方面的基本要求，规定各门课程的性质、目标、内容框架，提出教学和评价建议"。明显，2001年颁布的课程标准反映了国家对学生学习结果的统一的基本要求，是对学生在校期间应掌握的特定知识、技能和态度的清晰明确阐述。基于上述阐释，将课程标准定义为：课程标准是国家（或省市）对学生在某一方面或领域素质的基本要求，是对课程期望的学习目标的描述。

我国课程改革是随着时代的发展、社会的进步、科学技术的日新月异、社会对公民素质的要求、人们教育观念的转变以及对教学规律认识的深入而不断发展变化的。中学物理教学目的的变化主要是从掌握物理知识逐渐向强调知识的应用、突出能力培养、关注非智力因素等方面发展；在教学内容的选取上，从关注知识体系发展到既关注知识体系又关注科学技术在社会发展和生产生活中的应用；在教学要求上，从高度统一的基础上逐渐增加弹性，从"一纲一本"的模式向"一纲多本"的方向发展。

（三）现行高中物理课程标准与高中物理教学大纲比较

表 1－2　高中物理教学大纲与高中物理课程标准的比较

名称	高中物理教学大纲	高中物理课程标准
理念	未对课程理念进行专门的叙述。	课程目标：注重体现物理学科本质，培养学生物理核心素养 课程结构：注重课程的基础性和选择性，满足学生终身发展的需求 课程内容：注重课程的时代性，关注科技进步和社会发展需求 课程实施：引导学生自主学习，提倡教学方式多样化 课程评价：注重过程评价，促进学生核心素养的发展
目标	1. 使学生学习比较全面的物理学基础知识及其实际应用，了解物理学与其他学科以及物理学与技术进步、社会发展的关系。 2. 使学生受到科学方法训练，培养学生的观察和实验能力、科学思维能力、分析问题和解决问题的能力。 3. 培养学生学习科学的志趣和实事求是的科学态度，树立创新意识，结合物理教学进行辩证唯物主义教育和爱国主义教育。	1. 形成物质观念、运动与相互作用观念、能量观念等，能用其解释自然现象和解决实际问题。 2. 具有建构模型的意识和能力；能运用科学思维方法，从定性和定量两个方面对相关问题进行科学推理、找出规律、形成结论；具有使用科学证据的意识和评估科学证据的能力，能运用证据对研究的问题进行描述、解释和预测；具有批判性思维的意识，能基于证据大胆质疑，从不同角度思考问题，追求科技创新。 3. 具有科学探究意识，能在观察和实验中发现问题，提出合理猜想与假设；具有设计探究方案能力，能正确实施探究方案，使用不同方法和手段分析、处理信息。描述并解释探究结果和变化趋势；具有交流的意愿与能力，能准确表述、评估和反思探究过程与结果。 4. 能正确认识科学的本质；具有学习和研究物理的好奇心与求知欲，能主动与他人合作，尊重他人，能基于证据和逻辑发表自己的见解，实事求是，不迷信权威；关心国内外科技发展现状与趋势，了解物理研究和物理成果的应用应遵循道德规范，认识科学·技术·社会·环境的关系，具有保护环境、节约资源、促进可持续发展的责任感。

（续表）

名称	高中物理教学大纲	高中物理课程标准
内容体系	1. 教学目的 2. 课程安排 3. 教学内容的确定 4. 教学中应该注意的问题 5. 必修物理课的教学内容和要求说明 6. 必修加选修物理课的教学内容和要求 7. 考核 8. 附录：研究课题示例 其中，物理课分为必修和必修加选修两类，每类物理课的教学内容和要求与演示实验分项列表，教学要求分 A、B 两个层次。	1. 课程性质与基本理念 （1）课程性质　（2）基本理念 2. 学科核心素养与课程目标 （1）学科核心素养　（2）课程目标 3. 课程结构 （1）设计依据　（2）结构　（3）学分与选课 4. 课程内容 （1）必修课程　（2）选择性必修课程 （3）选修课程　（4）学生必做实验 5. 学业质量 （1）学业质量内涵　（2）学业质量水平 （3）学业质量水平与考试评价的关系 6. 实施建议 （1）教学与评价建议　（2）学业水平考试与命题建议 （3）教材编写建议　（4）地方和学校实施本课程的建议 附录

从高中物理教学大纲和课程标准在理念、目标和内容体系的对比上，我们看到高中课程标准在教学理念上对高中阶段的物理教育有进一步明确的定位，任务是促进学生全面而有个性地发展，进一步提升学生综合素养，着力发展核心素养，使学生具有理想信念和社会责任感，以及科学文化素养和终身学习能力。在课程内容上，其明确各类课程的功能定位，将课程类别调整为必修课程、选择性必修课程和选修课程，在保证共同基础的前提下为不同发展方向的学生提供有选择的课程。必修课程根据学生全面发展需要设置，全修全考；选择性必修课程根据学生个性发展和升学考试需要设置，选修选考；选修课程由学校根据实际情况统筹规划后设置，学生自主选择修习，可以学而不考或学而备考，以便为就业和高校招生录取提

供参考。

高中课程标准还合理确定各类课程学分比例，在毕业总学分不变的情况下，对原来的必修课程学分进行重构，改为由必修课程学分、选择性必修课程学分组成，并适当增加选修课程学分，既保证基础性，又兼顾选择性。提出了学业质量标准，即各学科明确学生完成本学科学习任务后，学科核心素养应该达到的水平，各水平的关键表现构成评价学业质量的标准；引导教学更加关注育人目的，更加注重培养学生核心素养，更加强调提高学生综合运用知识解决实际问题的能力；帮助教师和学生把握教与学的深度和广度，为阶段性评价、学业水平考试和升学考试命题提供重要依据，以促进教、学、考有机结合，形成育人合力。

第三节　科学探究

物理学科核心素养主要内容之一是科学探究，科学探究是高中物理课程的重要内容。中学物理的教学要让中学生经历科学探究的过程，认识科学探究的意义，尝试应用科学探究的方法研究物理问题。因此，教育工作者对科学探究内涵的认识和理解，对具体操作过程的熟悉和掌握，就显得十分重要。曾有学者指出，如果非要用某个词语来描述近 30 年来科学教育工作者所努力追求的目标，这个词一定是"探究"。探究学习符合学生好奇的天性与求知的本能，能让学生在探究学习中表现出全身心投入。

一、科学探究与探究式学习

目前有探究式教学、探究教学、探究式学习和探究学习等提法，我们认为探究式学习的提法更能突出科学探究的内涵——学生在教师的指导下，以类似科学探究的方式进行自主学习。我国高中新课程改革中一个重要且具体的目标，就是要改变至今仍普遍存在的学生被动接受的学习方式，倡导学生主动参与的探究式学习。为了更好地理解探究式学习的内涵，我们有必要先了解国内外关于探究式学习的研究思想。

（一）国外和我国关于探究式学习的研究

国外关于探究式学习的研究思想可以追溯到 18 世纪，法国教育家卢梭提出"人与生俱来就有探究的欲望"的观点，这为探究式学习的研究奠定了思想基础。

19 世纪末 20 世纪初，美国教育家杜威最早提出了在学校科学教育中要用探究的方法，还概括出科学探究的五个步骤：一是情境，疑难的情境；二是问题，从疑难中提出问题；三是假设，收集事实材料，提出解决问题的种种假设；四是推断，推断哪一种假设能够解决问题；五是检验，通过实验来验证或修改假设。并且，在此基础上创立了"问题学习法"。杜威的理论使探究式学习从观念层面向实践层面跨越了一大步。

20 世纪 50 年代末 60 年代初，美国开展了"教育现代化运动"，尤其是理科教育现代化运动，提出科学探究的学习方法。探究式学习的倡导者芝加哥大学施瓦布教授在 1961 年哈佛大学演讲会上做了"作为探究的科学教学"的报告，使探究式学习法更具有操作性。直到今天，探究式学习在国外的教育教学过程中依然具有旺盛的生命力，并且日益深入发展。

我国关于探究式学习的研究起步比较晚，在 20 世纪 70 年代左右，只是在小学自然课教学中曾经有过探究式学习的提法，但是在课程与教学实践中并没有发挥其应有的作用。在 20 世纪 80 年代末 90 年代初，我国社会逐步走向一个开放的学习化社会。我国教育改革转向以学生发展为本，把学生的发展作为教育发展的终极目标。教育在传授知识的同时，更加注重学生个性的养成、智力的发展、能力的培养和学习方式的变革，而探究是形成这些能力的必由之路。

2001 年，教育部颁布了《基础教育课程改革纲要（试行）》。课程改革纲要的指导思想有：改变课堂过于强调接受学习、死记硬背、机械训练的现状，倡导学生主动参与、乐于探究、勤于动手，培养学生……的能力。以此为指导思想，教育部 2001 年制定了《义务教育物理课程标准（实验稿）》，2003 年制定了《普通高中物理课程标准（实验）》，将科学探究写入了各门具体学科的课程标准中。至此，科学探究成为课程的重要目标、重要内容之一，是一种重要的学习方式。探究式学习受到前所未有的重视。

（二）探究式学习的内涵

就其本义而言，所谓"探"就是探测、寻求；"究"是彻底推求；"探究"就是深入探讨，反复研究。

科学探究在《美国国家科学教育标准》中是这样描述的：科学家们用于研究自然界并根据所获得事实证据做出解释的各种方式。科学探究也指学生构建知识，形成科学观念、领悟科学研究方法的各种活动。将科学探究引入教学，其目的当然是希望学生能像科学家独立地通过探究过程来获得知识，而不是学生顺着教师已经设计好的途径去思考问题或直接接受教师的知识。

我们给探究式学习下一个理论上的定义。探究式学习就是从学科领域或现实社会生活中选择和确定研究主题，在教学中创设一种类似于学术（或科学）研究的情景，让学生通过独立地发现问题、实验、操作、调查、信息搜集与处理、表达与交流等探索活动，获得知识、技能、情感与态度的发展，特别是探索精神和创新能力发展。

物理学中的"科学探究"是指基于观察和实验提出物理问题、形成猜想和假设、制订方案与设计实验、获取和处理信息、基于证据得出结论并作出解释，以及对科学探究过程和结果进行交流、评估、反思的能力。

（三）探究式学习包括的要素

探究式学习在教学中实施时有操作层面上的定义（2003年版普通高中物理课程标准），包括7个要素，每个要素都具体给出了对探究能力的要求（见表1-3）。

表1-3　科学探究要素及其基本要求

科学探究要素	对科学探究及物理实验能力的基本要求
提出问题	能发现与物理学有关的问题 从物理学的角度较明确地表述这些问题 认识发现问题和提出问题的意义

29

（续表）

科学探究要素	对科学探究及物理实验能力的基本要求
猜想与假设	对解决问题的方式和问题的答案提出假设 对物理实验结果进行预测 认识猜想与假设的重要性
制订计划与设计实验	能根据实验目的和已有条件制订实验方案 尝试选择实验方法及所需要的装置与仪器 考虑实验的变量及其控制方法 认识制订计划的作用
进行实验与收集证据	用多种方式收集证据 按实验方案进行实验操作，会使用基本的实验仪器 如实记录实验数据，知道重复收集实验数据的意义
分析与论证	对实验数据进行分析与处理 尝试根据实验现象和数据得出结论 对实验结果进行解释和描述 认识在实验中进行分析论证是很重要的
评估	尝试分析假设与实验结果间的差异 注意探究活动中未解决的矛盾，并从中发现新的问题 吸取经验教训，改进探究方案 认识评估的意义
交流与合作	能写出实验探究报告 在合作中既坚持原则又尊重他人 有合作精神 认识交流与合作的重要性

比如提出问题是科学探究的前提，教师首先就是要培养学生发现问题的能力，要善于把新发现的事实与原有的认识之间的矛盾找出来，以增强学生根据事实进行质疑的意识。发现问题、提出问题的过程：首先是发现一个现象或一个值得探究的物理问题，接着是质疑，形成疑问，这个发现物理问题的过程便是一个创造的过程。之后表述这个疑问，提炼出科学问题，这个过程培养了学生表达、抽象和概括的能力。

再比如猜想与假设：指根据所观察、发现的事实，运用已有的知识、经验对该事实的成因或结果作出假定、进行解释。假定和解释需要已有的客观事实（猜想的依据）与知识。教学中培养学生假设和猜想的能力就是让学生仔细观察、分析新的事实，从中寻找与原有知识和经验中相似的特征，然后尝试作出解释。教师做法：选择恰当的事例，对事例发生的可能原因做出猜想，或者对结果进行假设，旨在为学生具体地剖析猜想和假设的思维过程。让学生经历猜想和假设的过程，并陈述理由。在学生提出猜想和假设后，让学生对其给予适当评价。

2003 年版普通高中物理课程标准把"科学探究及物理实验能力要求"单独作为一部分，写在"内容标准"中。2017 年版课程标准没有将科学探究单独在课程内容下列出，而是结合适合探究的知识点渗透在其中。同时，将科学探究作为一项学科核心素养，对科学探究要素的解读在 2003 年版"探究七要素"的基础上又有微调，将"问题、证据、解释、交流"概括为科学探究的要素，这样更能体现科学探究的本质。

科学探究能力的培养，应渗透在物理教学的整个过程。无论是物理知识的教学，还是物理问题的解决，都要引导学生发现和提出问题，根据解决问题的需要，收集和选择有用信息，根据证据和逻辑对问题作出合理解释，从而培养学生准确表述问题解决过程与结果的意愿和能力。

（四）探究式学习具有的特点

1. 学生学习主动、有兴趣、有信心、有责任感、乐于探索和解决问题

探究式学习强调让学生自主地活动，自己设计并控制学习过程，这充分体现了对学生的尊重和鼓励。学生也渐渐开始关心遇到的问题，积极主动地参与解决，与同伴交流，对自己和他人有一份责任感。

2. 学生通过亲身实践获得知识和技能，易于理解知识

探究式学习不是将现成的结论直接告诉学生，而是让学生从实践中获得知识、理解知识和记忆知识，并且将知识更容易地应用到实践中去。

3. 教室从封闭走向开放，有效实现课内外和校内外的结合

学生走出课堂、走出校园，融入自然和社会中，开阔了视野，加深了

对问题的理解。

4. 探究式学习对教师提出了更高的要求

它要求教师转变教学观念，走下讲台到学生中去，尊重学生的想法，与学生平等合作。在探究式学习中，教师不仅仅需要本门学科的知识，更需要其他学科的知识，另外教师的课堂组织能力也显得尤为重要。

5. 探究式学习对学生提出了更高的要求

它要求学生学习和掌握探究的技能，在实际的探究学习中体会探究的方法。

那么，我国的物理课程专家对探究式学习是如何解读的呢？专家的解读对于我们澄清认识上的误区，更好地理解探究式学习的内涵，有效地实施探究式学习具有重要的意义。

二、专家对物理课程中科学探究的解读

（一）科学探究有三重意义

第一，科学探究是一种学习方式，强调学生自己不断发现问题、解决问题，在这个过程中获取知识、体会科学方法、受到情感态度与价值观的熏陶。目前，学界关于这点已经取得共识。

第二，科学探究本身也是学习的内容。平常所说的知识包括陈述性知识和程序性知识，而怎样进行科学探究是一种程序性知识。学生需通过对探究过程的反复体验，学会怎样进行科学探究，这在过去强调得不够，应该引起重视。

第三，科学探究还是一种精神。科学探究是一种精神，它应该贯穿于整个学习过程，教师要想尽一切方法调动学生探求新知识的积极性，而不是让学生被动地接受知识，这充分体现了新课程的探究精神。我们不宜说某节课是科学探究课，某节课不是，也不宜说某个教学活动是，某个教学活动不是，科学探究应渗透在全部教学活动中。

（二）科学探究的形式多种多样

一个具体的教学过程只要具有一两个探究的要素，它就有了探究性。

也就是说，科学探究不一定是"完整"的。物理课程标准指出科学探究的七个要素，"要素"不同于"环节"：一个过程若缺少必要的环节会中断；而课程标准指出的要素是科学探究的标志，在教学活动中，一次体现一两个这样的要素便是科学探究。看起来一节课的教学似乎只突出了某一两个要素，而实际上不同的课题分别突出了不同的要素，使学生得到全面深入的发展。

例如，在引入强相互作用时，下面的思考与讨论就是一种科学探究。质子带正电，但质子（与中子一起）却能聚在一起构成原子核。根据你的推测，原因可能是什么？教师提出这个问题，学生自然会想："对呀，同性相斥啊……可能除了库仑力之外还存在另一种力，使得质子相互吸引，不然怎么会……"学生的思维顺着这个猜想发展下去。这一小段教学过程也许只有一两分钟，但它却包含了提出问题、猜想与假设以及简单的分析。也许学生得不出可靠的结论，但它具有科学探究的要素，这就是科学探究。或许我们会想，前面要思考的问题是由教师提出的，这还是科学探究吗？

在实际教学中，最难把握的是提出问题这个要素。学生提的问题五花八门，有的虽然有意义，但未必与教学发展方向一致。因此，多数课题还是由教师提出。这样做还是科学探究吗？是的。无论是教师还是学生，根据现象或已有的知识找出矛盾或疑问，并把它清晰地表述出来，就值得赞赏，因为这是一种很好的习惯。教师经常这样做，时间久了学生也就自然而然地这样做，遇到相似的场景时便会不自觉地在心里产生疑问，于是就养成了提出问题的习惯，逐渐地便学会了怎样提出问题。

（三）科学探究不一定都要动手做实验

在学生探究式学习的指导中，出现了"只要动手做就是探究式学习，探究式学习一定要动手做"的误区。具体表现形式有两种：一种是追求形式上的热闹。典型的表现是教师让学生按照自己的指导语进行动手实验或教师先讲科学原理，再让学生进行验证性实验，直至得出教师想要的答案。这种动手没有动脑，并不是真正的探究式学习。另一种是探究式学习"一定"要动手做，动手做就"一定"能体现学生的主动学习。一些教师在设计与指导学生的探究活动时，总是挖空心思让学生行动起来，将一些内容设计成牵强附会的动手活动，既浪费时间，又让学生感到厌烦。

其实，实验是物理学的基础，而绝不是说，物理学中的每一个规律都"应该"或者"可以"直接由实验总结出来。明确了这个认识后，在学习过程中我们就敢于确认：包含了科学探究的若干要素的教学，没有学生实验或演示实验的教学过程，也是科学探究。例如，学习功和能的关系，在经历了动能和重力势能的定量表述过程之后，学生可以探究弹性势能的表达式。在这个探究过程中，学生可以根据过去研究动能和重力势能的经验来确定探究的方向，即通过弹力做功来探讨弹性势能的表达式；然后分析弹力与重力的相似点和不同点，初步猜想弹性势能会随弹簧伸长的增加而增加，还会随劲度的增加而增加；最后通过定量的分析与论证得到所求的表达式。这个过程包含提出问题、猜想与假设、分析论证等要素，还包含评估、交流与合作等要素，因此，尽管没有设计实验、进行实验等要素，但也是一个科学探究的过程。

从教学活动的角度讲，高中物理中的科学探究不全是实验探究，这点必须明确。通过自己的探索，变未知为已知，这样的教学活动就是科学探究。在这种思想指导下，现行的人教版高中物理教材安排了几个典型的、没有实验活动的科学探究，例如，必修第二册第六章第二节"探究向心力大小的表达式"，第八章第二节"物体沿曲面下滑时重力做的功"等。有些实验探究性很强，这一点在实验的标题中被明确地表示出来。例如，必修第一册第二章第一节"实验：探究小车速度随时间变化的规律"、第三章第四节的实验"探究两个互成角度的力的合成规律"等。

三、认识上的误区

（一）如何认识学生的自主探究与教师的指导相结合

教师指导学生探究学习时容易出现只重视学生的自主性而忽视教师指

导的误区。具体表现：有些教师提供探究的材料、时间，让学生自由探究，放任自流，既不纠正学生的错误也不给任何指导。教师认为，只有学生自由探究才算真正的探究学习，才能真正体现学生的自主性。这种误区带来的危害是学生有充分的自由去探究，但有时很盲目，效率较低，在遇到困难时容易受挫，久而久之产生"习得性无助"。因此，学生需要教师适时、必要的指导。

对于一个具体的探究课题，学生该在哪个要素上探究，或者说该探究课题的主要能力目标是哪个要素，究竟要强化哪个要素，教师要十分清楚，而且要进行规划。对属于让学生独立探究的要素，教师应该充分发挥学生的自主性，让学生独立完成；对不属于本课题的过程目标，教师应该大胆指导，甚至可以通过陈述的办法顺利越过这一环节，让学生把主要精力放在教师事先设计好的、需要强化的要素上。

（二）如何认识探究式学习需要花费更多的时间

学生在刚开始探究学习知识时的确多花费时间，但在后继学习中只需要花费较少的时间就能使自己建构的知识得到巩固。我们要用动态的、发展的眼光认识到探究花费的时间，清楚探究式学习对学生日后其他知识的学习、知识结构的扩充、探究能力的培养等方面所带来的积极影响。在探究中，探究选题是影响时间长短至关重要的因素。从课程标准以及教材的编写内容中可以认识到，不可能也没有必要将所要求的内容都设计成探究选题，应该选择一些具有核心作用或基础地位的概念和规律。确定好探究的时机、探究的内容也是关键，要在需要探究的时候探究。同时，教师也要舍得花费时间，让学生体验探究的过程。

四、接受式学习与探究式学习

普通高中学生的学习方式有两种主要类型：一种是接受式学习，指教师传授（讲授或演示）、学生接受（倾听或观看）的学习方式，也被通俗地称为"听讲式学习"。第二种是探究式学习，指学生围绕一定的问题，在教师的帮助或支持下，自主寻求答案的学习方式。

（一）接受式学习

知识是由教师直接提供的。教师规定讲授和演示的内容，以及学生要学习或掌握的知识，学生没有选择权。理解并牢固地掌握这些知识是学生学习的目标。在教学中，教师更多关注的是找到一种有效的方法，以便更成功地传授知识。在接受式学习中，教师是知识的提供者、传授者、讲述者，是专家、权威。接受式学习关注的是学生是否准确、牢固地掌握了由教师传授的新知识。

（二）探究式学习

探究式学习关注的焦点是问题的解决，在探究的过程中，学生作为探究者，首先要自主生成问题，明确问题，然后自主构建知识，提出解决问题的方案。知识的构建是由探究者围绕问题自主完成的，任何人都代替不了。学生此时的知识就是探究问题的工具，选择哪些知识来解决问题由学生自己决定，学生具有选择权。探究式学习更关注学习者是否建构起自己需要的、能解决探究问题的知识，以及教师能否有效地为学生提供支持、帮助，从而促进其探究成功。

（三）探究式学习需要接受式学习

在知识结构的理解上、课堂获得知识的效率上，接受式学习优于探究式学习。然而，两种学习方式在对学生的培养上各有长处，如何看待这两种学习方式？我们认为，探究式学习需要接受式学习。

在我们的教学中，有许多内容总体上适于接受式学习，教师用讲授的方法或者学生用自学的方法都能够起到很好的效果，即好的接受式学习对知识的获得和理解是有效的。在探究式学习的过程中，学生的每一次活动都是建立在已有的知识与经验之上的，都需要借助一定的知识来实现。所以我们在传授知识的过程中，要将这两种学习方式相互渗透，在接受式中有探究的思想，在探究中有知识的接受，使学生主动地构建自己的知识结构。从长远来说，探究式学习对培养学生创新意识、应用知识的迁移能力、对待事实证据的科学态度以及对科学探究所需要的多种能力（特别是非逻辑的思维能力、搜索信息的能力、合作交流的能力等）都有所帮助，而接受式学习则显得力不从心。这就是我们强调探究式学习的原因。

我们在实施科学探究的教学时有必要去了解，必修教材〔本书所用的物理必修第一册版本是人教版（2019 年 6 月第 1 版），物理必修第二册版本是人教版（2019 年 7 月第 1 版）〕中所包括的科学探究活动的类型与课题，以及每一类型的特点，这样有利于我们针对不同的课题采用不同的探究形式。

五、科学探究活动（探究式学习）的类型与课题

（一）验证性探究（实验）类型

特点分析：已有结论，要求设计尽可能多样、独立的实验验证，以体现科学结论的客观可重复性。属于不完全性实验探究，可省略提出问题与猜想环节，在物理学发展中十分常见，偏重定量结论，问题与假设往往先由逻辑推理获得，对实验方案提出了要求，需要多样的实验验证。例如，验证机械能守恒定律（必修第二册，P95），用飞镖显示曲线运动的速度方向（必修第二册，P4）。

（二）实验探索归纳类型

特点分析：属完全性实验探究，便于操作，体现出自主学习的课堂气氛。涵盖了探究七个环节，探究的质量与精细化程度大大提高。例如，探究小车速度随时间变化的规律（必修第一册，P34），探究两个互成角度的力的合成规律（必修第一册，P69），探究加速度与力、质量的关系（必修第一册，P83）等。

（三）探索实际问题解决的应用类型

特点分析：属于不完全性实验探究，探究方式多样化，在"问题与练习"中多有出现。注重解决问题，让学生利用课堂上的有用信息进行分析、推理，并发挥想象，寻求理论上的解释。例如，估算照片的曝光时间（必修第一册，练习与应用，P51），把地球看作一个巨大的拱形桥的可能结果（必修第二册，思考与讨论，P37），用动力学方法测质量（必修第一册，科学漫步，P92）等。

（四）检索与调查论证类型

特点分析：没有实验的设计。学生通过查阅资料亲身去体验科学家的艰苦工作和探索精神，深刻感受物理学对人类社会发展的作用，激发自身探索自然、了解自然的兴趣和热情，同时培养学生的科学态度和科学精神。具体过程是教师布置任务并将任务分成各个课题，学生以小组成员分工合作的方式，通过调查研究、查阅资料、汇报、展示、教师评价总结、学生自评和互评等环节来进行。比如，航天事业改变着人类生活（必修第二册，STSE，P62），流体的阻力（必修第一册，科学漫步，P63）等。

（五）理性思辨与实证类型

特点分析：适于不宜或不能用实验归纳、确认的规律探讨。在进行探究活动时，学生的思维往往会局限于实证，依靠对操作事实的归纳得出结论，而真实的科学探究是复杂的，除需要实证、归纳外，还需要利用猜想、批判、反驳等思辨方式来思考问题。例如，匀变速直线运动位移公式的推导（必修第一册，拓展学习，P43），伽利略对自由落体运动的研究（必修第一册，科学漫步，P48）等。

在物理教学中，教师应怀有科学探究的精神，充分挖掘出教材中蕴含的科学探究内容，以有利于学生逐步获得对科学探究本身及科学本质的理解。

☆ 拓展阅读

物理学的特征

物理学的发展一般分为三个时期：古代物理学时期（或物理学萌芽时期）、经典物理学时期和现代物理学时期。从中学物理的内容来看，其主要内容还是经典物理学的基础知识，以及与之相适应的经典物理学的基本研究方法。一般说来，这些方法主要是以观察、实验为基础，经过科学抽象，运用数学工具，概括总结出定律，提出假说，进一步发展成为理论，再经实践的检验，循环往复，使之不断丰富，不断深化，不断完善。

1.　物理学是以观察实验为基础的学科

科学观察和实验是物理学研究的基本方法。它们是获得感性材料、探索物理规律、认识物理世界的基本手段，也是检验物理理论真理性的唯一标准。

观察主要是指人们对物理现象在自然发生的条件下（即对现象不加控制）进行考察的一种方法。爱因斯坦曾说过："理论所以能够成立，其根据就在于它同大量的单个观察关联着，而理论的'真理性'也正在此。"所谓实验，是人们根据研究的目的，利用科学仪器、设备，设法控制或模拟物理现象或过程，排除次要因素，突出主要因素，在最有利的条件下研究自然规律的方法。人们对物理问题总是在观察、实验基础上，再经过一系列的科学抽象，从现象深入到本质，从感性上升到理性，最后形成物理理论。

2.　物理学是体系严谨、精密定量的科学

物理学是由一些基本概念、基本规律和理论组成的体系严谨的、精密定量的科学。物理学的认识成果是通过一系列物理概念来加以总结和概括的。物理学的完整体系是由力、质量、动量、能量、场和量子等反映物质运动基本特点的物理概念和与这类概念相联系的基本定律，以及运用逻辑推理得到的一系列结论所组成。物理学的许多定律则是在对实验数据进行定量计算分析的基础上，经过概括、抽象后由各种物理概念描述出来的。物理学的许多概念既有它的质的规定性，又往往最终表现为特定的可以测量与计算的物理量，所以说物理学是一门精密定量科学。物理学中的一些基本定律与公式，正是物理量之间函数关系在一定条件下的规律性反映。这说明物理和数学的关系极为密切。数学作为研究物理学的一种重要方法和工具，为物理学提供了描述物理概念和规律的简洁、精确、形式化的语言和表达式；提供了对观测材料进行科学抽象的手段，促进了物理规律和理论的建立；为分析和解决具体物理问题提供了计算工具。物理概念与规律的定性表述与精确的数学的定量表述相结合，是物理概念和规律的突出特点。

3. 物理学与哲学的关系十分密切

物理学是哲学的重要基础之一，哲学对物理学具有指导作用。恩格斯在《自然辩证法》一书中，引用了许多物理学的现象、概念、定律和理论来阐述辩证唯物主义的最一般的规律。19 世纪末到 20 世纪初，物理学中出现了许多重大发现，如电子、放射性等，当时一些受机械观影响很深的科学家，如马赫、彭加勒等，认为物质已"消灭""原子非物质化了"。唯心主义也乘虚而入，妄图以此驳倒唯物主义。对此，列宁在《唯物主义和经验批判主义》中作了正确的分析，澄清了混乱，并指出："现代物理学是在临产中，它正在产生辩证唯物主义。"

4. 物理学是一门带有方法论性质的科学

众所周知，研究方法是一门科学的精髓。物理学在长期发展的过程中，形成了一套独特的研究方法体系。古希腊时期，先哲们对知识的热爱与渴求促进优良学术氛围的形成，观察和思辨成为当时物理学研究中的主流方法。近代科学伊始，物理学家注意到，观察及思辨的方法存在一定的局限性，于是实验方法开始进入物理学家的视野中，进而形成了以"观察实验＋逻辑论证"为主流的近代物理学研究方法，由此类比法、控制变量法、演绎法等研究方法也开始逐渐形成，最终建立了庞大复杂且科学严谨的方法论体系。在一定程度上来讲，物理学的发展史就是一部物理学方法论的演变史。

5. 物理学是一门具有文化意蕴的科学

在物理学的发展过程中，伴随着人与自然、人与人等方面的相互作用，大量的物质资源和财富被积累、创造，它们共同构成了科学文化的重要组成部分——物理文化。具体来看，物理文化包括知识体系、观念形态、语言符号、思维方式、社会组织和仪器设备等方面。随着物理学的发展与进步，物理文化求真、求善、求美、求实的特质越发得以彰显，物理学产生的社会文化效应会越来越大，我们应更为重视物理学背后的文化意蕴。

思考与讨论

1. 课程理念在基础教育课程改革过程中起到什么作用? 谈谈你对课程理念的理解。

2. 高中物理课程标准内容与以往的物理教学大纲内容相比较, 有哪些新的变化?

3. 初中物理教学中的科学探究与高中物理教学中的科学探究有什么区别和联系?

4. 物理学科核心素养主要包括哪些方面? 请你谈谈对核心素养的理解。

5. 请你设计一个能体现出探究式学习理念的中学物理教学案例。

第二章 物理学习的心理学因素

中学物理课程教学的关键和成效取决于中学物理课程的目标和任务最终能否在学生身上落实。教学实践和研究表明，物理教学的成功必须以学生的物理学习心理活动为基础，学生"学"的问题是教师思考"教"的问题的出发点和立足点。认识影响物理学习的主要心理因素、研究学生物理学习的心理和认知特点，不仅可以减少实际教学中的盲目性、提高教学的效率，而且还能有效地解决教师讲授和学生学习中的问题。我们主要从学生物理学习的心理学因素考虑，探讨影响中学生物理学习的因素。

第一节 物理学习

物理学习是人类学习中的重要组成部分，它是在特定环境下引起特定行为变化的一种学习。学生学习物理首先受学习动机、自身的心理认识水平、智力水平和生活经验的制约；其次，还受物理学习内容的迁移、抽象性程度的制约等。在探讨影响学生物理学习的心理因素之前，我们先来了解一下物理学习的内涵和物理学习给学生行为带来的变化。

一、学习的定义

学习是人类的重要活动形式，并且是学生的主导活动形式。我国古代教育家对学习有许多精辟的分析和深刻的论述。最早把"学"和"习"联系在一起的是孔子。孔子说："学而时习之，不亦说乎?""学习"二字成为一个词，则最早见于《礼记·月令》中"季夏之月，鹰乃学习"一语。在古代，所谓"学"就是获取知识，所谓"习"就是反复练习。《说文解字》里说："习，数飞也。"鸟初学飞，时常数飞不已。可见，我国古代"学习"二字的内涵主要指获取知识，形成技能。

在现代学习理论中，学习是一个含义极广的概念，它是人及动物在生活过程中获得个体的行为经验的过程。人和动物的学习，既有共同之处，又有本质的区别。一般说来，动物的学习都是无意识的，而人的学习主要是有意识的。更重要的是动物的学习是被动地适应环境，而人的学习则在于能动地认识世界和改造世界。另外，人的学习是人与人在进行社会交往中通过言语的中介掌握历史经验的认识过程，这更是动物无法比拟的。

人类的学习是复杂多样的。小孩认识动物、用筷子、懂得文明礼貌是学习，熟悉如何开汽车是学习，科学家在发明创造中也有学习。学生在学校里的学习则更是有系统、有计划和有指导地进行的。为了研究问题的方便，我们根据近年来的一种较为倾向性的看法，给出学习的操作性定义：学习是个体在生活过程中由于反复的实践和经验的结果，而产生的行为或行为潜力的比较持久的变化。

在理解上述的学习定义时，我们应该注意：（1）学习是经验的结果，只有通过练习、通过体验才能发生学习，因此，学习是在很大程度上依赖于环境，依赖于个人与环境相互作用的事件。（2）学习是由后天的经验和实践引起的行为变化，那种由于生理功能的发育所引起的行为变化不是学习。（3）学习是行为的比较持久的变化，一般指行为水平的提高，由疲劳等因素引起的行为水平短暂地降低的变化不是学习。（4）学习包括行为潜力的变化，不是所有的学习都表现在外显的行为上。但是，行为潜力的变化迟早要通过操作表现出来，操作把行为潜力变为行为本身。（5）学习是可以间接测量的。例如给学习者先做预测，然后提供某种训练，再立即进行后测，预测与后测之差反映了行为的变化，当然在测量中要注意控制训练因素以外的其他因素的影响。

二、物理学习的内涵

本书给出的物理学习限定于学生在学校中以物理学科为对象的学习。我国学生一般是从初中二年级开始学习物理，因此本书中泛指的学生包括从初中二年级开始的初中生或高中生。

物理学习是学生与物理环境相互作用的过程。相互作用的结果使学生的某些行为或行为潜力发生了比较持久的变化。只有通过相互作用才能发生这样的变化，也只有通过相互作用才能表现出这些变化。我们给出物理学习的定义：物理学习是学生由于与物理环境相互作用的结果，而产生的某些有关的行为或行为潜力的比较持久的变化。

学生在学校中的学习是在教育环境中的学习。它与日常生活和工作环境下的学习不同。学生在学校中的学习，是在教师指导下，有目的、有计划、有组织地进行，是按照教育目标改变学生行为的过程，因此，它具有三个显著的特点：（1）学习的内容主要是前人积累起来的间接经验，不必经历独自的探索和发现，因而可以避免走前人走过的曲折道路，使学习有可能高速度、高效率。（2）学生学习的情境是人为的，学生的学习主要通过文字、语言或其他符号，并在有人指导的条件下进行。（3）学生的学习主要不是为了满足当前的生活需要，而是为将来参加社会实践做准备，这与成年人在工作中的学习有所不同。

以物理科学为对象的学习是在物理客观环境中的学习。它与其他学科的学习在内容和方法上都有明显的区别。同一自然现象在不同学科看来会有不同的环境。例如，对一支点燃的蜡烛，化学家注意的是蜡油和空气中的氧气化合变成水和二氧化碳；数学家看到火焰下方蜡烛熔化成一个凹下的曲面，他会想这样的曲面怎样计算才好；而物理学家在想为什么火焰会发出光辉，他将测定外侧白色火焰的温度和内侧青色火焰的温度哪个高，再用分光器观察从火焰发出来的光的光谱，他发现这是被加热的碳原子所发出的光。可见，物理客观环境是由实际事物中的各种物理因素所构成的，它只是实际事物的一个方面。由上述讨论可以看出物理学习有两个环境：一个是作为其存在形式的教育环境；另一个是作为其学习对象的物理客观环境。两个环境相互交织、相互影响，其整体构成了物理学习的环境。

三、物理学习带给学生的行为变化

物理学习带给学生的行为或行为潜力的变化是多方面的，其中带有根本性的变化可以概括为三点。

（一）使人能够适应现代社会的需要

今天的社会，科学技术在各个领域全面普及，并且以前所未有的速度在飞速发展。科学技术已经成了现代社会生产和生活中的基本要素，人要想适应现代社会，就需要学习科学技术。物理学既是科学技术的基础学科，又是科学技术的带头学科，它带动、预言和展示着一些边缘科学、工程技术和国民生活的发展。以物理学为先导的科学技术，改变了工农业生产的方式和结构，也给人民的生活带来了巨大变化。在国民经济各个领域所需要的科学知识中，物理知识占有最大的比重。通过物理学习，学生将认识自然界和生产、生活实践中的各种丰富多彩、千变万化的物理现象，认识这些现象发生和发展的规律。学生对物理世界经历了一个由不知到知、由知之甚少到知之较多的变化。他们开始能够对身边的物理现象做出科学的解释，对物理事件的发展做出正确的估计，并据此采取相应的行动。他们开始能够比较精确地测定各种物理量，在实验室中自己动手做实验，使物理现象在人为控制条件的情形下发生。他们开始能够直接把物理知识应用于生活和生产实际，做出某种技术改造或技术发明。以上这些由物理学习产生的行为或行为潜力的变化，形成了学生步入现代社会的必要准备。当学生进入社会以后，这些准备就成了他们在现代社会中生存和发展的重要基础。物理的学习还使他们能以合格公民的身份对与科学技术息息相关的社会重大政治、经济等问题发表自己的意见，发挥自己的作用。物理学习的结果也直接影响着他们的家庭生活，使衣、食、住、行的方式不断趋于现代化。物理的学习，使人能变成适应现代社会并能够在现代社会中做出创造的人。

（二）使人能够从事进一步的学习

各种职业中只有少数人以物理学研究和物理教育为职业，这些人必须精通物理科学，不断扩充自己的物理知识，跟上物理学的最新发展。他们的物理知识是不断累积起来的，在学校中学到的物理知识是以后学习的基础。其余的多数人则有各自不同的专业，经过一定的专业训练后进入各个行业。但是，大多数专业的学习都要以一定的物理知识为基础，只有学习物理之后才能进入专业课的学习。物理学成为其他各门科学技术的基础，是由于物理学的研究内容较为普遍，应用范围较为广泛。化学、生物学、医学、地理学、地质学、工程技术、交通运输等科学技术的学习都需要广泛的物理知识作为基础。与物理有关的边缘科学的学习，如生物物理学、天体物理学、化学物理、地球物理、海洋物理等学科的学习更是直接在物理学习的基础上进行的。物理学习将使一个人从不能学习各门科学技术到能够学习各门科学技术。显然，这是一个人的行为或行为潜力发生重大变化的过程。

（三）使人的素质得到显著提高

物理学习不仅仅是获得知识，而且有着使人的素质得到显著提高的效果。通过物理学习，人的文化素质、心理素质和思想素质都会有显著的提高。物理学是一种文化，它是人类文化的重要组成部分，在人类文化中保持着十分重要的地位。它的观念、理论和方法，已经深深渗透到人类文化的各个部分。物理学习将大大增加人头脑中的知识总量，促使感官和大脑提高认识世界的速度、深度、灵敏度和正确程度，提高人的文化素质。物理学是人类对自然界物质运动规律的认识，它反映了人类智慧发展的较高水平。

物理学又是一门十分吸引人而又比较难学的学科，它使学习者感到极大的乐趣，又需要学习者付出艰苦的努力。这些特点，提供了通过物理学习发展心理素质的可能性。物理学习使人的各种智力因素和非智力因素得到发展，增强人的活动效率和自身对活动的调控，这样就提高了人的心理素质。同时，物理知识的精确性、物理实验的可计量性，可树立一丝不苟、精益求精的科学态度；物理知识的客观性、概念的精细性、规律的局限性，可培养实事求是的科学品质；物理知识对自然界奥秘的揭示，它所展示的大自然的和谐，也将激发学生产生热爱大自然的情感。物理学的上述特点，提供了通过物理学习提高思想素质的可能性。物理学习将使人逐步形成科学世界观、科学态度、科学品质和科学情感，提高人的思想道德水准，即提高人的思想素质。物理学习在提高人的素质方面所起的重要作用，反映了物理学习能够在更高的层次上改变人的行为或行为潜力。

综上所述，我们从宏观的角度阐述了物理学习的重要意义，物理学习使人的行为或行为潜力发生巨大而持久的变化，即物理学习使人能够适应现代社会的需要，使人能够从事进一步的学习，使人的素质得到显著提高。虽然其他学科的学习也有类似的作用，但是相比之下物理学习所起的作用较为显著。

第二节　影响物理学习的主要心理因素

为了提高教学质量和取得好的教学效果，教师需要从心理学角度去分析影响物理教学过程的各种心理因素，寻找教学成败的心理根源。教学活动的基本形式是以课堂教学为主，因此，影响物理教学过程的各种心理因素的分析就是分析心理因素的课堂表现以及心理因素对课堂教学的影响。

一、心理因素的课堂表现

课堂教学是由教师的"教"和学生的"学"组成的教学活动，"教"和"学"的关系是矛盾的，也是统一的，在教学活动中能否使这一对矛盾和谐、统一是十分关键的，因为它决定教学效果的好坏。在课堂上，学生参加教学活动的心理因素主要有两种表现：一种是认知因素或者叫智力因素，主要有感知、记忆、想象、思维等要素；另一种是情感因素或者叫非智力因素，主要由动机、兴趣、情感、意志等要素组成。非智力因素在学习活动中起着提供动力、维持、强化作用，可以说直接关系到学习活动的效率乃至成败。智力因素与非智力因素是相互依存、密不可分的，可从两个方面看出：一方面智力因素影响非智力因素，表现为学生通过学习形成稳定的心理特征；另一方面非智力因素反作用于智力因素的发展，表现为思维的积极主动性以及认识活动中的自控能力。

（一）课堂心理结构

认知因素和情感因素对课堂教学的影响，主要表现为一节课的课堂心理结构是否合理和课堂心理气氛是否融洽。而要分析一节课的课堂心理结构，可以有多个角度，这里主要从学生掌握和运用知识的过程中涉及的心理因素入手来分析。学生在课堂上掌握和运用知识的过程要经历以下五个环节：激发兴趣、感知知识、理解知识、巩固知识、运用知识。一节课的心理结构是否合理，主要看在这些环节中涉及的心理因素的运用是否合理。

1. 激发兴趣

一节课首要的任务是让学生对学习的知识感兴趣，使学生产生有意义学习的心向。学习兴趣中最主要的心理因素是学习动机，学习动机是学生对学习的内容感兴趣最积极的内部动因之一。学习动机分为外在动机和内在动机，只有内在动机才是学生对学习内容产生持久兴趣的根本因素。因此，教师在物理课堂教学中必须维持和强化学习动机，采用多元化教学方法和手段，最大限度地激起学生的学习兴趣，使学生自始至终都在兴趣盎然的情况下学习，让学生感到对学习有新的需要。

2. 感知知识

学生主要的学习任务是掌握书本知识。为了理解和掌握书本知识，学生必须有感性认识作基础。感知知识就是让学生获得认识和理解新知识的感性认识，其涉及的最主要的心理因素是感觉和知觉。为了使学生获得感性认识，首先要向学生提出问题或要求，以集中学生的注意力；其次要让学生把重点和非重点区别开来，要明确教学重点；最后要在课堂教学中重视并运用学生日常生活中的各种感性材料与物理实验等，并采用现代化的教学手段，通过各种可能的渠道来扩大学生的感知量。

3．理解知识

在教学过程中，感知知识固然重要，但是不应仅停留在感性认识上。感知知识是学生对知识认识的开始，要真正获得知识，需要经过理解才能内化知识，使之为己所用。在理解的过程中，主要的心理因素是思维。

思维是人脑对客观事物间接和概括的认识过程。学生只有通过思维的加工，才可能把观察、实验中得到的各种感性认识升华为概念和规律。因此，在物理教学中培养学生的思维能力与科学的思维习惯是一项十分重要而又困难的工作。为了让学生正确地运用思维，教师应将书本知识与感性认识结合起来，将其转化为实用性知识，并且善于运用比较、分析、综合等方法来引导和组织学生的思维过程，从而培养学生的逻辑思维能力。

4．巩固知识

学生要掌握知识，还必须经历一个巩固的环节。巩固知识涉及的心理因素是记忆。物理学习需要记忆，而且是一种要求较高的记忆。物理学习中的记忆要以理解为基础，以表象为支持，需要不断简化和组织知识内容。同时，知识的巩固也应贯穿于教学过程的始终。为了牢牢地记住知识，防止遗忘，需要对知识进行巩固，也就是各种形式的复习。

学生牢固地掌握知识，需要通过记忆，教师应注意指导学生记忆，提高学生的记忆能力。在教学过程中，教师首先要向学生提出记忆任务，讲清记忆的重要性，培养学生记忆的兴趣，以增强学生记忆的自觉性和积极性；其次要指导学生掌握记忆方法，让他们在理解的基础上记忆，学会把理解记忆与机械记忆结合起来，养成边阅读、边理解，并在记忆中再现知识或用自己的语言复述知识的习惯。

5．运用知识

掌握知识的最终目的在于运用。重视知识的运用具有双重意义：一是在运用的过程中使知识得以深化、活化；二是在实践的过程形成技能、技巧。针对物理教学的特点，操作与练习对培养学生的动作技能与心智技能具有重要价值，在物理教学中应给予特别的重视。

在教学中，学生运用知识，掌握技能、技巧，主要是通过教学实践，如完成各种书面或口头的作业等。学生从掌握知识到形成技能，从技能发展成为技巧，需要反复练习。为了使学生顺利地掌握知识，从容地运用知识，教师不仅要注意练习的数量，而且要提高练习的质量，改进练习的方法。教师要使学生明确练习的目的和要求，培养他们练习的兴趣，调动他们练习的积极性；要指导学生复习有关的知识、弄清道理、明确规则，使练习在理解的基础上进行；要精选习题，逐步加深内容、改变方法、增大难度，提高练习的水平；要对学生的练习进行检查和讲评，帮助他们改正缺点和错误；要引导学生分析和理解练习的过程，培养他们自己安排练习内容和检查练习结果的能力；要合理地分配练习时间，有计划地让学生反复进行练习，以形成熟练的技巧。

（二）课堂心理环境

课堂教学除了需要一个合理的心理结构外，还需要创造一个良好的心理环境，才能取得好的教学效果。课堂心理环境是指在课堂教学中影响学生认知效率的师生心理互动环境。营造理想的课堂心理环境依据三个因素。

1. 教师

教师在教学过程中处于主导地位，直接影响或决定着课堂教学心理气氛的性质。

（1）教师威信

教师威信直接制约着课堂教学心理气氛，有威信的教师能增强学生对其讲授知识和辅导教学的信赖程度，使学生具有较强的掌握知识和接受指导的主动性。

（2）教师的领导方式

不同的领导方式会产生不同的课堂教学心理气氛：民主型的教师易形成和谐愉快、积极向上的课堂教学心理气氛，专制型的教师易导致情绪压抑、气氛紧张的课堂教学心理气氛，放任型的教师易使课堂教学心理气氛自由散漫、我行我素、互不合作。

（3）课堂调控

教师的课堂调控直接影响着课堂教学心理气氛。因此，教师应具有：①敏锐的观察力，能细致深入、迅速准确、全面客观地观察整个课堂情景。

②良好的注意分配能力，既要根据学生反应及时注意调整讲授的节奏、特色及自身情绪，又要密切注意整个班级的课堂气氛及个别学生的反应，恰当处理好个体与整体的关系。③善于因势利导，把握分寸，从而使课堂教学心理气氛维持在特定的水平上。

（4）教学

课堂教学心理气氛是在教学过程中形成的，教学内容的组织、教学方法的选择，以及教师课堂中的言语行为和非言语行为，都会影响课堂教学心理气氛。

2. 学生

学生是学习的主体，其个体心理特征无疑也影响着课堂教学心理气氛的性质。

（1）学习态度和动机

不同的学生具有不同的学习态度和动机，在课堂教学中也会有不同的表现。具有积极学习动机的学生在课堂上发言积极、反应迅速，无论在何种教学心理气氛下都能认真学习；而学习动机较消极的学生注意力不集中，经常走神，不爱发言，在课堂上表现得沉闷、压抑。

（2）认知方式

学生的认知方式和水平是在学习中形成和发展的，各不相同。当其认知方式和水平与教师的讲授方式相适应时，则接受迅速、反应积极；反之，则反应迟钝，在课堂上表现得较沉闷。同一水平上的认知方式也各具特色，有的深刻而迟缓，有的乐于参与，有的沉闷寡言。

3. 班级文化

班级作为一个社会体系，具有特定的亚文化的特点，这种亚文化无时无刻不对课堂教学心理气氛产生作用。每一个个体认同制度上的相同目标，从属于一个团体，有着相同的情绪联系和理性信仰。班级文化具有一种"信号功能"，能使成员在不知不觉的情况下接受班级的情绪影响。可见，班级文化对其成员具有潜在的规范性。良好的班集体学风浓厚、积极上进，班级文化具有明确的目标和科学的价值观，有利于学生形成科学的学习态度和学习动机，这对建立良好稳定的课堂教学心理气氛也是极为重要的。

影响课堂教学心理气氛的因素是多样的，课堂教学心理气氛的教育作用也是多层面的。我们应加强对课堂教学心理气氛的研究，探讨其形成和变化的规律及教育作用，以促进课堂教学效率的提高。

总之，物理教师应该从心理学角度去分析影响教学过程的各种心理因素，寻找教学成败的心理根源，找出心理科学和物理教学的切入点和结合点，充分挖掘学生学习的心理动因，以便全面提高物理课堂教学的质量。

二、影响物理教学效果的主要心理因素

课堂教学是教师和学生的双边活动，师生的心理活动对教与学的效果有着极大的影响，从课堂教学心理来看，有四个主要因素影响着物理课堂的教学效果。

（一）心理基础因素

心理基础因素是指上物理课之前就有的心理背景，这不是由课上的心理原因造成的，主要是由上物理课之前物理课程或物理学习在学生心理、记忆中产生的印象造成的。

1. 有利的心理基础因素

如果学生没上物理课之前就听说物理课程有用、有趣，物理老师水平高、爱学生、讲课好、会做有趣的实验，物理课上不仅能看到许多非常有趣的现象，而且还能自己动手操作等，这些都是有利于学生物理学习的心理基础因素，能给学生留下好的印象。

2. 不利的心理基础因素

如果学生没上物理课之前就听说物理课程晦涩难懂、枯燥乏味，物理老师水平不高、经常训斥学生等，这些都是不利于学生物理学习的心理基础因素，很容易让学生对物理课程产生畏难的情绪。

在物理教学中，教师要充分利用有利的心理基础因素，力求避免和消除不利的心理基础因素。特别对于新教师第一次进班级，做好"四个一"更是至关重要，即：做一次短而有水平的就职讲话、开好一次班会、组织一次成功的活动、上好第一堂课。这便为物理课程的后续开展建立了心理

基础。

（二）心理动力因素

心理动力因素是指在上课前与上课中的心理活动，它可以成为推动物理教学的动力。心理动力因素主要表现为好奇心、求知欲、求成欲。

1. 好奇心

好奇心是人类的天性。对中学生而言，好奇是激发物理学习兴趣的先导，是中学生思维上的一个重要特点。因此，教师在教学中应该有意识地进行激发，有效地利用好奇心这一特点来提高物理教学的质量，发挥其在教学中的作用。例如，精心设计好第一堂课，让学生对物理产生兴趣；在课堂教学过程中，利用与学生生活经验相矛盾的事例和实验，巧设悬念，激发学生的好奇心；有效地运用各种教学方法和手段，满足学生的好奇心。

2. 求知欲

中学生的求知欲常常表现在自己熟悉的但不知道原理的现象上，他们对不在身边而生活中又需要的以及未来有发展前景的事物，充满兴趣。教师要善于利用这一特点，满足中学生的求知欲。

3. 求成欲

中学生的求成欲表现为希望获得成功，希望得到肯定和表扬，希望在同学面前有威望、有面子等，这些都是积极的学习因素、学习动力。

在中学物理教学中，最有效的方法是通过物理学史、物理实验、生活实例来创设情景，以满足学生的各种需要。

（三）心理状态因素

心理状态因素是指课堂上师生的精神状态、心境、健康等因素。心理状态因素虽然在课堂上出现短暂，但它对课堂教学效果却有重要的影响。教师应该特别注重自己的情绪，以快乐的情绪感染学生。当然，学生的精神状态与学习情况也影响着教师的心境和情绪。教师与学生上课的心理状态是能否尽快进入最佳教学状态的关键。

（四）心理成果因素

心理成果因素是指课堂教学后师生心理各自留下的印象，是前三种心理因素综合作用的结果，将会对下一次教学产生积极或消极的影响。如新教师的第一次课，课堂提问后，学生没有反应，教师感到没劲，失去信心，讲得不积极，学生不想听，整堂课的教学对于教师和学生都是一种煎熬；相反，教师充满信心，课上得好，学生喜欢，就会形成良性循环。

总之，在心理因素中，占主动地位的是教师，学生具有可塑性。心理成果因素要求教师应善于或经常对自己的教学进行反思。

第三节 物理学习中的观察与记忆

物理学是一门以实验为基础的科学，观察和实验是学习物理的基础。观察是一种心理活动，是一种有目的、有组织、主动的认知活动。全面、正确、深入地观察事物的能力称为观察能力，它是认知的基本能力，是人们获取信息的主要途径，也是物理思维的出发点。认识复杂的物理现象和物理过程需要敏锐的观察力。学生学习物理从根本上说始于观察，从观察中获取感性材料。因此，观察能力是物理学习的源泉，是学生获得感性认识的智力条件。学生的观察能力作为一种心理品质，并不是先天固有的，而是在后天的物理学习中逐渐形成的，因此，观察能力可以在物理学习中进行培养。

无论是通过感知觉在感性认识的层面上实施对教学材料的信息加工，还是通过思维在理性认识的层面上实施对教学材料的信息加工，都存在着一个在头脑中储存或提取信息的问题，这就涉及学生在教学活动中的又一信息加工过程——记忆。所谓记忆就是学习的保持、再认和再现等，这是一种复杂的心理过程，它包括了识记、保持、再认、再现等。记忆在学生的学习中具有非常重要的意义，因为在学生的学习活动中，大量知识的接受、保存和提取与记忆紧密相连。这就要求物理教师必须了解中学生学习物理知识时的记忆特点，帮助学生科学地记忆，最大限度地提高学生的记忆效果。

本节将讨论在物理教学中培养学生良好的物理观察能力和记忆能力的方法。

一、物理学习中观察能力的培养

（一）培养学生观察的兴趣

1. 创造实验条件，培养观察的积极性

培养学生良好的观察能力，首先应该让学生对观察有浓厚的兴趣，愿意观察、乐于观察。因此，教师在教学过程中应当增加演示实验。生动的演示实验可以吸引学生的注意，激发学生的观察欲望。例如，教师在课堂上用玻璃管演示"酒精和水混合后总体积减小，说明分子间有间隙"的实验时，对于"冷水加热使水沸腾"的过程，学生目不转睛地注视现象的变化，对出现的现象产生浓厚的观察兴趣。另外，还要引导学生对生活中的物理现象进行观察，激发学生的兴趣。如观察气候的变化（雾、霜、雨的形成），观察夏季雨后的天空出现的"虹"等，让学生产生观察的兴趣。

2. 通过介绍史料，明确观察的重要性

观察作为一种物理学习能力，对于物理学习具有重要的作用；同时，观察也是一种重要的研究手段。在物理学发展史上，因观察与思考而引起重大发现的例子比比皆是。例如，意大利科学家伽利略通过深入细致的观察，发现了单摆的等时性原理；丹麦的物理学家奥斯特通过长期的实验观察，发现了电流的磁效应……作为物理教师，要重视对物理学发展史上成功观察事例的介绍，也要经常结合教学内容说明认真细致的观察在知识学习及科学发现中的作用。教育学生做观察的有心人，激励他们主动观察，变无意注意为有意注意，变娱乐性的知觉活动为有计划、有目的、有意义的知觉活动，使观察有效地促进思维的发展与能力形成。

（二）教给学生观察的方法

物理学习中有两种常用的观察方法应该让学生掌握，即系统观察法和对比观察法。

1. 系统观察法

系统观察法包括顺序观察法、分步观察法、角度观察法。

当物理现象和过程由多个因素支配的时候，为了弄清楚各个因素的作

用、性质和规律，常常依次突出一个因素的作用而使其他因素相对固定，然后一步一步进行观察。像阿基米德定律的实验就是这样：第一步，将一小铝块静置在弹簧秤下，观察弹簧秤示数；第二步，将小铝块的一小部分浸入水中，保持静止后再观察弹簧秤示数；第三步，逐渐增大小铝块浸入水中的体积，保持静止后再观察弹簧秤示数；第四步，将小铝块全部浸入水中，观察弹簧秤示数。这恰恰采用了分步观察的方法。

2. 对比观察法

对比观察法包括异部观察法、异物对比法、前后对比法、分类对比法。对比观察法是判断哪一因素对物理现象或过程起支配作用的有效方法。例如，探究条形磁铁磁感线的分布情况时，可以运用异部观察法将小磁针放在条形磁铁的不同位置，观察小磁针静止时的不同指向；在电磁感应实验中，可以运用异物对比法观察铁芯和陶瓷棒分别插入线圈的瞬间产生的不同感应电流；在自感现象中，可以运用前后对比法观察闭合开关瞬间及稳定时小灯泡明亮程度的变化情况。

（三）培养学生观察的品质

培养学生观察的品质主要是指培养学生将观察与思考紧密结合起来的能力，只有这样，才能将感性认识上升为理性认识，才能透过现象看本质。观察的品质主要包括观察的目的性、敏锐性、准确性、持久性、全面性和创造性。

1. 观察的目的性

观察的目的性是观察能力的重要品质。所谓观察的目的性，是指观察者应当明确观察的对象、条件、要求以及观察的计划、步骤等。一般说来，学生对实验都充满好奇、乐于观察，但往往比较盲目，喜欢看"热闹"，这就需要引导学生有目的地观察。其方法就是依据教学内容与学生原有认知结构之间产生的问题情境，提出观察的总任务，使学生一开始就明确观察的目的。例如，观察滑轮组提起重物，教师应明确观察的中心任务是观察重物如何运动，还是观察绳子的段数和绕法。再如，关于楞次定律的演示，常见的问题情境：学生已掌握闭合电路中磁通量发生变化会产生感应电流，但不知产生感应电流方向的规律。观察的中心任务应当是探究感应电流的方向在何时发生改变以及使它发生改变的因素都有哪些。这样就使学生抓住了观察的中心，明白了观察的原因、观察的内容，从而有目的地观察。

2. 观察的敏锐性

观察的敏锐性包括两层意思：其一是指观察时迅速作出反应，抓住那些稍纵即逝的现象，及时获得观察对象的有关信息；其二是指观察时能从平时不大引人注目的现象中发现新的线索，即善于发现被忽略或不易发现的东西。研究表明，中学生尤其是中学低年级学生往往不具备细微的观察能力。研究者让45名初中生亲自做"水的沸腾"实验，要求学生认真观察，并把观察到的现象记录下来。回答较好的25名学生能观察到"最初在试管的底部及内壁上出现了小气泡，继续加热，气泡变大，然后气泡离开底部上升""气泡在上升过程中逐渐变大，到达水面，破开"……从这45名学生的记录中未发现有人观察到开始阶段气泡上升过程中是由大变小这一细微情节。

3. 观察的准确性

观察的准确性，是指能正确获得观察对象的有关信息和精确的结果。物理学是一门精确的定量科学，对量的方面要求严格。在使用各种量度工具时，要求能正确地读数，并且测量值在仪器的精确范围之内。观察者应该能从所观察的诸现象中找出差异或区别，精细地分辨出各种现象。例如，在观察温度或电表指针的读数，要求学生一定要正视、不能斜视；在吸收光谱实验中，要求学生能够从明亮的连续光谱中分辨出细小的亮线；在自由落体与平抛实验中，要求学生能从两球落地的声音中分辨出落地时刻的先后；等等。

4. 观察的持久性

观察的持久性，是指在观察中不怕困难、持之以恒的精神。因为有些物理变化过程不是短时间能完成，这就需要耐心地坚持观察。例如，第谷对天体进行观察坚持了40余年；布拉凯特用α粒子轰击氮核，最终从40多万条径迹中观察到8条分叉径迹，实现了原子核人工转变的过程。

中学生往往在观的开始阶段觉得新奇，一旦新奇感消失，其注意力就容易转移，导致观察的持久性难以维持。因此，培养中学生观察的持久性也是对中学生进行科学态度教育的一个重要方面。

5. 观察的全面性

观察的全面性，是指能从事物或现象的各个方面、从事物或现象的发展过程中进行观察。从空间上讲，既注意局部又注意整体；从时间上讲，既注意现状又注意过去和未来。对事物间的联系不仅要看到变化的结果，而且要看到产生变化的原因，即不仅注意观察物理现象本身，还要注意观察产生这一现象的条件。例如，有一位教师在讲"沸腾"时，对教材中的实验做了一些改进。他在大烧杯中盛水，再放一盛水的小试管。用酒精灯加热大烧杯，用两支温度计分别测量大烧杯和试管中的水温，待大烧杯和小试管中的水温都达到100℃时，大烧杯中的水开始沸腾，而小试管中的水却没有沸腾。这个实验同时反映了液体沸腾和热传递产生的条件。液体温度达到沸点还要继续吸热后才能沸腾，而发生热传递必须要有温差。这就改变了学生原先以为只要达到沸点就可以沸腾的片面认识。

6. 观察的创造性

观察的创造性，是指在观察过程中能够以多样化的、不寻常的、创新的方式进行观察，不墨守成规，并且将观察现象与思维结合起来。正如法国微生物学家巴斯德所说："在观察的领域中，机遇只偏爱那种有准备的头脑。"

二、物理学习中的记忆特点

（一）中学生的有意记忆逐渐占重要地位，但无意记忆还较明显

中学生对物理概念的定义、物理定律及其公式能采取主动记忆，并采取各种有效的识记方法，用一定的意志力去牢记它们，但中学生对物理现象的发生、变化等还是无意记忆占重要地位。由于物理实验和物理现象具有新奇的特点，教师的讲解能引起中学生的兴趣，虽然中学生没有给自己提出明确的识记目的和任务，但是物理实验和物理现象都有可能自然而然地被学生记下来，学生的无意识记忆还是比较明显。

（二）中学生的机械记忆逐渐为意义记忆所代替

机械记忆是在不理解物理概念、物理规律和物理公式的物理意义情况

下，单靠多次反复进行强记、死记。而意义记忆是学生在对物理知识理解的基础上，依据知识的内在联系，运用有关的知识经验进行的记忆，与机械记忆相对应。中学生对物理概念、规律、公式等的记忆能够在理解或赋予记忆材料一定的意义之后再去记忆，即意义记忆有了较大的发展，目的性比小学时提高了，但仍有相当部分中学生采取机械记忆，考试时仍以背诵概念原理为主。

（三）中学生的抽象记忆虽有发展，但还是不如形象记忆好

在物理学中，抽象记忆具有十分重要的作用，它是建立物理概念、物理规律、建立系统物理知识及解决物理问题的必要条件。中学生抽象记忆能力明显加强，总是力求达到对物理事物的本质特征和内在联系的认知，但对于一些直观形象的记忆更加感兴趣，记忆效果更好，因而他们的形象记忆要优于抽象记忆。在学习中，中学生借助具体的形象来展开思维，充分发挥想象，将感受到的现象与原有的相关知识经验发生联系，再通过比较认清物理现象的实质。因此，形象思维对于抽象思维的发展有着极大的帮助。

第四节　物理学习中的思维

思维是一个心理过程，是有意识的人脑对客体事物的反映，是人类大脑受外界刺激而引起的一种高级神经活动。学生的思维发展是在个体实践活动中通过掌握知识的过程来实现的，然而这种实现并不是一次就完成，常常是一个漫长的过程，需要经过多次分析、综合才能逐步深入，是在不断实践中得到检验、修正而发展起来的。

一、前概念与相异构想

学生在正式学习物理概念前，通过对日常生活现象的感知以及长期的经验积累与辨别式学习所形成的对事物的认识，叫作"前科学概念"，简称"前概念"。前概念中包含对事物的正确认识（科学概念），但更多的是一些

不科学的认识（错误概念）。学生在学习新概念的过程中同样还会产生新的科学概念和错误概念。

学生在前概念中的错误概念与学习新概念过程形成的错误概念一起在头脑中建立起来一种特有的结构，称为"相异构想"。最终这些总的认识构成学生认识结构中的概念框架。

二、学习物理的思维特点

物理学是一门以观察和实验为基础的科学，而观察和实验离不开思维，学生的智力发展主要表现在思维的发展上。初中生处于从具体形象思维向抽象思维过渡的阶段，随着知识的增加、年龄的增长，抽象思维逐渐占主导地位。这种转变在初中阶段尚未完成，直到高中阶段才完成。这种思维特点为学好物理概念和物理规律打下基础，而通过物理的学习更能促进思维的转变。这正是中学生学习物理的思维特点，因为中学生学习物理是以观察和实验为基础，在观察和实验中获得感性材料，并在此基础上经过抽象思维，得出物理规律。

三、物理学习中的思维障碍分析

人的认识遵循一定的规律，要研究学生物理学习中的思维障碍到底是怎样产生的，应该把学生这个学习的主体和学习的内容结合起来，了解二者之间相互制约的关系。学生物理学习首先受自身的心理认识水平和生活经验的制约，其次受学习内容概括性、抽象性程度的制约。物理知识由物理概念、物理规律、物理现象、物理实验和物理科学方法等组成，它们是解决物理问题的基础。高中阶段的物理知识具有高度的概括性和抽象性，学生学习时若不能真正把握知识的内涵、联系及其区别，在运用物理知识解决问题时就会产生一些思维障碍，出现各种各样的错误，如乱套公式、概念混淆、思维混乱等。

（一）先入为主的生活观念形成的思维障碍

物理学的研究对象是自然界中的客观物体及其运动规律，学生生活在千变万化的物理世界中，很容易获得有关物理方面的感性认识，形成一定的生活观念和经验，这就是物理前概念，它是学生学习物理知识的前提条件。有些前概念与物理概念、物理规律相一致，对学生的物理学习有积极的促进作用；有些前概念是错误的，对物理概念的形成、物理规律的正确理解和运用产生一定的消极作用，对学生造成一定的学习障碍。这种障碍主要表现在两点：一是妨碍概念理解的全面性、完整性，造成概念理解片面；二是阻断知识间的内在联系，造成认知过程与应用过程脱节。例如，在学习力和运动的关系这部分知识之前，许多学生都有这种看法：静止的物体，当用力推动它时，它才会运动；力停止作用，它就会立即停下来；推动物体的力越大，物体运动得就越快，速度就越大。实际上，这个前概念是错误的。学生学完了力和运动关系这部分知识后才对此有了正确的认识：物体受力大，加速度大，但速度不一定大；反之，速度大，受力不一定大。但是仍有一部分学生受前概念的干扰和影响，思维被阻断，不能联系所学的知识，而是想当然、习惯性地按错误的前概念进行判断，妨碍了物理概念的形成和巩固。错误的前概念比较顽固，不是一朝一夕就能改正过来的。

总之，错误的前概念往往驱使学生做出想当然的判断，阻碍学生对物理知识的掌握。要克服和纠正这类错误观念，教师可采取如下做法：一是讲解概念时，应展开充分的分析、讨论，让学生弄清概念的来龙去脉，明确概念的形成过程，准确理解和掌握概念的内涵；二是加强知识训练的环节，反复矫正巩固，以加深理解；三是用一些生动的物理实验或物理现象给学生以更强烈的刺激，使学生形成鲜明的对比，分析原有观念的错误，从而实现概念的转变。

（二）相近物理概念混淆形成的障碍

物理学上有许多相近的物理概念，它们既相互联系又相互区别，具有不同的本质属性。有的学生对它们的物理意义理解不透、区分不清，加上头脑中没有清晰的表象，容易将它们之间的关系简单化。如速度和加速度，二者都是描述运动的物理量，速度表示物体运动的快慢，而加速度则表示速度变化的快慢。有的学生认为：物体的加速度大，速度就大；加速度变大时，速度就随之变大。要克服这种思维障碍，需要抓住两个概念间的差异，从不同的角度分析，加以区别。一是可以通过列举具体的典型例子进行辨析，深化概念理解，进而找出两者之间的内在联系和区别。如在物体的振动过程中，物体向平衡位置运动的过程中加速度是变小的，直至为零，速度是变大的；而离开平衡位置的过程中，加速度是变大的，速度是变小的，直至为零。为了特别强调加速度和速度这两个物理量大小的差别和变化的不一致性，可以让学生分别说明始末位置上它们的大小，通过这一物理情景加深学生对这两个物理量的理解。二是可以运用图像进行区别，并说明在 $v-t$ 图像中斜率表示物体的加速度，纵坐标表示物体的速度等。

（三）类比不当形成的思维障碍

类比是一种重要的推理方式，是人们认识新事物或有新发现的重要思维方式之一。但类比不是一种严密的推理，类比推理的结果是否正确，还需要经过实践的检验。在学习物理的过程中，恰当地运用类比可以帮助学生掌握所学的知识。例如，可以把原子中电子绕原子核的圆周运动与月亮绕地球的圆周运动进行类比，它们遵守相同的规律，解题的方法也比较相似，只是运用的具体知识不同。这样的学习既可以加强知识之间的联系、深化对知识的理解，又能提高学习的效率、促进思维的发展。但是，也要让学生认识到类比不当反而会造成学习上的障碍。例如，机械波和光波在介质中传播速度大小的决定因素是不相同的，这两者就不可做类比联想，否则就会得出错误的结论。振动图像和波的图像是非常相近的两个图像，两者形同意不同，只因横轴表示的物理量不同而使两个图像的物理内容、物理意义完全不同。它们的意义可用一个形象的例子来比喻，就像正在演出的舞蹈节目，振动图像表示的是每一个演员的规定动作，而波的图像表示的是整个群体所呈现的优美造型。振动图像随时间的变化的画法和波的图像随时间变化的画法不具有可类比性，学生如果忽略了这一点，就会形成思维上的障碍，得到错误的结果。克服这种思维障碍的有效方法就是抓住两个现象之间的本质差别，分析其差异，找出不能类比的前提条件，进而消除错误的思维。

（四）物理公式数学化形成的思维障碍

数学是学习和研究物理学的重要工具，运用数学工具解决物理问题的能力是一项重要能力。学生在运用数学知识解决物理问题的过程中，经常撇开公式的物理意义，忘记公式所表达的物理概念之间的因果关系，从而造成单纯从公式的角度分析物理问题的思维偏差。例如，由电场强度公式 $E = \dfrac{F}{q}$ 错误地推导出 E 正比于 F 或反比于 q 的结论。克服这种错误思维偏差的主要措施：一是要强调公式的物理意义，理解公式所描述的物理现象、物理事实之间的因果关系与决定性关系；二是要明确公式的来龙去脉，突出对公式物理意义的分析，不能按单纯数学关系理解物理公式，减少单纯数值代入计算的训练，让学生善于运用数学知识、数学方法描述物理问题，真正建立起物理上的数量关系，增强运用数学知识的意识，提高运用数学工具的能力。

（五）概念的内涵和外延模糊形成的思维障碍

任何一个物理概念都是内涵和外延的统一。我们通常所说的掌握物理概念，既指理解物理概念的内涵，又指理解物理概念的外延。所谓物理概念的内涵，即概念所反映的物理现象的本质属性，是该事物区别于其他事物的本质特征。所谓物理概念的外延，即概念所涉及的范围和条件、公式的适用范围和成立条件。教学实践告诉我们，弄清概念的内涵和外延是深刻理解概念、正确运用概念解决实际问题的前提条件。但由于概念的内涵表述比较抽象，概念的外延适用该概念的一切范围，因此，学生在理解或实际运用物理概念时，有时会不自觉地缩小或扩大概念的内涵和外延，而得出错误的结论。例如，有的学生认为压力都是由重力产生的，这就是缩小了压力的外延；有的学生认为重心都在物体上，这就增加了重力的内涵。为了克服这种思维障碍，教师在教学中必须把基本概念的物理意义与物理公式的适用范围讲清楚，让学生配合练习加强运用，在运用中深化理解，逐步达到正确掌握基本知识的目标。

（六）思维定式干扰形成的思维障碍

学生运用掌握的知识形成了一套切实有效的分析解决问题的推理方式和方法，这种推理方式和方法又变成了学生的一种思维模式，这种现象叫思维定式。思维定式具有双重性，既有积极的作用，又有消极的作用。从正面说，思维定式的形成表明学生不仅掌握了知识，并且形成了一定的思维推理能力；从反面说，思维定式对分析解决问题能力的发展和提高也具有一定的阻碍作用。这种现象在教学中很常见。比如，物理中常用的正负号：它可以用来表示矢量的方向，不表示矢量的大小；也可以用来表示标量的正负，如温度的高低、功的正负、能量的正负、电势的高低；还可以用来表示物体的性质，如透镜的性质、电荷的性质等。然而，学生有时会片面地理解为其只表示方向，忘记了有的表示性质、有的表示大小。再比如，对带电粒子在电场中的运动分析，首先要分析粒子的受力情况，是否要考虑重力应根据具体情况判断，但学生往往直接将重力分析进去，使问题不能得到解决。克服这种思维定式，需要运用典型的事例增强训练，以及借助训练的新颖性与题目的灵活性，重在提高具体问题具体分析的能力，切实加强审题能力的培养，使学生形成正确的分析习惯和方法，克服想当然地按头脑中的思维定式来解题的不良习惯。

第五节　物理学习中的兴趣与动机

兴趣和动机是人类的性格特征之一。兴趣和动机在教学活动中具有特别重要的意义，一旦激起学生的兴趣，学生就会产生强烈的求知欲望，表现出积极主动性，坚定克服困难的意志，产生良好的学习效果。因此，物理教师掌握一定的激发学生学习兴趣和动机的方法及理论，对提高教学效率、改善课堂教学环境、减轻学生的负担等都起到重要的作用。

一、中学生物理学习的兴趣

（一）中学生物理学习的兴趣特点

中学时期，由于学生已经积累了一些生活经验、掌握了一些科学知识，故对自然和社会的认识从模糊到清晰，他们不仅有好奇心，还有求知欲，从而产生了学习兴趣。物理学习的兴趣主要有以下几种：

1. 直觉兴趣

通过观察新奇的自然现象和教师的演示实验，虽然可以进一步激发这种兴趣，但这只是兴趣的初级阶段。事实上，处在这个阶段的学生只满足于感知物理世界、观察有趣的物理现象，并未产生进一步了解这种现象产生的原因和具体的因果联系的强烈欲望，这种兴趣称之为直觉兴趣。

2. 操作兴趣

随着物理课程学习的深入，学生逐渐不满足于单纯观察现象，他们更希望通过自己的活动去对实验现象施加影响，这种兴趣水平比直觉兴趣水平有所提高，我们称之为操作兴趣。

大多数初中生和少数高中生处于这一阶段，操作兴趣比直觉兴趣有所提高，但兴趣的稳定性较差，对要求了解和探索的物理现象的实质和规律还缺乏浓厚的兴趣。

3. 关注兴趣

物理学习的过程中不仅有新奇的实验现象和有趣的操作活动，更有需要倾注主观意志努力的、有预定目的的学习任务。这种倾注注意力的兴趣是连接直接兴趣与间接兴趣的桥梁，我们将这一兴趣称为关注兴趣。

4. 因果认识兴趣

只有充分利用学生的操作兴趣，让学生多动手，学生的兴趣才能进一步提高。此时，他们不仅对操作有兴趣，还想了解其中的因果关系，了解物理现象产生的原因，这种兴趣称为因果认识兴趣。多数高中生处在这个兴趣阶段。

5. 概括认识兴趣

随着学生学习的深入，学生不再满足于了解特定物理现象的因果关系，而是想了解某一类物理现象的相互关联和一般规律，热衷于归类、分析、概括等思维活动，并想自行探索、亲自动手设计实验。学生的学习兴趣已成为物理学习动机的主要部分，这种兴趣称为概括认识兴趣。

6. 应用兴趣

有些学生很少能将自己概括的物理知识与日常生活相联系，他们的兴趣水平仅停留在了概括认识兴趣。如果学生能将概括的物理知识与日常生活相联系，并应用概括的物理知识解决实际问题，那么学生就具有了应用兴趣。与概括认识兴趣相比，应用兴趣阶段多了应用的意识与将思维成果向实践转化的行为，比概括认识兴趣高一个层次。

（二）中学生物理学习的兴趣培养

1. 利用学科特点，激发学习兴趣

物理学是一门以实验为基础的学科，物理概念和物理规律等是建立在实验基础之上的。中学生天生好动，对实验操作有强烈的好奇心。实验操作不仅能满足他们的好奇心和求知欲，还能为他们提供丰富的感性认识，让他们从中体会到成功的乐趣，激起他们的学习兴趣。因此，教学中应该充分利用物理实验，让学生体验物理情境、认识物理规律、领略自然现象中的美妙与和谐，从物理规律中获得感受与发现。物理实验培养了学生对自然界的好奇感，发展了学生对科学的探索兴趣以及了解和认识自然的动力，激发了学生对物理学的热爱和学习的兴趣。

2. 注重科学探究，提高学习兴趣

科学探究既是学生学习的目标，又是重要的教学方式之一。科学探究是在教师的指导和启发下，学生从自己的学习生活和社会生活中选取课题，以掌握的知识和方法为基础，收集科学探究的要素，在自由表达和讨论中解决问题。在教学过程中，这样的探究活动不仅满足了中学生的需求，保持了中学生与生俱来的探索未知世界的好奇心，还为中学生提供了自由思考和发展的空间，充分发挥了学生的创造能力。这些给予了学生学习的力量，调动了他们的热情，这本身就是一种兴趣培养。

3. 利用信息技术，增强学习兴趣

信息技术为教学活动提供了新的发展空间，是教学效率不断提高、教学效果不断加强的重要物质保证，从整体上提升了教学活动的质量。利用信息技术可以将难以见到的抽象的物理事实、物理规律、实验现象展现出

来，丰富了学生对物理情境的感性认识，深化了他们对科学规律的理解，增强了学生的学习兴趣，开阔了学生的视野。

4. 加强学法指导，巩固学习兴趣

在学法指导上，教师不仅要消除学生物理学习的紧张心理，让他们克服"物理难学"的心理障碍，而且还要帮助学生养成物理学习的良好习惯，让学生在物理学习中取得较好效果、得到激励，从而提高物理学习的兴趣，增强物理学习的信心。

二、中学生物理学习的动机

（一）中学生物理学习动机的特点

动机是人类的性格特征之一。学习动机是学生由于学习需要而产生的动力因素，是个体在社会生活和教育的影响下逐渐形成和发展起来的，为了实现个人理想而进行智力活动的动力。学生的学习动机集中反映在成就动机上。所谓成就动机就是希望获得成功的动机，它主要由认知内驱力、自我提高内驱力、附属内驱力三个方面构成。中学生学习物理和其他学科都有强烈的学习动机，但其内部隐藏的学习目标并不一致。有一部分学生为了求知，为了个人成长和社会文化、科技发展的需求而学习，因此，他们具有强烈的内部学习动机。另一部分学生是为了争取高分数以博得家长和教师的赞许、欢心、奖励而学习，这是被动的外部学习动机。不论什么动机，动机的自主性和调控性使学生能自我调节物理学习活动。

（二）中学生物理学习动机的激发

学习动机是学生认知过程的前提和条件，教师应注重学生学习动机的激发。

1. 内部学习动机的激发

内部学习动机在课堂学习中是一种最重要的、最稳定的动机，对学习起很大的推动作用。在教学中，教师应善于创设问题情境，激发学生的认识兴趣和求知欲，使学生的注意力、记忆力、思维凝聚在一起，以达到智力活动的最佳状态。

2. 外部学习动机的激发

在物理教学中，将学生的学习结果（如课堂回答问题、课后作业、考试成绩）进行适当评价，以及对学生学习活动加以肯定或否定的强化，能够激发学生学习的积极性，对于学困生效果更明显。

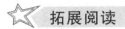 拓展阅读

始料未及的学生解答

九年级期末考试物理试卷中有这样一道题目：在"研究串联电路中电压的规律"的实验中，给你一个蓄电池、一个滑动变阻器、两只完好的小灯泡、两只完好的电压表、一个开关和若干导线。某实验小组将器材连接成串联电路，将电压表分别并联在两只灯泡的两端进行实验探究时出现了以下情况：闭合开关S后，两只灯泡中仅有一只发光，而且电路接法完全正确。问题：（1）你在进行探究时，出现过这样的问题吗？请你想一想，出现这样问题的可能性会有哪些？为什么？（2）你准备如何去解决这个问题？

试题提供的标准答案：（1）主要原因是两只灯泡的额定功率不一样，因此灯丝电阻的大小不一样。串联电路电流处处相等，灯丝电阻大的实际功率大，灯泡就亮；灯丝电阻小的实际功率小，灯泡就有可能不发光。（2）将不亮的灯泡换成和亮灯泡同样规格的再进行实验。

在全市统一阅卷中，发现按照上述标准答案回答问题的学生很少，绝大部分学生的回答是由于灯泡短路造成的，更换一只好的灯泡再进行实验即可。这一回答是阅卷教师始料未及的。阅卷教师展开了激烈的讨论，分析学生解决问题的想法。

如果你是阅卷老师，你认为学生的思路是什么？

【解析】教师的分析：由于两只灯泡串联，一只亮，另一只不亮，不可能是断路，因此只能短路。学生的这种认知上的错误，一是不知道灯泡本身是不可能短路的，灯丝坏了只能断路；二是不知道灯泡只能被其他材料

与器件（如导线或电流表）短路，而这些在本题中并没有提供。

在上述案例中，请同学们分析一下，为什么学生的答案和试卷给出的标准答案存在如此大的反差呢？

【解析】原因主要在于学生和教师的思维方式和思考角度有着较大的差异。

我们在考试结束后得知，原来本题的设计源于一个真实的学生实验探究活动：在"研究串联电路中电压的规律"的实验中，某一小组发现了两只完好的灯泡一只亮，一只不亮。在学生问教师原因时，教师及时发动全班学生进行探究。学生通过观察灯泡、检查回路，灯泡并没有被其他材料或器件短路，于是有些学生想到可能是电池旧了，换成新的；电池的电压不足，改用两节电池串联，但效果均不明显。还有部分学生将两只灯泡分别串联到闭合回路，最终探究发现是两只灯泡的规格不同，功率相差较大，于是将不亮的灯泡换成与亮灯泡相同规格的，两者均发光。这正是探究班的全体学生都正确地回答了本题的原因。

通过对这一试题设计背景的了解，可见要正确地解答该题，教师在这一节教学设计时需要采用探究式的教学方法，让学生经历科学探究的过程。采用传统教学方式教学的教师，虽然在教学过程中，也可能会有学生提出类似的问题，但教师采取了帮学生换了个灯泡的方式来解决这个问题，没想到让学生自己进行探究。可见学生与教师之间答案的差异不是在思维方式上，而是在教师教学方式上的差异。

 思考与讨论

1. 影响物理学习的主要心理因素有哪些？

2. 如何在物理教学中培养学生良好的物理观察能力？

3. 中学生在物理学习过程中都存在哪些思维障碍？同伴间交流讨论，该如何帮助学生克服思维障碍？

4. 如何在物理教学中激发中学生的学习兴趣与动机？

第三章 物理教学方法

学习目标

1. 了解教学方法的含义、理论基础及分类；

2. 掌握和理解基本的物理教学方法的含义及其优缺点；

3. 认识多媒体在物理教学中的优势，发挥信息技术在物理教学中的作用。

　　教学活动与教师的教和学生的学密切相关，其实施过程需要一种科学的教学方法。教学方法直接影响着教学工作、教学效率和学生的培养。所以，正确地理解和选择教学方法，对于更好地培养学生具有重要的意义。

第一节　教学方法概述

一、教学方法的含义

　　教学方法，是在教学过程中教师和学生为实现教学目的、完成教学任务而采取的教与学相互作用的活动方式的总称。从广义上看，教学方法由指导思想、教学方式、具体方法、教学手段等组成。从狭义上看，教学方法指具体的方法，如讲授法、谈话法、讨论法、演示法等。

　　教学方法具有综合性、补偿性、多样性和发展性。综合性是指在实际的教学活动中，通常不会只使用单一的教学方法，一般总是把几种教学方法有机地融合在一起，彼此渗透或交替使用。补偿性是指在实际教学活动中，相同的教学内容和教学目的可以采用不同的教学方法。多样性表现为教学方法是多样的，各种教学方法都有自己的特点和适用范围。发展性指教学方法不是一成不变的，而是随着科学技术的进步，教学手段和设备不断更新，进而促使教学方法不断变革。

二、教学方法、教学手段、教学方式和教学模式的联系与区别

教学方法是由指导思想、教学方式、具体方法、教学手段组成。教学方式指教学方法的细节化和具体化，是教学手段的运用形式。例如，讲授是一种教学方法。当教师进行讲授时，可以做演示实验，让学生观察；也可以叙述或描绘某个事件，解释某个现象，论证某个原理，其中演示、观察、叙述、描绘、解释、论证等，都是讲授法的一些教学方式。

教学手段是教师和学生为了实现共同的教学目标，完成共同的教学任务，在教学过程中运用的工具、媒体或设备。教学方法往往要借助一定的教学手段。例如，应用实验法教学时，就会用到干电池、蓄电池、开关、电阻、滑动变阻器等实验仪器，因此，实验仪器就是实验法得以运用的教学手段或教学工具。当然，随着教学任务的不同，有时还用到幻灯机、投影仪、录音机、录像机、电视机、计算机等各种各样的辅助教学手段。

教学模式是在一定的教育思想、教学理论、学习理论的指导下，在一定环境下展开的教学活动进程的稳定结构形式，是开展教学活动的一套方法论体系，也是基于一定教学理论而建立起来的较稳定的教学活动的框架和程序，具有直观性、假设性、近似性和完整性。

三、教学方法的理论基础

（一）近代教育史中教学方法的两大流派

历史上流传下来的教学方法极其丰富，这里介绍两种有代表性的教学思想和教学方法。

1. 赫尔巴特的教学思想和教学方法

赫尔巴特（J. F. Herbart，1776—1841）是德国著名的教育家，他提出了一整套教育理论体系，在教学方法方面提出了许多有益的见解。

赫尔巴特根据他对兴趣和注意规律的分析，主张教学应按一定的程序

进行。他把教学程序分为四个阶段：明了、联想、系统和方法。无论在哪个阶段，都应该注意学生的心理状态，选择恰当的教学方法。

（1）明了阶段

这个阶段的教学重点是采用清晰简明的讲解方法和直观示范的叙述方法，使学生自然地把兴趣点、注意力集中在新的事物、新的观念上，对新的知识内容产生探求的意向。

（2）联想阶段

这个阶段的教学重点是采用风趣的谈话、分析的方法，使学生对所获得的新观念与原有的旧观念进行对比，激发学生寻找它们之间联系的浓厚兴趣。

（3）系统阶段

这个阶段主要采用综合法，使学生获得新、旧知识的内在系统联系和确切的定义、结论。

（4）方法阶段

这个阶段主要通过练习和作业，合理选择方法，完成运用知识的任务。

根据以上四个阶段教学的需要，赫尔巴特提出了三种教学方法：第一种教学方法是叙述教学法，主要用于教师传授新知识，要求教师语言生动形象，善于启发提示，最好有直观教具相配合。第二种教学方法是分析教学法，要求教师指导学生将获得的观念加以分辨、归类，找到使知识条理化的方法。第三种教学方法是综合教学法，要求教师要教会学生把知识整理、概括成一个综合的整体，从而获得全面完整的系统知识，掌握知识之间的联系。

后来，赫尔巴特的学生席勒（T. Ziler）、莱因（W. Rein）根据当时传授知识的需要，把赫尔巴特的四个阶段教学扩展为五个教学步骤：预备，唤起学生已有的旧概念，提出问题，说明目的；提示，提出新课题，讲解新内容；联结，把新、旧知识相比较，建立它们之间的联系；总括，概括，得出结论；应用，运用所学知识，解答问题，进行练习。

以上五个教学步骤就是教育史上著名的五段教学法。五段教学法在一定程度上符合人的心理规律和教学的某些规律，重视新、旧知识的联系，注意根据学生心理状态、兴趣特点选用教学方法，强调通过练习和作业巩固知识等，具有积极的意义。在 19 世纪末至 20 世纪初，这种方法盛行于欧美，传入中国后，曾对中国当时的中小学教学有一定的影响。

2. 杜威的教学思想和教学方法

约翰·杜威（J. Dewey, 1859—1952）是美国著名的哲学家和教育家，是实用主义教育思想的创始人。在教学方法上，他提出了"从做中学"的基本原则，认为学生应该从自身的活动中进行学习，从而使学生的兴趣和需要得到满足。

杜威强调在教学过程中要唤起学生的思维。他认为人的思维可以分为五个步骤：疑难的情境；确定疑难的所在，提出问题；提出解决疑难问题的各种假设；推断哪一种假设可以解决问题；通过实验，验证或修改假设。根据此观点，杜威提出了教学过程的五个步骤：教师给学生创设一个课题的情境，情境必须与实际经验相联系，使学生产生要了解它的兴趣；给学生足够的资料，让学生进一步观察、分析，研究该课题的性质和存在的问题；学生自己提出解决问题的设想或暂时提出一些尝试性的不同的解答方案；学生自己根据设想进行推理，以寻求解决问题的方案；学生需根据明确的假设方案亲自动手进行验证实验，以检查全过程所达到的结果是否符合预期的目的，在做的过程中发现这些设想、假设的真实性和有效性。

杜威的教育思想和教学五步法不仅对美国，而且对世界许多国家产生了深刻的影响。杜威曾于 1919 年至 1921 年在中国的 13 个省、市进行了教育讲演和调查工作，这对当时中国的教育产生了一定的影响。

（二）现代教学方法的理论基础

了解现代教学方法的理论基础有助于我们加深对教学方法的认识和理解，提高选择和运用教学方法的能力。

1. 现代教育心理学理论

在现代教学方法体系逐渐丰富和完善的过程中，我们应合理吸收来自教育学和心理学研究的成果，如以皮亚杰、维果斯基为代表的认知发展学说，以马斯洛、罗杰斯为代表的人本主义学说等。近年来，随着基础教育课程改革的不断深入，建构主义学说和美国哈佛大学心理学家霍华德·加德纳教授提出的多元智能理论受到重视。前者强调学习是学习者主动建构知识的过程，体现在教学方法中有抛锚式教学、支架式教学、情景式教学等；后者更加强调学生个性全面发展、尊重学生的个体差异，体现在教学方法上为充分考虑学生的学习习惯及思维方式的差异，注重学生各个方面的发展。

2. 系统科学方法论

用系统的观点来审视、改造教学方法，促使教学方法的改革。从系统的观点来看，教学是一个多因素相互联系、相互作用的整体，教学方法的选择与使用要考虑它在整体中的功效，而不能仅仅考虑教学方法本身。

3. 启发式教学思想

启发式教学观与注入式教学观不同，启发式教学是把学生作为学习的主体，从学生的实际出发，根据每名学生自身的差异，采取不同的教学方法，调动学生学习的主动性、创造性和积极性，以培养学生分析和解决问题的能力，开发学生学习的潜力。在物理教学过程中，教师应启发学生学习物理的求知欲，激发学生学习物理的浓厚兴趣。

四、教学方法改革趋势

21世纪以来，知识经济时代特征凸显，系统科学理论进一步发展，以计算机和互联网为代表的现代信息技术正以前所未有的速度改变着人们的生活方式和学习方式；另外，人文精神回归也是时代的必然要求。在此背景之下，世界各国的教育改革风起云涌。教学方法改革研究是教育改革研究的课题之一。通过对近几十年来一些比较著名的、影响较大的教学方法的分析研究，笔者认为当前我国中学物理教学方法改革具有以下几大趋势。

（一）教学方法的能动性

新一轮基础教育改革在教学上改变了课程实施过于强调接受学习、死记硬背、机械训练的现状，倡导学生主动参与、乐于探究、勤于动手，培养学生搜集和处理信息、获取新知识的能力，分析和解决问题的能力以及交流与合作的能力。在教学中，教师应充分发挥学生的主体性，让学生用"主动探究"代替"被动接受"，采用研究性学习、探究性学习、合作性学习和自主性学习等多种方式参与学习，还应充分调动学生的积极性，有效激发学生的求知欲，使学生不仅能学到知识而且能学会独立获取知识的方法。教学方法的运用，更着眼于发展学生学会学习的能力。"教会学生学习，培养学生的能力"是当前教学方法改革最为突出的趋势之一。

（二）教学方法的综合性

教学方法的综合性是指使用现代教学方法时，注重多法结合，互配使用，以期达到最优化的教学效果。现代教学以人为本的教育理念、现代课程的时代性和选择性、学生个性的张扬、学习方式的变化等，促使教学方法丰富多样。面对教学方法的缤纷呈现，我们该如何选择和利用教学方法呢？国内外不少教育学者提倡多方法的综合使用。他们认为，在众多的教学方法中，一种方法的优点可能恰恰是另一种方法的不足所在。倘若能利用各种方法之间的这种互补性，并将具有互补性的方法搭配使用，一定能取得良好的效果。美国著名教育家布鲁姆曾经指出："在现有的教学策略上加上另一种新策略，其效果虽不会因此而增倍，但却能增加效果。"

教学方法是多样的，但各有其特点和优缺点，都具有一定的适用范围。选择教学方法要认真考虑教学内容的特点和具体的教学条件、教学要求、教学环境以及学生的身心发展所处的阶段特点，有时还要考虑教学方法的结合运用，以获得最好的教学效果。提高教学方法的综合性成为当前教学方法改革的主要目的。

（三）教学方法的信息技术化

在信息技术高速发展的今天，以计算机和互联网为代表的现代信息技术正以惊人的速度改变着人们的生活方式和学习方式。信息素养已成为评价人才综合素质的一项重要指标，是当今学生知识创新和学会学习的基础，高效获取信息、鉴别信息的能力以及自主高效地学习与交流合作的能力是信息素养最基本的构成元素。因此，培养和提高学生获取、加工信息的能力，培养学生终身学习的态度和能力，培养学生掌握信息时代的学习方式已成为当前教师教学工作的一个基本任务。为此，电影、电视录像、卫星传播、激光视盘、网络以及其他多功能、多媒体的现代化信息技术设备在教学中被越来越多地使用。这些教学手段在革新传统教学模式的同时，使得教学内容更加生动、形象，更富有吸引力、直观性，有效带动了教学内容和教学方法的全面改革。教学方法的信息技术化成为当前教学方法改革的一个显著特征。

（四）教学方法的情感性

学生对学习的情感因人而异，对不同学科的兴趣也各不相同。学生在智力、健康、情绪、经验背景、社会适应等方面千差万别，这些因素又在不同程度上影响着学生的学习情感。如何适应这些差异，培养学生积极的学习情感，是教学方法改革所面临的一个重要课题。学生身心、个性全面和谐的发展是教育教学的最终目的。赞可夫就非常重视学生的情绪体验在学习中的作用，他断言："教学法一旦触及学生的情绪意志领域，触及学生的精神需要，这种教学法就能发挥高度有效的作用。"可见，教学方法只有充分考虑到学生的情感，才能真正取得成效。在当代教学方法改革中，如愉快教学法、发现法、探究教学法等都充分体现了对学生学习情感的关注。同时，学生的个体性活动也成为许多教学方法的重要组成部分，如"协同教学法""暗示教学法""合作学习法""掌握学习法""发现法"等，都将学生的个体活动作为教学过程的重要环节，注重个性适应和学生参与。学生的个体性活动时间明显增加，成为学习的探索者，在探索发现过程中逐渐产生积极的学习情感，这不仅可以完成教学任务，还可以使学生的兴趣与爱好得到良好发展，从而更利于学生个性的成长。

五、教学方法的分类

教学过程是一个复杂的过程，教学方法的使用又与教学思想、教学目的、教学内容、教学环境、教学方式、具体方法、学生情况等有密切的联系。在实际教学中，从不同的方面，按照不同的标准，教学方法有多种分类方式。

教学方法的分类随着教学研究的深入而不断完善。美国学者约翰·拉斯卡认为世界上只有四种教学方法：呈现方法、实践方法、发现方法和强化方法，且每一种基本的方法中都包含若干具体的特定的方法。苏联教育家巴班斯基把教学方法分为三大类，每一类又分为几个小类。第一类是组织认知活动的方法（知觉方法、逻辑方法、认识方法、控制学习的方法）。第二类是刺激和形成学习动机的方法（刺激学习兴趣的方法、刺激学习责任感的方法）。第三类是检查和自我检查的方法（口述检查的方法、书面检查的方法、实际操作检查的方法）。苏霍姆林斯基认为，可以把所有的教学方法归为两类：一类是使学生初次感知知识和技能的方法；另一类是使知识得到进一步理解、发展和深化的方法。

目前，教学方法的分类主要有以下几种。根据教学思想、教学目的来划分，教学方法可分为：以传授知识为主要目的方法，如传授法、程序法等；以培养能力为主要目的方法，如发现法、自学法等；以传授知识和培养能力并重的方法，如启发式教学法、自学指导法等。根据学生在教学中认识活动方式的不同，教学方法可分为：以语言传递为主的教学方法（包括讲授法、谈话法、讨论法、读书指导法等）、直观演示的教学方法（包括演示法、参观法）、实际训练的教学方法（包括练习法、实习法、实验法）、检查成效的教学方法（包括测验法、考试法）。根据教学具体组织形式的不同，教学方法可分为：讲授法、谈话法、讨论法、演示法、实验法、读书指导法、练习法、考试法等。

第二节　物理教学方法的分类

每门学科的教学中都有最基本的、最常用的教学方法，同时也有体现学科特色的教学方法。这些方法以各种形式运用于教学过程中，对教学起着积极的作用。每种教学方法又都相互联系，紧密配合，发挥着整体作用，只是依据教学目的和教学任务的不同而有所侧重。我们主要从学生对知识的接受（讲授法、谈话法、讨论法）、对知识的直观感受（演示法、实验法）以及主动探究知识（自学法、练习法、探究法），提出物理教学的几种常用教学方法。这些教学方法各有各的特点，物理教师可以灵活选择和利用。

一、物理教学的基本方法

（一）讲授法

1. 讲授法的含义

讲授法是指教师通过口头语言直接向学生系统、连贯地传授知识的方法。讲授法是一种传授型的教学手段，以学生接受型的学习方式为主，是讲述、讲解、讲谈、讲演法的总称。例如，讲述侧重于生动形象地描绘某些事物、现象和概念，具有从情绪上感染人的效果；讲演是教师针对教材中的专题进行的有理有据、首尾连贯的论说，中间不插入或很少插入其他活动；当向学生说明、解释和论证科学概论、原理、公式和定理的时候，大多采用讲解的方式。

2. 讲授法的优点与不足

优点：（1）基础性。从教的角度来看，任何方法都离不开教师的"讲"，其他各种方法的运用都必须与讲授相结合，只有这样，其他各种方法才能充分发挥价值。从学的角度来看，讲授法是学生学习的一种最基本的方法，其他各种学习方法的掌握大多是建立在讲授法的基础上。（2）通俗化和直接性。教师的讲授能使深奥、抽象的课本知识变得具体形象、浅显通俗，从而消除学生对知识的神秘感和畏难情绪。讲授法直接向学生传授知识，避免了认识过程中的许多不必要的曲折和困难，这让学生少走了不少弯路。讲授法在传授知识方面具有无法取代的简捷和高效这两大优点，有效地保证了绝大部分学生在短时间内学到应有的知识和技能。（3）情感性。教材不但有学生学习物理知识的教学资源，还蕴藏着许多其他有价值的内容，如物理学研究的思维方法和情感教育因素等。但是教材的编写往往受到书面形式的限制，对学生来说隐藏在物理知识中的情感教育价值不易被发现。而教师借助系统讲授和语言分析能让学生比较深刻地理解教材内容，让学生既学到了系统的科学知识，又领会和掌握了蕴含在学科知识体系中的思想观点、思维方法和情感因素。同时，教师在讲授中融进了自身的学识、修养与情感，使教学不仅仅是知识的输出，更是师生情感的交流，感染、熏陶着学生的心灵。

缺点：学生相对被动，不能照顾学生的个体差异；学生如果长期以"接受"的形式学习知识，易于滋生学习上的依赖性，产生学习上的懒惰性；教师容易偏重教法，忽视对学生学法的引导，学生学习的主动性不能得到发挥，独立获取知识的能力也不容易得到锻炼。

3．讲授法的基本要求

（1）合乎科学、用语准确。讲授要具有科学性。首先，讲授的物理知识必须符合科学原理，不能出现科学性的错误。这就要求教师要有较高的物理知识水平，能深刻理解这些知识的内涵和外延。其次，讲授时用词要准确，表述要清晰，尽可能使用科学、规范的专业术语。（2）合乎逻辑、严谨有序。讲授要条理清楚，重点突出，符合知识的逻辑。首先，要把讲授的内容放到整个知识体系中来研究它的逻辑联系；其次，讲授物理知识要遵循科学探究的过程；再次，物理规律的叙述要有严密的逻辑性，不应任意颠倒。（3）启发思维，培养能力。讲授不仅要简单地向学生传递知识，还要激发学生积极思考，让学生在思维活动中获取知识、发展智力。首先，要考虑学生的认知水平和学习情绪，善于根据教学内容激发学生的求知欲望，引导学生积极思考；其次，可以用问题的方式进行讲授，以问题来激励学生的思维活动，做到"不愤不启，不悱不发"；再次，讲授的语速要适中，应留有合适的时间让学生思考。（4）简明生动，形象具体。生动形象的教学语言不仅可以激发学生的兴趣，而且还有助于对抽象物理知识的理解和掌握，使学生在轻松愉快的气氛中学习。

（二）谈话法

1．谈话法的含义和特点

谈话法是教师根据学生已有的认知结构对其进行设疑、启发、提问，通过师生间交谈对话的方式探讨知识、得出新结论，从而使学生获得知识的一种教学方法。其特点是教师引导学生运用已有的经验和知识回答教师提出的问题，借此让学生获得新知识或巩固、检查已学的知识。其核心是启发学生的思维，培养学生思维的积极性、主动性和灵活性。

谈话法以问题为导向，其优点是有利于唤起和保持学生的学习兴趣和注意力，激发学生的思维，培养学生独立思考和语言表达的能力。谈话法还可以直接了解学生对知识、技能的掌握情况，以便教师获得教学反馈信息，改进教学。其缺点是课堂发言的机会容易被学习好、思维敏捷的学生所占据，而学困生容易被忽视。

2. 谈话法的要求

要求教师有充分的准备，明确问题的范围、重点和要求，全面安排谈话内容，拟定谈话提纲，提问要适合学生的认知程度，富有启发性。问题的难易要结合学生实际。问题的表述要通俗易懂、含义明确、便于理解。提出的问题要面向全体并耐心等待和听取学生的回答，照顾学生的个别差异，因材施教。

（三）讨论法

1. 讨论法的含义和特点

讨论法是教师预先设计，让学生课前预习思考，在课堂上经由教师引导就某一问题发表见解，并由教师就讨论结果作一定的总结，使学生变被动为主动探寻知识的一种教学方法。

讨论法的优点：（1）能使师生获得即时的反馈信息。（2）能充分调动学生的学习主动性和积极性。讨论法改变了学生在课堂教学中的地位，使学生的思维不再受教师的限制，能主动、积极地准备材料，收集论据，进行思考。（3）能有效地培养和提高学生的阅读和思维能力。讨论法要求学生课前反复阅读教材，对已有的知识进行分析、推理、论证等，从而得出结论。这种活跃的思维活动能有效地培养学生思维的敏捷性、灵活性和独立性。（4）能培养和提高学生独立分析和解决问题的能力。在准备讨论的过程中，学生运用知识独立解决问题的能力得到了有效提高。（5）能培养和提高学生的语言表达能力。在阐明自己的观点、驳斥对方的观点等一系列活动中，学生的语言表达能力得到了锻炼和提高。此外，通过讨论，教师能最大限度地了解学生个体和总体的知识准备情况与认知状况，以便随时调整教学进程，加强了教学的针对性和有效性。

2. 讨论法的要求

讨论前教师与学生要做好充分准备；讨论中注意启发引导，并做好讨论小结。

（四）演示法

演示法是指教师向学生展示实物与直观教具、进行示范性的实验或通过现代化教学手段，使学生获取知识的教学方法。该方法使学生获得丰富的、典型的感性材料，能帮助学生更好地理解所学的概念、原理和规律，激发学生学习的兴趣，发展学生的观察能力和思维能力，加深学生对知识的印象，减少学生学习的困难，提升学生记忆的水平。

演示法的要求：符合教学需要和学生的实际情况，有明确的目的，尽可能使学生运用多种器官感知，引导学生观察演示对象的重要特征、主要方面或事物的发展过程，演示时要配合适当的讲解和谈话，引导学生在感知过程中分析，并得出正确的结论。

（五）实验法

实验法是在教师指导下学生运用一定的仪器设备独立观察事物或现象的变化，探索规律，以获取知识和技能的方法。优点：有助于理论联系实际，使学生看到事物的因果关系；有利于培养学生独立探索的能力、实验操作的能力以及科学研究的兴趣和求实的态度。

实验法的要求：教师做好实验准备工作，明确实验目的、原理、注意事项等，在实验过程中巡回指导，并做好实验总结。

（六）自学法

自学法是在教师的指导和辅助下，学生通过阅读教材和其他相关材料来获取知识，以自学为主，发展自身学习能力的教学方法。自学法的优点在于，能更好地调动学生学习的主动性。因为在自学过程中，该方法重视培养学生的自主学习能力，强调促进学生的个性化发展，使学生通过自身的努力达到各自可能达到的水平，对学习充满信心，提高了学习成绩以及培养了独立思考、独立学习的能力。同时，自学法还能充分发挥教材的作用，它以教材为主，而教材是在充分考虑学生的心理特征、学科特点、教育学原理以及社会需要的基础上精心编写而成的。自学法能让学生自己学会发掘教材的价值与功能，学到更多的知识。

自学法的要求：教师应提出明确的目的和要求，并对学生的自学方法进行指导，经常检查学生自学的情况。

（七）练习法

练习法是学生在教师指导下的一种实践性学习，是学生在教师的指导下，依靠自觉控制和自我校正，反复地完成一定的动作或活动，并形成技能、技巧或行为习惯的教学方法。从生理机制上说，练习使学生在神经系统中形成一定的动力定型，以便顺利地、成功地完成某种活动。练习法按完成练习的方式可分为口头练习、书面练习和实验操作练习；按练习的性质可分为智能练习、操作技能练习和行为习惯练习。练习法在各科的教学中得到广泛应用，尤其是工具性学科（如语文、外语、数学等）和技能性学科（如体育、音乐、美术等）。练习法对于巩固知识、引导学生把知识应用于实际、发展学生的能力以及提升学生的道德品质等方面具有重要的作用。优点：可以有效地发展学生的各种技能、技巧，具有很强的实践性和操作性，有利于促进学生手脑并用以及理论和实践相结合，认识和行动相结合。

练习法的要求：使学生了解练习的目的与要求，选好练习的内容，注意练习方式的多样化，培养学生运用知识解决问题的能力。

（八）探究法

探究法是指教师组织和引导学生通过独立的探究和研究活动获得知识、形成技能和发展能力的方法。在前面的章节中我们做过介绍，在此不再赘述。

二、选择物理课堂教学方法的客观依据

一堂课的教学究竟选取哪几种教学方法，不但受教师主观意志的影响，

而且还受客观依据的影响。

（一）教学目的

教学方法的选择是为实现教学目的服务。教师要明确教学总目的与任务，对每个环节的教学内容，具体完成的任务，达到的目的，课堂重点、难点与关键点，都必须作出深刻的分析，以便有针对性地选择教学方法。

（二）教材给出知识的方式

课堂教学方法的选择主要受教材给出知识的方式的影响。一般说来，知识特点不同，具体的教学方法就会有所差异。物理知识来源于生产生活和科学实验的实践中。但经过整理后的中学物理教材，其给出知识的方式除来源于实践外，还来源于已知的理性知识，个别还来源于简单介绍，即只讲结论。根据教材给出知识方式的不同，教师可以选择不同的教学方法。对于来源于生产生活实例和物理实验中的知识，可以选择观察法、实验探究法；对于来源于已知的理性知识，可以选择讲授法或讨论法；对于来源于简单介绍的知识，可以选择自学法或学生讲演法。

（三）学生特点

教学的对象是学生，教师在选择教学方法时要分析学生的年龄特征、生理与心理特点、知识基础、生活经验、物理学习中的障碍与困难以及学习风气、课堂学习表现等。学生的心理特点与思维规律是合理设计教学过程、恰当选择教学方法、科学组织教学活动的重要依据。

（四）教学仪器与设备

教学仪器与设备是选择教学方法的物质基础，也在一定程度上限制着教学方法的选择与实施。譬如，没有足够的仪器就不能采用"学生实验探究法"来上课。教师一方面要充分利用学校现有教学条件，发挥其在教学中的积极作用；另一方面还要充分发挥主观能动作用，鼓励学生从实际需要出发，就地取材，自制仪器，合理开发物理教学资源。

（五）教师特长与教学风格

教师是教学过程的设计者，也是教学方法的编导者与执行者。教师特长与教学风格特点在一定程度上决定着教学方法的选择。从教学水平发挥与实际教学效果考虑，教师在方法选择上要尽可能扬长避短，但不能把自己的特点作为选择和实施教学方法的唯一依据，导致课堂教学方法单一化；应该努力研究各种教学方法与教学技能、技巧，以便在教学中充分发挥有个性特点的教学方法。

第三节　多媒体在物理教学中的应用

随着教育信息化的发展，多媒体教学已被广泛用于物理的日常教学中，它不仅能提高学生的学习兴趣、激发学生的学习情感，直观形象地展示教学过程，使教学活动立体化，而且还能大大提高课堂教学效率，有助于培养学生自主学习、自主审美的能力，发展学生的形象思维以及更好地发挥教师的作用。

一、多媒体在物理教学中的优势

（一）帮助学生理解和记忆

多媒体有利于集中学生的注意力，激发学生的学习动机。多媒体具有丰富的表现力，不仅可以自然逼真地表现多姿多彩的视听世界，还可以对微观事物进行模拟，对抽象事物进行生动直观的表现，对复杂过程进行简化和再现等。根据不同的教学内容，多媒体能充分利用声音、动画、视频等多媒体手段，将静态变为动态，化抽象为形象，充分表达教学内容，突出教学重点和难点。

（二）生动直观地揭示物理教学内容

多媒体能够生动直观地揭示物理教学内容，使学生对有关物理过程和实验现象及其变化条件有深刻的认识和理解。例如，在原子物理教学中，让学生观看有关原子裂变原理及原子弹爆炸的录像，将静态的知识变为动态的录像，既丰富了学生的感官认识，又让学生体会到原子裂变的威力。而对于电力线、磁力线等抽象概念，可以利用计算机模拟出有关场的分布，变抽象为形象，以加深学生的记忆与理解。

（三）交互性强

交互性是指多媒体为学生提供自我分析和提高的机会。在多媒体教学过程中，教师可以根据教学的需要制作教学幻灯片和多媒体课件，也可以查阅有关方面的资料补充教学内容；学生的学习是在与计算机的交流对话中完成的，学生可按自己的学习兴趣选择学习的内容和适合自己水平的练习。计算机按照学生的要求提供信息，同时对学生的反应作出判断，调整或修改学习内容，提供新的教学信息。这种智能化的交互特征是传统的教育媒体很难做到的。

二、物理教学中多媒体的运用应考虑的因素

许多教育技术专家在讨论选择媒体的方式上看法不同，但他们认为不管如何选择多媒体，都必须考虑教学、学生、多媒体使用等方面的因素。对于物理教学来说，在选择多媒体时应考虑以下四个方面的因素。

（一）物理教学内容因素

物理教学目标和教学内容，是选择多媒体的主要依据之一。不同的媒体对要达到的物理教学目标有显著或独到的作用。例如，计算机对电磁现象、波的干涉和衍射等一些抽象物理现象的模拟演示，能很好地帮助学生理解有关的物理内容；要了解物理学家轶事，可观看有关物理学家的录像；要介绍氢原子光谱，可借助挂图的形式简单、明了地呈现。

（二）学生自身因素

学生的认知结构、学习物理的兴趣和动机、个性差异等也是物理教师在选择多媒体时必须考虑的。对于初中生来说，在物理学习时更需要感性支持。因此，在物理教学中多一些生动具体的演示和模拟是极有必要的，这就需要多媒体。对于高中学生来说，他们的物理知识、抽象思维和自我约束力等方面都有所提高，因此，物理教学中采用的多媒体及其呈现的内容也应做一些改变，以达到既提高学生物理学习的兴趣又提高物理教学效率的目的。

（三）多媒体使用因素

在物理教学中使用多媒体，还要考虑多媒体的自身特点及其他一些教学实践问题的影响。这些因素包括：（1）多媒体资源，既包括现有的硬件，又包括相关的物理教学软件。（2）多媒体功能，即多媒体在呈现有关物理信息方面的属性能否满足物理教学的需要，如图像是否逼真或简洁，是动态还是静态，有无声音，声音、图像与文字之间是否配合，等等。（3）操作等因素，如学会操作所需的时间与操作的难度，以及多媒体本身的稳定性和使用的环境因素。

（四）教学管理因素

教师在选择多媒体时，还应考虑教学管理因素。教学管理因素包括教学规模、教师能力和教学安排等。多媒体具有图文并茂、形声结合和智能化等特点，可使物理教学充满乐趣，容易激发和维持学习动机；但若管理不善，则容易导致学习失控。这就要求教师在使用多媒体时不仅课堂教学安排要周密，还要及时获取与处理反馈信息，以调节课堂的气氛。

三、物理教学中多媒体的运用应遵循心理学规律

（一）注意规律

注意，通常被定义为导致局部刺激的意识水平提高的知觉集中。注意分无意注意和有意注意两种形式，为了增强物理教学的有效性，必须了解注意的特征，按有关规律对物理教学中的多媒体信息进行设计。

注意的特征包括三方面：第一，注意的广度，指人在瞬间清楚地认识客体的数量。研究表明，人在 0.1 秒之内能注意到 4～6 个无联系的字母或 5～6 个有意义的词，所以在用多媒体呈现物理信息时，一次不宜过多，而且应注意呈现的位置，因为位置不同，人的注意分配是不一样的。第二，注意的稳定性，通常指注意随时间和内容的变化。学生的注意力随时间的增加而降低，在传统教学中，小学生的有意注意可持续 20～30 分钟，中学生可持续 30～40 分钟。多媒体教学虽然图文并茂，但由于学生视听并用，较易产生疲劳，所以使用多媒体的时间占课堂教学时间的 2/3 左右为宜。第

三，注意的分配，指人可以同时注意两项以上的活动，如学生边听边记。在多媒体物理教学信息设计中，不仅要发挥学生视听等多种感官的作用，还要注意信息传递的节奏，以便于学生记录和练习。

（二）知觉规律

知觉是将感官获得的信息转化为有组织有意义的整体的过程。在物理教学中，只有掌握知觉的特性，促进知觉学习的方法，才能充分发挥多媒体的教学功效。

知觉具有如下特性：第一，知觉的组织性和整体性，即大脑能将输入的刺激组成有意义的整体。在多媒体物理教学信息设计中，为便于区分图形与背景等内容，可扩大它们之间的区别，甚至虚化背景。同时，还应对呈现内容精心组织，通过归类及加小标题、序号等，帮助学生建立正确的联系，形成合理的认知结构。第二，知觉的相对性，知觉是通过相对比较起作用的。如亮度、音量、大小、远近和运动都是相对的，在多媒体物理教学信息设计中，应合理利用知觉的这种相对性。

促进知觉学习的方法包括：第一，扩大细部。由于知觉的整体性，多媒体显示的内容结构、模型等主要物理内容，学生易于掌握，但对其中一些细小的特征往往难以辨认，故应采用局部放大等方式扩大细部的特征。第二，对比。对于相似的内容，可通过时空上的相近呈现或刺激回忆的方式，区分其异同。也可通过保留相同内容或改变不同内容的方式，对比其异同。第三，强化或反馈。实验表明，学生掌握了有关物理知识后，及时地强化或反馈可以有效地促进学习。第四，发挥多种知觉系统的作用。根据物理教学目标和内容，尽量发挥学生的视听功能，合理增加学生的动手动脑练习，以促进学生知觉辨别水平的提高。

（三）记忆规律

信息加工理论将记忆定义为信息的编码、储存和提取过程。人脑的记忆有两种：短时记忆（以听觉、视觉编码为主）和长时记忆（以语义编码为主）。

关于记忆和遗忘的学说较多，目前一般认为，要促进知识的记忆，应注意以下问题：第一，提高认知加工水平，尽量两种编码并用。对刺激的细节既使用视听编码，又使用语义编码，这就要求对信息进行加工。在多媒体物理教学信息设计中，具体的、简洁的内容便于记忆，复杂的内容可以被分解为学生可依据表象或实际操作经验加以想象的材料，从而产生语义编码。第二，注意知识的结构性。人的知觉具有整体性，人的知识具有结构性。为了使学生更好地形成知识结构，既可在开头呈现物理教学目标，将主要内容用小标题或不同的方式分开呈现，又可在最后提出总结性的问题，以达到复习前面内容的目的。第三，超额学习。即指学生刚记住所学内容之后的附加学习，通常超额学习量以一般掌握学习量的50%左右为宜。所以，多媒体物理教学信息设计中的练习和重复很重要，但应注意时间间隔和呈现方式的变换。

此外，在多媒体物理教学信息设计中还有其他一些规律应该引起重视，如在信息呈现与组织过程中，尽量呈现具体内容以支持较抽象的物理概念和规律。

四、物理教学中多媒体的运用应注意的问题

合理使用多媒体技术可以有效地激发学生的学习兴趣，开阔学生的视野，发散学生的思维。但它只是一种教学辅助媒体，是否在教学中使用，完全取决于教学需求。作为促进学生自主学习的认知工具与协作交流工具，它代替不了教师的课堂教学和智慧。并且，在使用多媒体技术的过程中还要注意以下两点：

（一）不能过分依赖多媒体

不恰当的多媒体技术应用不仅不能取得良好的效果，反而会对教学效果产生不良影响。例如，一些教师将主要精力放在制作课件上，整堂课的教学基本是通过点击鼠标由计算机按程序将教学内容一一展现出来的，这样的一堂课变成"流水课"，把原来的"以教师为中心"的教学演变成"以电脑为中心"的教学，其结果是上课时师生"围着屏幕看"，导致学生的主体作用和教师的主导作用未得到充分发挥。还有些教师过度追求丰富多彩的视听效果和动画效果，运用与教学无关的图像、音乐、动画，使学生把

更多的注意力放在精彩的画面和悦耳的音乐上，而无法专注于教学内容，导致课堂教学效果不尽如人意。

（二）不能用多媒体模拟实验完全替代物理实验

物理是一门实验科学，物理实验是不可替代的，应尽量让学生亲自操作、亲自观察，以便获取第一手资料，锻炼动手能力。对于一些受条件所限不能进行的实验，用多媒体模拟才是可取的。

实践证明，多媒体教学仅仅是辅助教学的一种工具、一种手段，而教师才是教学的设计者、组织者和管理者，学生学习的指导者、合作者。教学过程应体现师生对物理问题的探索、师生共同讨论的合作性和学生思维的自主性。该过程不只是传授知识，还有方法的启示、能力的培养、思想感情的交流、道德情操的陶冶等潜移默化的作用，这不是任何现代化手段所能代替的。因此，在教学中应深入研究教学媒体的基本性质及各种媒体的特殊性质，根据需要合理选择和有效应用多媒体，以获得更好的教学效果。

五、信息技术与物理教学的深度融合

积极开发与利用数字媒体课程资源。信息技术正在改变学校的教育文化，改变教师的教学方式。数字媒体已成为物理学习的重要课程资源。学校要重视收集数字图书资源，收集并整理相关的电子书籍、数据库、数字期刊和网络视频等材料，将获得的资源融入数据管理系统，为教学提供服务。物理教师要充分利用数字图书材料，为课堂教学和学生课后学习服务。要从教学实际出发，积极利用和开发各种适合学生课堂学习与课后学习的音频与视频材料，例如航空航天、核电站、纳米技术、工业信息化等，加深学生对相关课程内容的感性认识，拓宽学生视野。

探索基于网络的教与学的方式，利用具有网络互动功能的平台为课堂教学与学生课后学习服务。教师结合实际，有效地利用网络学习资源，提高物理课程学习的效果，针对学生物理学习中存在的疑难问题，利用网络、云课堂等形式服务于学生学习。

☆ **拓展阅读**

理性思辨

理性思辨是科学探究中产生科学猜想、形成实验方案的重要途径。在科学探究要素中，最富有创造性、最为活跃的是猜想与假设的提出，实验的设计、科学探究结论都是围绕猜想与假设进行的。

科学猜想与假设的得出往往是逻辑思维与直觉思维相互交替作用而产生的。只有经过严谨的理性思辨，利用猜想、批判、反驳等思辨方式来思考问题，产生的猜想与假设才可能是科学合理的，才能减少科学探究的盲目性。在物理学中，许多理论往往始于抽象的思辨，从某些假设入手，然后经过逻辑推理得出结论。如伽利略的落体理论是基于对亚里士多德"重的物体下落快，轻的物体下落慢"的思辨反驳，而后才有了在比萨斜塔上的那个著名实验。牛顿发现万有引力定律也在某种程度上得益于理性思辨：在地球的一座高山上，以水平方向抛射一块石头，由于重力作用，石块沿曲线落到地面。如果抛射石块的速度快到一定程度，石块将环绕地球做圆周运动。而月球不也与石块一样正在做环绕地球的圆周运动吗？所以，地球对石块和对月亮具有同样性质的引力。

在物理教学中，充分挖掘这类素材，引导学生理性思辨探究，有助于学生逐步获得对科学探究本身及科学本质的理解，学生在理性思辨过程中展示的批判性思维，有利于培养学生创造性思维能力。

建立物理模型的能力

在物理教学中，教师要特别注意培养学生建立合理的物理模型的能力。在物理科学的研究中，建立合理的物理模型具有十分重要的意义。例如，力学中研究的"质点""单摆"，分子物理学中研究的"理想气体"等都是理想模型。我们遇到的物理问题，往往包含着许多的因素和矛盾，具有多方面的特性。这就需要我们根据所要解决的特定问题，分析哪些因素是主要的，哪些因素是次要的，从而合理地忽略那些次要的因素，突出主要因素加以研究。例如，我们研究太阳系中某个行星的绕日运动时，可以把太阳和行星都看作"质点"，而不必考虑它们的大小，这种近似的研究是科学的抽象，抓住了主要矛盾，符合客观实际。在中学阶段，培养学生初步建立物理模型的能力应注意以下三个方面：一是要使学生了解建立合理的物理模型对于学习和研究物理问题的重要性，以提高他们对学习这种方法的重视；二是要着重培养他们对较复杂的物理问题进行具体分析、学会区分主要因素和次要因素，正确运用科学抽象的方法进行合理简化的能力；三是要使学生理解任何物理模型都有它一定的运用条件，在运用时一定要注意适用范围。

 思考与讨论

1. 杜威的教学思想和教学方法对我们物理教学方法的选择有哪些启示？

2. 物理教师在运用讨论法进行教学的过程中应该起到什么作用？

3. 在物理教学中运用多媒体教学应主要考虑哪些因素？

4. 如何看待多媒体教学与传统黑板教学的关系？

第四章 **物理概念的教学**

学习目标

1. 理解物理概念的含义，了解物理概念的分类及特点；
2. 掌握引入物理概念常用的方法，并能举例说明；
3. 学会分析物理概念的形成过程，并能设计具体的教学活动；
4. 学会物理概念的定义方法。

物理概念是构成物理知识体系的基本要素，也是物理学最重要的基础。学生只有掌握好物理概念，才能正确理解物理事实、掌握物理规律和物理原理，学好物理。物理概念教学的一般过程包括概念的引入、形成和运用三个阶段。

第一节　物理概念概述

一、物理概念的含义

物理概念是反映物理现象和物理过程本质属性的思维方式，是物理事实的抽象，是在大量观察、实验的基础上运用逻辑思维的方法，把一些事物本质的共同特征集中起来加以概括而形成的。它包括内涵和外延两个重要方面。

（一）物理概念的内涵

物理概念的内涵就是指概念反映的物理现象、物理过程所特有的本质属性。下定义就是解释概念的内涵，亦指概念反映的对象所共有的本质属性的逻辑活动。例如，电势是描述静电场能的性质的物理量，其大小可用

公式 $U = \dfrac{W}{q}$ 来量度，它取决于电场本身的性质，而与检验电荷无关。电场强

度是反映静电场力的性质的物理量，用公式 $E = \dfrac{F}{q}$ 来量度，电场强度的大小

也只与电场本身的性质有关，而与检验电荷无关。电势和电场强度是从不同角度描述电场性质的物理量，二者反映的电场本质是不同的。可见，掌握物理概念的内涵就是理解物理概念的本质属性。

（二）物理概念的外延

物理概念的外延就是指具有概念所反映的本质属性的对象。通常说的概念的运用条件和适用范围就是指概念的外延，它说明概念反映的是哪些对象。例如，电势的概念只适用于静电场，而不能用于交变电磁场。只有掌握概念的外延，才能明确概念反映的研究对象、属种关系及种差关系，才能以此进行分类或归类。例如，重力、弹力、摩擦力、浮力、压力、支持力、静电力、洛伦兹力等，属于力这一概念的外延。可见，掌握物理概念的外延就是要理解概念的适用条件、定义式的应用范围和公式中各个物理符号的具体物理意义。

二、物理概念的地位

任何一门学科，如果没有概念作为分析、判断、推理等逻辑思维的出发点，就不可能揭示这门学科的内容、形成这门学科的体系与结构，也就失去了这门学科存在的价值。物理学研究的对象是自然界中物质运动的形式和物质的基本结构。为了描述各种物质运动的形式和它们所具有的本质特征，物理学出现了物理概念。物理概念是物理学最重要的基础，是构成物理知识体系的基本要素，若没有一系列的物理概念做基础，就无法形成物理学的体系。例如，力学中以力和运动的基本概念位移、时间、质量为基础，得到了牛顿运动定律；光学中以光源、光线、实像、虚像等一系列概念为基础，形成了几何光学；电学中以电路、电流、电压、电阻、磁感应强度、电磁感应等一系列概念为基础，形成了电磁学。可见，物理概念是物理学的核心内容。

在中学物理教学中，要使学生比较系统地掌握物理基础知识，首先要

让学生掌握物理概念，在教师的引导下，学生在学习、掌握物理概念的过程中，逐步学会了一些基本的物理研究方法，提高了自身的自学能力、思维能力、观察实验能力、分析解决物理问题的能力及创造能力，发展了智力因素和非智力因素，加强了品德教育和思想教育，促进了身心的全面发展。因此，物理概念教学在中学物理教学中具有十分重要的地位。

三、物理概念的分类

（一）从质和量的辩证关系分类

1. 定性概念

从事物的本质的规定性出发的概念叫作定性概念，如机械运动、惯性、质点、机械波、电磁波、电场、干涉、偏振等。定性概念不能直接被测量，但可以通过测量决定它们大小的其他物理量来比较大小。例如，惯性的大小可以用物体的质量来比较。

2. 定量概念

从本质和数量两个方面的规定性出发，描述事物属性的概念叫作定量概念，在物理学中叫作物理量。如速度、加速度、功、电势差、电场强度、动量等。它们不仅有确定的物理意义，而且具有定义式和量度单位，既反映出物理现象质的特征，又反映出物理现象量的特征。

（二）从物理概念的来源分类

1. 实体概念

实体概念是逐一研究各种形态下的物理实体产生表征物体形态的物理概念，如天平、单摆、分子等。

2. 模型概念

在定量研究、计算物理事物属性或物理规律时，把客观对象简化或把物理过程理想化成各种宏观的物理模型形成的物理概念，如质点、简谐振动等。

3. 属性概念

属性概念是研究物质某一方面的物理属性而形成的表征物质性质和关系的物理概念，如质量、密度、电阻等。

（三）从描述事物的特征分类

1. 状态量

状态量是描述物理体系所处状态的物理量。如果物理事物的状态不变，状态量就保持一定的量值。如动量、机械能、压强、温度、体积等，它们一般都是时间的函数。

2. 性质量

性质量由物质本身的性质所决定，与物体的状态和过程无关。如密度、电阻率、波速、电场强度等。它们有时与物质所处的环境条件有关，如电阻率与温度和电压有关。

3. 过程量

过程量与物理过程密切相关。如功、热量与能量的传递和转化过程密切相关，冲量与物体动量变化过程密切相关。

4. 统计量

统计量是对大量微观粒子有关的性质进行统计而得到的平均物理量，如分子平均动能、分子平均速率、平均自由程等。

5. 物理常数

物理常数亦称物理常量。如摩擦系数、自感系数、万有引力常数、普朗克常数、热功当量、电容率等。

四、物理概念的特点

物理概念既有一般科学概念的共性，又有本身的特殊性。根据物理学本身的特点，概括起来，物理概念具有以下五个基本特性。

（一）物理概念的客观性

物理概念产生于观察和科学实验中，是人类经过长期的生产实践，通过对物理现象和物理实验的观察分析、抽象概括得到的。它是在大量的物理事实的基础上建立起来的，是对物理事实近似的、突出本质的反映。因为物理事实是客观存在的，所以物理概念具有客观性。

（二）物理概念的抽象性

物理概念源于实践，但却高于实践。它是从大量物理事物中抽象出同类事物共同特征的思维形式。例如，我们观察到一些现象：天体在运动、车辆在前进、机器在运转、人在行走等，尽管这些现象的具体形象不同，但是撇开它们的具体形象，经过分析比较就会发现它们的共同特征，即一个物体相对于另一个物体的位置随时间在改变。于是，我们把这一系列具体现象的共同特征抽象概括出来，叫作机械运动。

（三）物理概念的可测性

绝大多数物理概念不仅具有质的规定性，而且具有量的可测性。大量的物理概念可以借助它的定义式或物理量表达式直接或间接得到，如速度、压强、温度、电阻等。有一些定性的物理概念虽不能直接用数量表示出来，但可以通过决定它们大小的其他物理量的测量间接地比较它们的大小。例如，质量是惯性大小的量度等。

（四）物理概念的阶段性

人的认识是一个从现象到本质、从初级到高级不断发展的过程。物理概念随着人们掌握物理知识的增加，研究物理问题的深入而不断地变化和发展。一个完整概念的形成需要一个发展过程。不同的阶段有不同的教学要求，也有不同的相对完整的概念。例如，速度概念，在初中阶段的定义是运动物体在单位时间内通过的路程；在高中阶段的定义是用位移与发生这个位移所用时间的比值来表示物体运动的快慢。速度这一概念在不同阶段的定义，顺应了中学生的思维特点和学习能力，体现了物理概念的阶段性。

（五）物理概念的局限性

物理概念是在一定条件下的产物。物理概念的适用条件就是它的局限性或者条件性，它必须适用于一定的条件和范围。例如，速度、电势、势能都具有一定的相对性，必须选用一定的参考系，当参考系改变时，它们的数值也会随之发生变化；质量的概念在牛顿力学的范围内与运动无关，而在高速运动下，却与运动紧密联系在一起。因此，物理概念具有一定的局限性。

第二节　物理概念教学过程

物理概念的教学要经历物理概念的引入、物理概念的形成和物理概念的运用三个阶段。

一、物理概念的引入

学生不仅要学习物理知识的结论，而且要了解物理知识产生和发展的过程，以及人类对自然界的认识是怎样一步一步深入的，这充分说明了物理概念的引入在概念教学中的重要性。在物理概念的教学中，教师要给学生创造一个适应教学的物理环境，以此来引导学生发现问题、思考问题、探索事物本质属性，使学生明确为什么要引入这个物理概念以及引入它的作用，这样才能把教学目的转化为学生的学习目的，激发学生的学习兴趣和求知欲望。

物理概念的引入常采用以下方法：

（一）利用生活情境引入物理概念

生活情境是一个活生生的世界，是最具生命力和感染力的情境。物理教学应该置身于生活情境中，重视学生的生活体验，赋予物理知识生活的意义。教师应建构一个情境，该情境能提供反映某种物质本质属性的材料，使学生有身临其境的感受，以便抽象出事物的共性，引入物理概念。

例如，当我们用塑料梳子梳头发时，头发会立起来；在干燥的冬季脱下毛衣时，会看到火花；两个气球摩擦时，它们会自动地吸附在一起，仿佛有种神奇的魔力；乌云密布雷电交加时的闪电、震耳欲聋的雷声向我们展示了大自然的威武……当人们发现这些神奇的现象时，心中会产生种种疑问：这些现象都是怎么产生的？上面的例子向我们展示了生活中两类强弱相差悬殊而又平常的现象，这两类现象统一于共同的物理知识——静电。这样引入物理概念，能够激发学生思考的兴趣。

还有"汽化"概念的引入。教师用蘸了酒精的棉花包住温度计的玻璃泡，让学生观察温度计示数的变化：温度计的示数先下降后上升。炎热的夏天，当你从游泳池出来的时候会感到冷。教师在大家手背上涂上酒精，然后让大家对着涂了酒精的地方吹一吹，看看手背上的酒精有什么变化，说说手背有什么感受。酒精不见了，手背感到凉，原来酒精变成了酒精蒸气，所以看不到了。

（二）运用实验引入概念

运用实验来展示有关的物理现象和物理过程，不仅能使学生感受深刻，而且能引起学生的兴趣，促进学生主动思考。教师要创设出人意料、与学生前概念相违背的实验现象，以便激发学生强烈的认知冲突，使学生产生解决疑惑的求知欲望。

例如讲授"力的分解"的实验时，取一个沉重的大砝码放在桌子上，用线把它提起来，并提问"用一根线提起容易断还是两根线提容易断"。大多数学生会说一根线容易断，而演示的结果却恰恰相反。用一根线能够将砝码稳稳地提起，而用两根线去提时，会在两根线之间形成一个大的夹角，使线一下子就断了。学生对此产生了认知冲突，内心充满了探究的欲望。

（三）利用旧知识的复习引入物理概念

新概念往往与已学过的概念、规律之间存在着必然的联系，抓住新旧知识间的联系，从已有知识出发，通过分析，把新概念自然地引申出来。例如，在进行高中物理功的一般公式的教学时，可引导学生运用初中学过的知识解决。初中阶段所涉及的做功问题，力与位移没有夹角，而高中阶段所涉及的力做功问题，力与位移有夹角，只需将力分解为位移方向的力，就可以利用初中功的公式来计算，进而引出有夹角的功的表达式。可见，复习旧知识不仅能使学生理解新概念，还巩固了已有概念。

（四）利用物理史料或故事引入物理概念

运用物理史料中的典型事例引入物理概念，也是一种重要的引入方法。这一引入概念的方法既生动活泼、引人入胜，又有助于启发学生的科学思维。

例如，讲授牛顿第二定律的表达式，它的真实表达式 $\vec{F} = \dfrac{\mathrm{d}\vec{p}}{\mathrm{d}t}$，物体所受合外力等于其动量对时间的变化率。当时，牛顿清楚地知道物体的质量也是个变量，意识到物体的质量和速度存在某种联系，他没有将 m 从微分号中拿出来，就写成了动量对时间的变化率的微分表示形式。这也是牛顿力学中的辩证法。

奥地利科学家、哲学家恩斯特·马赫认为，牛顿第二定律应该理解为：力是物体的质量与其加速度的乘积，即 $F=ma$。马赫的理解和做法是想将牛顿力学进行普及、推广和应用。为了将牛顿力学通俗化、实用化，马赫把质量 m 从微分号内提取出来，将变量改为常量，免去微分运算，使具有初等数学水平的人也可掌握。当然，这对牛顿力学的普及起到了巨大的推动作用，但是也歪曲了牛顿力学。

例如，讲授物体运动和静止的概念时，教师可以讲第一次世界大战中一名法国飞行员碰上了一件极不寻常的事。这名飞行员在 2000 米高空飞行的时候，发现脸旁有一个小东西在游动着。飞行员以为这是一只小昆虫，便敏捷地抓住它，结果却惊讶地发现自己抓到了一颗德国子弹！教师问学生在生活中有没有遇到过类似的事情，学生回答坐汽车的时候，如果并列行驶的汽车和自己坐的汽车速度相同，就会感觉自己坐的汽车好像静止一样，进而教师引出运动与静止的物理概念。

史料或故事容易将学生带入教学情境中，使学生的好奇心、想象力得到激发，思维变得积极、主动，更有利于物理概念的引入。

（五）利用古诗词引入概念

物理学探究的是自然现象中最基本的内在规律，而文学又恰恰喜欢描绘自然现象，尤其是古诗词，往往无意识地借助物理知识来抒情。因此，物理教师在概念教学中恰到好处地引用这些古诗词，以有效帮助学生学习物理概念。

例如，讲授分子动理论的概念时，可引用王安石的《梅花》："墙角数枝梅，凌寒独自开。遥知不是雪，为有暗香来。"学生会问为什么有暗香来，稍做讨论之后，教师可顺水推舟地引入分子动理论。

物理学与古诗词相联系能使学生感到新奇，容易吸引学生的注意力。例如，讲授光的色散的概念时，教师可以先朗读毛主席《菩萨蛮·大柏地》中的"赤橙黄绿青蓝紫，谁持彩练当空舞？雨后复斜阳，关山阵阵苍"，而后自然地引入光的色散的概念。

（六）利用类比法引入物理概念

所谓类比就是根据两个对象在某些部分上的相似而推出它们在其他部分上也可能相似的一种推理形式。在物理学中，有不少概念是用类比推理的方法得出的。康德说过："每当理智缺乏可靠论证的思路时，类比这个方法往往能指引我们前进。"对于难以接受的概念，我们可以借用学生知道的、且与之相似的旧概念，利用类比法引入新概念。

例如，在学习电功的概念时，由于"电"和"功"两个概念都很抽象，没有具体的物理形状，所以初中生难以理解电功的概念。在教学中，教师可引导学生思考以下问题：（1）钻木取火时，能量发生了什么变化？（机械能转化为内能）（2）这个过程的实质是什么？（做功）（3）用电暖气取暖时，能量发生了什么变化？（电能转化为内能）（4）类比得出该过程的实质是什么？（做功）（5）观察并思考，用手提起钩码的过程中，谁对钩码做功？（手对钩码做功）（6）观察电动机提起钩码的过程，类比得出此过程谁对钩码做功？（电动机对钩码做功）（7）观察并思考，断电的电动机还能做功吗？（不能）（8）通电的电动机提起钩码时，到底是谁做功？（电流做功）两者类比逐渐将问题引向深层次，使学生自然地理解电功的概念。利用类比法，即使学生感性认识不足、抽象思维能力不够，也能在旧知识、旧经验的基础上较好地理解新概念。

在物理学中，有不少概念是用类比推理的方法得出的。例如，与水波类比，讲授电磁波的概念；与水流类比，讲授电流的概念；与物体的动能类比，讲授分子动能的概念；将光的反射类比声的反射等。利用类比的方法，可以帮助学生较容易地理解物理概念。

二、物理概念的形成

从认知活动的角度，一个完整的新的物理概念并不是感性认识的堆积，而是对物理现象和过程等感性认识进行科学抽象的产物。教师在学生具有足够的感性认识的基础上引导学生进行科学抽象、思维加工，概括事物的本质属性与特征。不同的物理概念的形成方法有所区别。

（一）物理概念的形成方法

1. 抽象法

物理概念是对物理现象和过程等感性材料进行科学抽象的产物。抽象法是从大量物理事物中提取共同的本质特征，摒弃非本质特征的方法。一是通过对一些物理事物进行分析、比较、综合、概括等，抽象出物理概念，如机械运动、平动、转动、振动等。二是从大量事物中将物质、运动的某种属性排除，得到表征物质或运动某种性质的物理量，进而形成概念，如密度、速度、比热容、电势、电阻、电场强度等。三是理想化抽象法，即对所研究的物理事物起主要作用的性质或条件进行一种科学抽象，完全忽略了其他性质或条件，它反映了所研究事物的本质特征。理想化抽象法是物理学研究中最基本、最重要的思想和方法之一。如质点、理想气体、简谐振动、刚体、检验电荷等。

2. 逻辑推理法

逻辑推理法是根据概念之间的联系，从一个或几个已知概念推导出另一个概念，如由速度、速度变化量、加速度等概念推导出向心加速度的概念，这属于利用数学推理方法形成概念；由直流电的焦耳定律推导出正弦交流电电流、电压的有效值，这属于利用等效方法形成概念。

3. 比例系数法

在许多物理规律的表达式中都有比例系数，对比例系数的讨论，要认清它所反映的物理本质，而不能仅仅将其当作一个比例系数来看待。这些比例系数可分为两类：一类是普适恒量，即使是不同的物质也是相同的量值，如库仑定律中的 K，万有引力定律中的 G 等；另一类则因物质的不同而不同，它反映了物质的某种属性，因而是一个物理量，如 $F = \mu F_N$ 中的摩擦系数 μ，电阻定律 $R = \rho \dfrac{l}{S}$ 中的电阻率 ρ，以及线圈产生自感能力的物理量自感系数 L 等。

4. 类比法

类比法是一种由特殊到特殊或由一般到一般的推理，是根据两个（或两类）对象之间在某些方面的相同或相似，进而推出它们在其他方面也可能相同或相似的推理方法。如磁场概念的形成，教材中首先列出电场与磁场的相似属性，即电荷之间有相互作用力，磁极与磁极之间也有相互作用力；电荷是同性相斥而异性相吸，磁极也是同名相斥而异名相吸。然后进行一系列类推：由电荷周围存在电场推测磁极周围也可能存在磁场；由电荷间的作用力需要电场传递推测磁极间的相互作用力也可能靠磁场传递；由电场是一种物质推测磁场也可能是一种物质。另外，还有电压类比水压、电势能类比重力势能、物质波类比光波等。

为了使学生形成正确的物理概念，教师还可以应用观察法、实验法等。

总之，在物理概念引入后，要按照物理学的研究方法，引导学生运用比较、分析、抽象、概括、判断、归纳、演绎等思维方法对感性认识进行思维加工，进而抽象概括出事物的本质属性，让学生正确认识物理概念。

（二）给物理概念下定义

每个物理概念形成之后都需要用简洁的语言把它确切地表达出来，这就是给物理概念下定义。对物理概念下定义，要在学生适当掌握本质的时候进行。一般经过对比、分析、揭露事物的本质属性后，教师要因势利导，马上转移到给概念下定义的环节上。例如，在得出加速度的本质属性"速度的变化量与所用时间的比值的大小，表示速度变化的快慢"后，最好在教师的点拨下，让学生用准确的语言完整地表达出"加速度"这一概念，并用数学表达式 $a = \dfrac{v_t - v_0}{t}$ 正确地表示出来，同时，教师也要对学生给概念下定义时出现的问题及时加以纠正。最后由教师准确陈述并板书概念及其数学表达式。

学生在学习物理概念上的很多片面认识，都会反映在如何对待物理概念定义的问题上。有的学生认为，只要一字不漏地将物理概念的定义背诵出来就算掌握了概念。那么，在教学中怎样正确对待物理概念的定义呢？待条件成熟时，给出物理概念的定义。课本上的物理概念都是经过前人仔细研究和斟酌的，定义十分明确。然而，仅仅背诵概念的定义并不等于掌握了概念。为了使学生真正理解、掌握某个物理概念，教师仍然需要让他们经历从感性认识上升到理性认识的过程，而不能把物理概念简单地教给他们。

给物理概念下定义的方法有以下几种：

1. 直接定义法

直接定义法是根据物理现象直接下定义的方法。例如，力是物体对物体的作用，物体所含物质的多少叫质量。

2. 操作定义法

操作定义法是利用具体的操作过程来阐明概念的含义的，这种定义方法浅显易懂。例如长度，只要我们规定一定的测量程序和单位，就可通过具体的操作过程确定长度这一概念。书桌的长度，就是将一根专用的量尺（其上有单位）与书桌的两端对齐，此时量尺上两个相应刻度之间的读数之差就是书桌的长度。

3. 比值定义法

比值定义法是指物理概念的定义式是一个比值，如密度（$\rho = \dfrac{m}{V}$）、速度（$v = \dfrac{s}{t}$）、压强（$p = \dfrac{F}{S}$）、电场强度（$E = \dfrac{F}{q}$）、电阻（$R = \dfrac{U}{I}$）。这种方法一般是利用某一比值的大小从某个侧面反映事物的特性，而这些特性是由事物本身的属性所决定，与比例式中各物理量的数值大小无关。

4. 乘积定义法

乘积定义法是指物理概念的定义式是几个物理量的乘积，如功（$W = Fs$）、电功率（$P = UI$）、冲量（$I = Ft$），这种给物理概念下定义的方法就是从它所能产生的效果去认识事物的特性。

5. 差值定义法

差值定义法是指物理概念的定义式是几个物理量的差，如位移（$s = x_2 - x_1$）、电势差（$U_{ab} = U_a - U_b$）。

6. 和值定义法

和值定义法是指物理概念的定义式是几个物理量的和，如合力（$F = F_1 + F_2$）、总功（$W = W_1 + W_2$）、机械能（$E = E_p + E_k$）。

7. 极限思维定义法

极限思维定义法是指物理概念的定义式是几个物理量的数学极限表达式，如瞬时速度（$v = \lim\limits_{\Delta t \to 0} \dfrac{\Delta s}{\Delta t}$）、瞬时加速度（$a = \lim\limits_{\Delta t \to 0} \dfrac{\Delta v}{\Delta t}$）。

8. 函数定义法

函数定义法是指物理概念的定义式是物理量的函数表达式，如正弦式电流（$i = I_m \sin\omega t$）。

9. 归纳定义法

归纳定义法是通过对大量物理现象进行归纳后概括得到物理概念的定义。例如，伽利略在研究自由落体运动时应用斜面实验和其他物理现象得到：在不受外力的情况下，物体保持原来的匀速直线运动状态或静止状态不变；在受到外力的情况下，物体具有反抗力的性质而保持原来的运动状态。从这两点概括得到惯性的定义：质量是惯性大小的量度，力是物体运动状态改变或产生加速度的原因。这是惯性和力的补充定义。

10. 外延定义法

在物理学中可以利用概念的全部外延对概念下定义，如机械能的定义是动能、重力势能和弹性势能的统称，原子核中的质子和中子统称核子；还可以利用两个概念的含义互相排斥，并且子概念的外延之和等于母概念的外延，两个概念是矛盾地来否定一方，定义另一方，如热传递是没有对物体做功而使物体内能改变的物理过程，未饱和汽是未达到饱和状态的汽。

（三）讨论物理概念的内涵

学生只有通过比较、分析理解了物理概念的定义式是怎样从质和量两个方面反映物理概念的物理意义，才能掌握物理概念的内涵。例如，对于密度这一概念，它是单位体积某种物质的质量，用来描述物体疏密程度的物理量，这是密度的内涵，其大小可用公式 $\rho = \dfrac{m}{V}$ 来量度。学生应认识到同种物质的 ρ 不随 m、V 的变化而变化，即 ρ 既不与 m 成正比，也不与 V 成反比，是恒量；$\rho = \dfrac{m}{V}$ 只不过是一种量度的方法，不表示各物理量之间的函数关系；密度是表示物质特性的物理量，不能把物质密度说成物体密度。这样的学习过程加深了学生对物理概念的理解和掌握，加强了学生对物理表象的理解，提高了学生的意义识记能力，发展了学生的智力，培养了学生分析解决物理问题的能力。

（四）了解物理概念的外延

一般来说，物理概念的内涵决定了它的外延。内涵越少，外延越大；内涵越多，外延越小。讲清概念的外延可以使学生了解概念之间的从属关系和并列关系，以及它们之间的区别，以便将概念纳入知识体系中去，在区别和联系中比较物理概念，在运用中理解物理概念，达到全面掌握物理概念的目的。例如，机械运动概念的外延反映的是具有"物体间相对位置发生变化"这一本质属性的各种运动形态，如匀速直线运动、匀变速直线运动、竖直上抛运动、平抛运动、斜抛运动、圆周运动等就是机械运动概念的外延。

三、物理概念的运用

运用物理概念的过程不仅是学生巩固、深化和活化物理概念的过程，也是学生掌握、运用物理概念的重要途径，并且有助于培养学生分析解决物理问题的能力。因此，要掌握物理概念还需要通过多种途径运用物理概念，以达到巩固、深化的目的。

（一）运用概念解答课前提出的问题

在概念教学的引入阶段，教师可能会通过演示实验为学生创设一种出乎意料、令人迷惑的物理情境或提出学生利用已有知识无法解决的问题，目的是让学生带着疑问进入概念的学习，激发学生的学习兴趣。在概念学习结束时，教师又会让学生尝试利用所学的新概念来解决新课开始时留下的悬念。这不仅有利于深化学生对所学概念的理解，而且有利于培养学生分析解决问题的能力。例如，在讲授"反冲"概念之前，教师可以先演示这样一个实验：在一个不透明的塑料瓶口有一段绳子，当烧断绳子时塑料瓶会跳起来，这是为什么呢？通过这个趣味小实验引起学生的注意，激发学生的学习兴趣，使学生一开始就有强烈的探求新知的欲望。在学生初步理解"反冲"概念后，教师又进一步引导学生分析：塑料瓶内有一根弹簧和一个用绳子连接的重物，开始时绳子收紧，弹簧处于压缩状态，后来绳子被烧断，弹簧伸展，并使重物向下运动，由于"反冲"的作用，塑料瓶跳起来，从而进一步加深了学生对"反冲"概念的理解。

（二）运用概念解释生产、生活现象

在学生形成概念以后，可以让学生尝试将抽象的概念应用到具体的物理现实中去，利用所学概念解释相关的生活现象，使学生在运用概念解释或解决实际问题的过程中巩固、深化和活化概念。

例如，学习浮力概念之后，可以让学生解释死海不死、万吨巨轮可以在海上航行不下沉、潜水艇自由上浮与下沉等现象；学习大气压强之后，可以让学生解释塑料挂钩的吸盘贴在光滑的墙上能挂东西、注射器吸取药液、钢笔吸墨水等现象。通过对这些生活现象的分析，学生产生了学好物理的愿望和积极的学习动机，并且体会到"生活离不开物理，物理就在身边"的道理。

（三）运用概念解释实验现象

在概念教学中，可以通过演示实验、验证实验、探究实验、自制小实验等来正确认识概念，也可以运用概念来解释观察到的实验现象，进而深化、活化学生对概念的理解，提高学生的实验动手能力。例如，学习大气压强之后，教师演示"瓶吞蛋实验""覆杯实验""蜡烛在杯内熄灭实验""模拟马德堡半球实验"等，引导学生解释这些实验现象。

（四）运用概念解决物理习题

学生在形成概念的初期对概念的掌握往往是不全面、不深刻的，容易与已学过的旧概念发生混淆。这就需要在练习过程中通过有关的练习来巩固和加深对概念的理解。

例如，学过"弹力"和"摩擦力"这两个概念之后，学生往往会存在一些错误的认识：物体相互接触一定有弹力，两物体间存在摩擦力时一定也有弹力，摩擦力总是阻碍物体的运动等。为了帮助学生理解概念，可以结合生活中的具体实例进行分析，使学生深刻体会弹力产生的条件是"两物体相互接触发生挤压产生弹性形变时而产生的"，摩擦力产生的条件是"两物体间产生弹力后有相对运动或相对运动趋势时才会产生"，并且摩擦力可以是使物体运动的动力，如利用传送带传送货物。

通过反复练习，学生在实际应用中较全面、深刻地理解了概念，达到了巩固理解概念的目的。

四、物理概念教学应注意的问题

（一）注意学生对概念的形成有一定的阶段性

学生的知识基础、年龄特点、心理特征的不同决定了一些复杂、抽象、难以理解的物理概念不可能通过一两节课的教学就讲深、讲透、讲彻底，它需要一个由浅入深、多次反复的过程，所以应该根据学生年龄特点的不同，采用直线式与螺旋上升式相结合的课程结构。一些非重点知识，如流体力学、物态变化和几何光学应采用直线式的结构，而一些重点知识，如运动和力、功和能、电磁感应等则采用螺旋上升式的结构。初中阶段的物理教学只需要讲简单现象，注重定性了解，而高中阶段的物理教学则需要进一步讲基本概念和基本规律，注重定量描述，强调逐步深入地理解。学生对物理概念的理解不可能一下子就很透彻，需要一个从简单到复杂、逐步加深的过程，因此，教师在讲述物理概念时，必须注意概念形成的阶段性，由浅入深，反复多次。例如，在讲"加速度"的概念时，开始是在运动学中利用生活中的常见现象引出加速度，然后在讲牛顿第二定律时，将物体的加速度与物体所受到的合外力联系起来，揭示加速度产生的原因，进一步加深学生对加速度的理解，最后让学生明白加速度是动力学的一个基本概念，反映物体运动状态的变化。经过这样的一个过程，学生能比较全面地掌握加速度的概念，也能更容易理解它的物理意义。

另外，由生活经验中形成的错误的前概念的干扰更加值得注意。前概念是学生在学习新概念以前的生活实际中，由于对各种物理现象和过程具有一定的经验和认识而形成的比较固定的看法。前概念有正确的，也有错误的。正确的前概念是形成物理概念的基础，而错误的前概念是形成物理概念的障碍，教师在概念教学中应注意消除学生错误的前概念。

（二）注意讲清物理量的定义式的物理意义

物理量的定义式特别是其中的一些比值定义式，由于物理概念本身的抽象性，往往不能被学生正确理解。学生容易从数学函数关系的角度去理解物理量，把外部的、非本质的属性作为依据来理解物理概念，抛弃了物理概念的本质和物理意义。例如，对于电阻的定义式 $R = \dfrac{U}{I}$，有一部分学生总是错误地认为：导体的电阻 R 与导体两端的电压成正比，与通过导体的电流强度成反比，这是因为他们没有真正地理解导体的电阻是导体本身的属性，与外部条件无关。同样，对于电场强度的定义式 $E = \dfrac{F}{q}$，电容的定义式 $C = \dfrac{Q}{U}$ 等也存在类似的错误，因为学生并没有认识到物理量的定义式仅是这种物理量的测量式。导体的电阻、电场中某点的电场强度、电容器的电容都是导体、电场、电容器本身的属性。在教学中，特别是在学习导体电阻的公式 $R = \rho \dfrac{l}{S}$，点电荷电场强度的公式 $E = k \dfrac{Q}{r^2}$，平行板电容器电容的公式时，教师应当强调这三个物理量的物理意义，并指出学生产生错误的原因。

（三）注意让学生经历概念的建立过程

教师不仅应该让学生明确概念的意义，运用概念去分析解释物理现象及解决物理问题，而且应该让学生明白引入这个概念的原因、引入这个概念的事实及形成这个概念的过程和方法。例如，在学习"加速度"的概念时，学生往往把它与"速度"这个概念混淆，错误地认为：加速度即增加出来的速度，速度大，加速度也一定大；速度小，加速度也一定小；速度为0，加速度也为0；一切快慢不变的运动的加速度等于0……这些都是由于学生对加速度的物理意义理解不清楚造成的。因此，教师在教学时既要反复强调加速度的物理意义，说明其定义、揭露其本质外，还要多列举日常实例，使学生真正明白"速度改变"和"速度改变快慢"的含义，着重指明加速度是表征做变速运动的物体速度改变快慢的物理量，与速度改变量和完成这段速度变化所用的时间有关，是用速度改变量与发生这个改变所用时间之比来表示的。讲述完加速度的物理意义和表达式之后，还要指出加速度与速度变化量、速度之间的关系，以加深学生的印象。

（四）注意安排适量的有针对性的练习

为了加深学生对概念的理解，恰当地安排一些练习题是必要的。但是，过多的练习题又容易冲淡对概念的物理意义的理解和记忆，所以练习的题型与内容应多样化，并且贴近学生的日常生活，符合学生的认知水平。

☆ **拓展阅读**

物理概念的物理意义

在物理教学中，学生对物理问题的感性材料进行抽象得出结论后，对有关概念仍然存在表面的、片面的，甚至是错误的理解。为此，教师要通过多种途径和方法，让学生理解物理概念的物理意义。

1. 要用学生容易理解的语言文字表述，再"翻译"成数学表达式

用文字表述物理概念应该在学生对有关的物理问题的本质有相当认识的基础上进行，切不可在学生毫无认识或认识不足的情况下"搬出来""灌"给他们，然后再加以解释和说明。这样做学生不知道概念是怎么得来的。

物理概念一般可以分为两类：一类是只有质的规定性的概念，如运动、静止、固体、气体、蒸发、沸腾、升华、干涉、衍射等；另一类是既有质的规定性又有量的规定性的概念，如速度、加速度、功、能、电场强度、电势等，这类物理概念又称为物理量。前者，要使学生明白它反映了客观事物的哪些属性？后者，不仅要明确它反映了事物的什么本质属性？还要明确量值是怎样规定的？量度的单位是什么？例如，要使学生知道"速度"是表示物体运动快慢程度的一个物理量（质的规定性），那么在匀速直线运动中，速度在数值上等于物体在单位时间内通过的路程（量的规定性），其单位是"米/秒"。在物理教学中，我们要引导学生不断地从概念的"质"和"量"两个方面来加深理解其意义。

2. 要在具体的物理事例中理解物理概念

对于概念的文字表述，不应要求学生机械地记忆，重要的是要及时地将其应用到具体的事例中，使抽象的东西"物化"，并在具体与抽象反复结合的过程中，加深对概念的理解。例如，学过惯性后，可让学生解释以下现象：一列火车在平直轨道上匀速行驶，坐在车厢里的人竖直向上抛出一个物体，此物体下落后能落到原来的抛出地点吗？学生交流讨论，加深对惯性概念的理解。

3. 对容易混淆的概念，可以采用对比的方法，明确其区别与联系

　　在物理学中有些物理概念看起来很相似，但其意义大不相同。初中学生对于压力与压强、温度与热量、热量与内能等常常分辨不清，高中学生对速度与加速度、电压与电动势、功和能、动量和动能等区别不清楚。对于这些概念，教师可以引导学生从质和量两个方面进行对比，以弄清其区别与联系。

　　以电压与电动势为例。电压是反映静电力做功，把电能转变成其他形式的能的物理量；电动势是反映非静电力做功，把其他形式的能转变成电能的物理量。这就是这两个量的质的区别。在量值上，这两个物理量都是以"移动1库仑正电荷做功的多少"来量度的，且其单位都是"伏特"。所以，电压与电动势的物理意义不同，但它们之间又有联系。

　　一般来说，我们理解了不同概念质的规定性就能得到它们之间的区别，而量的规定性往往反映了它们之间的联系。

 思考与讨论

　　1. 物理概念的含义、分类及特点是什么？

　　2. 举例说明引入物理概念常用的方法。

　　3. 试以"加速度"概念的教学为例分析它的形成过程，并设计具体的教学活动过程。

　　4. 举例说明物理概念的定义法有哪几种。

　　5. 结合教学实例谈谈在中学物理概念的教学中应注意哪些问题。

第五章　物理规律的教学

学习目标

1. 理解物理规律的含义，了解物理规律的分类及特点；
2. 明确物理规律的认识过程，掌握每个过程的教学实施方法；
3. 掌握讨论物理规律的一般步骤；
4. 了解中学物理规律在教学中应注意的问题。

　　物理概念、物理规律和研究方法及其相互关系构成了物理学科的基本结构。其中，物理概念是基石，物理规律是中心，研究方法是纽带。物理规律是物理理论的基础，它与相关的物理概念一起构成逻辑上和谐的知识结构体系，即形成物理理论。物理规律的教学，也是开发学生智力、培养学生能力的重要途径。在探索与发现物理规律的过程中，可以激发学生的学习动机，发展学生的科学探索兴趣，培养学生的科学探究能力，使其逐步产生科学态度与科学精神。因此，应该在物理概念教学的基础上，切实抓好重要物理规律的教学。

第一节　物理规律概述

一、物理规律的含义

　　物理规律反映了物理现象或物理过程在一定条件下必然发生、发展和变化的规律以及物质运动变化的各个因素之间的本质联系，揭露了事物本质属性之间的内在联系。从一定意义上说，物理规律揭示了在一定条件下某些物理量间内在的、必然的联系。

物理规律包括物理定律、定理、原理、法则、公式等，揭示的是物质结构和物质运动所遵循的规律，是客观存在的，是观察、实验、思维、想象和数学推理相结合的产物。

二、物理规律的地位

学生形成物理概念和掌握物理规律之间存在着不可分割的、辩证的联系。形成物理概念是掌握物理规律的基础，物理概念不清就谈不上掌握物理规律；掌握物理规律可以使我们从运动变化中、从物理对象与物理现象的联系中进一步理解物理概念。

对于物理规律，学生不仅要理解，而且要灵活运用，以解决实际问题。在运用物理规律的过程中，学生不仅可以巩固、深化和活化对物理规律的理解，还可以培养分析和解决问题的能力、逻辑说明和表达能力以及创造能力等。所以，物理规律的教学在中学物理教学过程中占有十分重要的地位，应当在重视物理概念教学的基础上，认真抓好基本物理规律的教学。

三、物理规律的分类

（一）物理定律

物理定律是直接通过观察实验或者在实验的基础上进行推理，经理想化归纳而得到的物理规律。如阿基米德定律、气体实验三定律、基尔霍夫定律等都是直接通过实验得到的。开普勒三定律是开普勒在天文观测大师第谷 30 年天文观测的基础上研究归纳得出的。牛顿第一定律是伽利略、笛卡儿、牛顿用理想实验归纳法得到的。

（二）物理定理

物理定理是在已知物理量的定义、物理规律的基础上通过数学推理得到的，并经过实践反复证明是正确的物理规律。例如，动能定理是应用牛顿第二定律的公式 $F = ma$，运动学的公式 $v_1^2 - v_2^2 = 2as$，功的定义式 $W = Fs$ 推导出来并加以推广得到的。

（三）物理定则（法则）

物理定则（法则）是物理概念之间相互制约关系的判断方法和准则。例如，安培定则说明了磁场中通电导体电流方向、磁场方向与安培力方向之间所遵守的准则，根据安培定则可以判断出其中任意一个未知量的方向。右手螺旋定则是通电导体电流方向和电流产生磁场方向关系的判断法则。

（四）物理原理

物理原理是人类在长期生产实践中获得经验和进行大量科学实验的基础上，综合提出的在某一个领域内具有普遍意义的物理规律。如功的原理，是前人从长期生产实践大量的机械做功中概括得到的结论——使用任何机械都不能省功。应用这个原理可以解决很多机械问题，如轮轴、螺旋等简单机械和复杂机械。物理学中还有很多物理原理，如泡利不相容原理、功能原理、永动机不可原理。

（五）物理假说

在一定时期内，对某些不可探知领域中的一些物理现象、物理实验和物理事实进行猜想与假设而得到的一些理论，称为"假说"。在物理学发展史中，一些物理假说发展成为物理规律，如分子运动假说、磁分子假说、原子模型假说等。

（六）物理理论

物理理论是人类在长期的生产实践和科学实验中积累起来的关于某方面、某领域内物理现象和过程的认识的总和。例如，分子运动论，光的波粒二象性理论、量子理论等。

（七）物理公式

物理学是一门严密的定量科学，其中有大量的表示物理规律的数学表达式，即物理公式。物理公式中有物理量、物理定律、物理定理、物理原理等的表达式，还有一些物理公式用来表达某些物理现象和物理过程变化的规律。因此，它们也属于物理规律的范畴，可以分为以下几种：（1）物理量的定义式。一般地说，严格的定义式是具有普遍意义的普适式。如，$E=$

$\dfrac{F}{q}$，它不但适用于各种电荷形成的静电场而且适用于交变电场。（2）定律式。是物理定律的数学表达式，如焦耳定律的表达式 $Q=I^2Rt$，牛顿第三定律的表达式 $F=F'$。（3）定理式。它是指物理定理的表达式以及通过物理定律的表达式、物理量的定义式等原始公式变换或推导得来的物理公式。如动能定理的表达式 $W=\dfrac{1}{2}mv_2^2-\dfrac{1}{2}mv_1^2$，由焦耳定律和部分电路欧姆定律的表达式推导得到的公式 $Q=UIt=\dfrac{U^2}{R}t$，由电场强度定义式变换得到的电场力公式 $F=qE$。

四、物理规律的特点

（一）物理规律的客观性

物理规律是客观存在的，它们客观地反映了自然界物理变化的规律，不以人们的主观意志为转移。人们只能通过生产实践和观察实验去发现规律，而不能凭主观意志去创造规律。物理规律揭示的是物质结构和物质运动所遵循的规律，虽然它们表达的形式是抽象的，但它们表示的内容是具体的、客观的。

（二）物理规律的联系性

任何一个物理规律都是由一些概念组成的，它实质上是揭示物理概念之间的关系，并且将物理概念之间的一定关系用语言逻辑或数学逻辑表达出来。例如，牛顿第二定律就是由质点、力、质量、加速度等概念组成，它表明了质点的加速度、质点的质量和它所受的力之间的定量的因果关系。另外，动能定理将功与动能联系起来，动量定理将冲量与动量联系起来。

（三）物理规律的近似性

由于物理学所研究的对象和过程往往不是处于自然状态的实际客体和实际现象，而是将研究的对象及它所处的环境进行抽象化和理想化再进行研究。这就使物理规律的得出有一定的前提条件，使物理规律具有一定的近似性。另外，物理学是实验科学，在观察和实验中受仪器的精密程度、操作技术的准确程度所限，从而不可避免地产生测量误差。因此，物理规律只能在一定精度范围内足够真实，只能近似地反映客观世界。例如，库仑定律适用于点电荷，点电荷这个模型本身就是一种近似。

（四）物理规律的局限性

物理规律不仅具有近似性，而且由于规律总是在一定范围内被发现或者在一定条件下被推理得到，并在有限领域内被检验，所以规律还具有局限性。也就是说，物理规律总有它的适用范围和适用条件。学生只有明确了物理规律的适用范围和条件，才能正确地运用物理规律来解决实际问题。例如，牛顿第二定律适用于在惯性参考性中运动速度远小于光速的质点，不适用于微观粒子；动量守恒定律的适用条件是系统的合外力等于零等。

第二节　物理规律教学过程

物理规律的学习是一个复杂的认识过程，它是感性认识与理性认识、特殊认识与一般认识反复结合及相互作用的发展过程。基于掌握物理规律的认知过程，一般情况下，物理规律的教学要经过提出问题、探索规律、讨论规律和运用规律四个阶段。

一、提出问题

提出问题，作为物理规律教学的第一阶段，起到认知定向的作用，即让学生明确为什么要引入某一物理规律，使学生的思维活动围绕提出的问题展开。创设良好的物理情境，是提出问题的前提。

（一）利用物理实验创设问题情境

很多重要的物理规律建立在实验的基础上，是通过观察、分析实验现象归纳总结出来的。在物理教学中，教师可通过演示实验、学生操作实验等内容为学生营造探索物理规律的情境，促使学生从多变的物理现象或大量的实验数据中发现并提出问题。例如，在电荷摩擦起电教学的开始，教师让学生亲自动手操作：用梳过头发的塑料梳子以及与头发摩擦过的塑料尺分别靠近碎纸屑，并要求学生注意观察，当发现塑料梳子及塑料尺吸引碎纸屑时，引导学生提出问题：为什么梳头发的塑料梳子以及与头发摩擦过的塑料尺子能够吸引碎纸屑？然后教师接着演示：用毛皮摩擦橡胶棒、用丝绸摩擦玻璃棒并用验电器来检验，让学生观察验电器金属箔片张角的变化，引导学生思考问题：为什么用毛皮摩擦过的橡胶棒以及用丝绸摩擦过的玻璃棒与验电器接触时金属箔片会张开呢？至此，学生操作实验及教师演示实验为本节课所要探究的问题创设了良好的物理情境，也为接下来的思维加工、得出规律提供了丰富的感性材料。

（二）联系生产、生活中的现象创设问题情境

日常生产、生活中，有些现象对探究物理概念和物理规律具有较强的启发性和代表性。在物理教学中，教师可通过列举这些现象，为学生创设探索物理规律的情境，这不仅有利于丰富学生的感性认识、激发学生的学习兴趣，而且有利于培养学生的科学探究能力。例如，在牛顿第一定律教学的开始，教师便可以列举生活中的实例：用力踢足球，足球踢出后运动一段距离就会停下来；用力向前推自行车，自行车就会运动起来，停止用力，自行车就会停下来；进站的火车，关闭发动机后火车仍能运动一段距离，但最终停下来。然后引导学生思考并提出探究的问题：静止的物体是否用力推动才会运动，力停止作用就会立即停下来？是否推动物体的力越大，物体运动得就越快，速度就越大？

（三）利用新旧知识之间的联系创设问题情境

学生原有知识状况是决定新知识学习最重要的一个内部因素，所以在教学中教师可以引导学生通过复习学过的相关知识，将以前分散的知识综合起来并对已有知识进行逻辑分析，从而提出新问题。这种方法不仅能激发学生积极主动地探究学习，还能促进学生增长新知识。如，在学生掌握了作用力与反作用力知识的基础上讲述牛顿第三定律时，很多学生认为，在拔河比赛中，既然双方的作用力与反作用力大小相等，应该不会分出胜负，可实际上却总有一方获胜，这是否违背牛顿第三定律？取胜的决定因素是什么？讲课时，教师可让高大壮实的男同学脚穿滑冰鞋与一名瘦弱的

女同学现场进行拔河比赛，当问到女同学能否赢时，有的同学说能，有的同学说不能，强烈的认知冲突激发了学生的探究欲望。

（四）运用物理学发展史创设问题情境

物理规律发现与完善的过程中蕴含了丰富的科学方法与科学思想。在物理规律的教学中，讲述物理学史上的一些事件不仅能启发学生发现问题和提出问题，而且还能培养学生的探索精神。例如，高一物理牛顿第一定律"理想实验的魅力"这部分内容，对于培养学生的创新精神与教会学生掌握创新的基本方法是非常有帮助的。教学时，首先回顾牛顿第一定律的发现过程。以静止的车用力推动就运动起来，不用力推动就会停下来等事例来引出学生脑海中的错误概念，即"力是物体运动的原因"。然后组织学生进行思考和讨论，在学生讨论的基础上，分别展示亚里士多德、伽利略、笛卡儿、牛顿等科学家的观点，让学生全面理解发现牛顿第一定律的历史过程，从而深刻地理解研究物理问题绝对不能凭直觉。

二、探索规律

探索规律是将科学探究引入课堂，在教师的指导和启发下，学生通过自主、独立的探索活动获得情感体验，掌握解决问题的方法，发展探究精神和创新能力。当然，教师要给予必要的知识铺垫和适当的点拨，还要提醒学生注意规律是在什么条件下探究和推导出来的，在探索的基础上对规律进行总结。在中学物理教学中，总结物理规律的基本方法有五种，即实验归纳法、逻辑推理法、理想实验法、图像法和假说方法，其中又以实验归纳法最为普遍。

（一）实验归纳法

所谓归纳法，就是从一些特殊的事实中概括出一般性结论的思维方法，是从许多同类的个别事物中找出共同点的方法。物理学中运用归纳法的基础主要是实验，因为实验不但能够重复进行，而且能够准确反映事物各个部分或物理过程各个阶段的相互联系，同时实验又最容易激发学生的兴趣。所以在中学阶段（特别是在初中）总结物理规律时，应用最多的便是实验归纳法。运用实验归纳法时，常常借助于图像，即在直角坐标系中描出各实验数据对应的点，连成线，制成表格，通过分析图像、数据中隐含的信息总结出物理规律。

为了提高所得实验结论的可靠性和准确性，实验应反复多次做，尽量把同类事物都包括进去，以便得出的规律更具有普遍性。但由于受时间等条件的限制，一般来说是做不到的。所以，实际上我们所采用的只能是简单的枚举归纳法，即只需要通过观察某类事物中的相关现象，当没有遇到相反的情况时，就可以推导出该类事物共同具有的一般性结论。例如，根据浸入水中的物体所受到的浮力，推导出一般液体共同遵循的阿基米德定律。其他诸如帕斯卡定律、功能原理、欧姆定律、光的反射定律等都是如此归纳得到的。

（二）逻辑推理法

逻辑推理法是在已有定律的基础上结合一些概念，运用数学知识推证而得出结论的方法，如动量定理、动能定理就可运用此方法推理得出。逻辑推导常常又与实验结合起来，以验证结论的正确性。例如，串、并联电路中总电阻的计算公式就是利用欧姆定律，结合串、并联电路中电流与电压的实验关系，运用简单的数学知识推理得到。另外，许多用实验归纳法总结的规律，如阿基米德定律、物体的浮沉条件等也可以运用逻辑推理法得到。当然，由逻辑推理法获得的结论是否正确，还需要用实验加以验证，实验是检验真理的标准。有一些定量描述的物理规律受实验条件的限制，不易通过精确的实验得到，可以采用定性演示结合理论推导的方法得出。例如，电学中的焦耳定律即可如此处理：首先通过实验得出电流产生的热量与电阻、电流、通电时间的定性关系，然后根据能量转换与守恒定律、功能关系、欧姆定律等即可得到焦耳定律的数学表达式 $Q = I^2 Rt$。

（三）理想实验法

理想实验也叫假想实验，理想实验法是一种形象思维与抽象思维相互作用的思维方法，借助于逻辑推理，又辅之以形象变换。理想实验法是以真实的科学实验为基础，以逻辑法则为依据，利用思维过程来展开实验过程的一种方法。它具有真实物理实验的一些特点，又不同于真实物理实验。所以，理想实验法是一种带有浓郁物理学色彩的逻辑推理，是人们在思想上塑造的理想物理过程，蕴含着丰富的哲学思想。中学物理教学所研究的牛顿第一定律、理想气体状态方程等都用了这种总结物理规律的方法。与逻辑推理法一样，理想实验法常常通过理论探究的方式体现在新的课程改革教学之中。

（四）图像法

所谓图像法，就是假设某一物理量 Y 随另一物理量 X 而变，从实验和观察中测出一系列与 X 值相对应的 Y 值后，在直角坐标中分别描出与各组测量结果相对应的点，再用平滑的曲线将各点连接起来得到图像，然后分析图像，找出规律，或者与已知的数学关系式的图像对比，得出相应的定量函数关系。例如，可以利用图像法研究萘熔解和凝固的过程中温度随时间变化的规律。又比如，运用磁感线研究磁场，运用几何作图法研究凸透镜规律等，都体现了图像法形象而直观的特点。因此，图像法也是研究物理学、总结物理规律的重要方法之一。

（五）假说法

假说法是科学研究中一种假设性的科学猜想，是对一些未知问题的"前科学"解释，它是真理发展过程中的一种形式，也是一种研究方法，是人们在探索未知世界过程中的"预示"和"感觉"。当人们在研究过程中遇到了运用现有理论无法解释的新事物时，常常会作出仅以有限数量的事实和观察为基础的新解释，这就是假说。当假说被证明正确时，便可发展成理论。假说具有科学性、猜测性、可变性，是一种重要的科学研究方法。例如，卢瑟福的原子核式结构模型就是以假说的形式出现的。一般说来，假说需要实验进行验证，但也有些假说在现有实验无法验证时需要以事实辨别，并不断更新，它们使人类的科学研究不断深化。例如，卢瑟福的原子核式结构模型假说后来又与经典电磁理论发生了矛盾，1913 年玻尔在卢瑟福假说的基础上提出了新的假说。

三、讨论规律

对规律的讨论一般从以下几个方面进行：

（一）规律的物理意义

在教学中，归纳得出物理规律后，需要用语言对物理规律加以表述，即用文字把某一规律的物理意义表述出来。物理规律的文字表述要认真分析，让学生真正理解它的含义而不能死记硬背。如楞次定律是这样叙述的：感应电流的磁场总是阻碍引起感应电流的磁通量的变化。其中的关键性词语是"阻碍"和"变化"。它的含义：当穿过线圈的磁通量增加时，感应电流的磁场方向与原来的磁场方向相反，阻碍磁通量的增加，相对磁极的极性相同；当穿过线圈的磁通量减少时，感应电流的磁场方向与原来的磁场方向相同，阻碍磁通量的减少，相对磁极的极性相反。并且根据能量转化与守恒定律，产生的感应电流（电动势）的电能是由机械能转化而来的。它必须由外力做正功，或者说感应电流的磁场与原来磁场之间的作用力阻碍磁场相对变化做负功。这样才能全面理解楞次定律的含义。

大多数物理规律的内容都可以用数学公式表达出来，即物理规律的公式。关于物理规律的公式，要研究它是怎样建立起来的：在实验归纳法中是怎样把实验数据经思维加工和数学加工转化为物理规律的表达式的，在理论分析法中是怎样通过严密的推理而得出物理规律的表达式的，并且让学生从物理意义的角度理解公式中所表示的物理量之间的数量关系，而不能单纯地从数学的角度加以理解。如牛顿第二定律的公式，揭示了一定质量的物体所受的合外力与由此而产生的加速度之间的关系，如果只从数学形式考虑，就可能得出物体的质量与所受的合外力成正比，或物体的质量与它的加速度成反比，这显然是错误的。

数学公式能准确地描述物理规律，再结合函数图像形象地描述物理规律，使得这种表达更形象、更明确，加深了学生对物理规律的理解。

总之，无论是文字表达、公式表达，还是图像表达，都要突出规律的物理意义，使学生真正地理解。

（二）强调规律表述中的关键词语

规律表述中的关键词语是学生理解规律和运用规律的关键，在教学中应加以强调，并解释清楚。例如，阿基米德原理中的"排开"二字应着重强调，因为学生往往会把物体的体积与排开液体的体积混为一谈。牛顿第一定律：一切物体在不受外力的作用时，总保持静止状态或匀速直线运动状态。要正确理解"或"字的含义："或"不是指物体有时保持静止状态，有时保持匀速直线运动状态。而是指如果物体原来是静止状态，它就保持静止状态；如果物体原来是运动状态，它就保持匀速直线运动状态。

（三）指明公式中各物理量的单位

物理量具有特定的单位和一定的物理意义，不同的单位对应不同的物理量。教师要在教学中强调物理量的重要性，让学生养成将物理量中的数量与单位作为一个整体来研究的习惯。

（四）明确规律的适用条件和范围

物理规律往往都是在一定条件下得出或推导出来的，只能在一定范围内使用。如果不考虑规律的适用条件和范围而乱套公式，就会导致应用上的错误。因此，在讲解规律时，教师要明确规律的适用条件和范围，让学生牢牢记住。例如，单摆振动公式的成立条件是摆角小于 $5°$；牛顿第二定律的应用条件是"质点"，适用范围是"宏观物体的低速运动"。

（五）明确规律与相关的概念、规律间的关系

物理规律总是与许多物理概念紧密联系在一起，与某些物理规律也相互关联着，学生应当明确规律与相关的概念、规律之间的关系，以便更深入地学习与研究。例如，动量守恒定律与牛顿第三定律的关系；动能定理、动量定理与牛顿第二定律的关系。

四、运用规律

在讨论规律的基础上，教师引导学生运用学过的规律科学地说明和解释有关的生产和生活现象，一些典型的例题和习题既有助于学生进一步理解规律，又能提升学生运用知识解决实际问题的能力。在这一过程中，一

方面学生与教师共同讨论实际问题，深化、活化了对规律的理解，逐渐领会分析解决问题的思路和方法；另一方面学生将得出的结论运用于实际，掌握运用规律分析解决问题的思路和方法，逐步发展学生分析问题与解决问题的能力、运用数学知识解决物理问题的能力以及创造性思维的能力。

（一）运用物理规律解决实际问题

经常用学过的物理规律科学地说明和解释有关的生产、生活现象，可以使学生真正地感受到物理学就在身边，激发了学生的学习兴趣，发展了学生的表达能力以及创造性解决实际问题的能力。例如，在学习光的反射定律后，学生就可以解释为什么行人很难看清装有茶色玻璃的车内情况，为什么绝大多数车的前挡风玻璃是倾斜的。让学生运用所学的物理规律对生活中的现象进行解释，既能深化学生对所学规律的理解，又能培养学生将所学知识应用于生活和生产实践的意识。

（二）运用物理规律解释实验现象

在规律的教学中，教师可以鼓励学生运用所学物理规律进行实验，并尝试解释实验现象。这不仅可以加深学生对所学知识的理解，而且可以提高学生的实验能力。例如，在学习物体沉浮的条件后，引导学生做鸡蛋沉浮实验并解释实验现象：将一只鸡蛋放入浓盐水中，然后缓缓向其中倒入清水，稀释、搅拌，随着盐水的不断稀释，鸡蛋排开液体的体积逐渐增大，由漂浮状态慢慢变成悬浮状态，最终沉入杯底。这说明浸在液体中的物体的上浮和下沉，取决于它所受到的浮力和重力的合力。这种学习方式不但加深了学生对物体沉浮条件的理解，还提高了学生的学习兴趣。

（三）运用物理规律解答物理习题

教师在学生理解物理规律之后，还要精选一些典型的例题和习题，学生与教师共同参与对实际问题的讨论，深化对物理规律的理解，逐渐领会分析解决问题的思路和方法。运用规律进行练习可让学生通过适量训练，在实践中总结运用规律解决实际问题的方法与技巧，从而提高运用规律解决实际问题的能力。需要注意的是习题要少而精，不要搞题海战术。例如，学生学完"密度"这一节后，教师可以向学生提出问题："怎样用密度知识鉴别体育课用的铅球是不是纯铅制作的?"接着引导学生回答,通过测量铅球的质量和体积求出铅球的密度,再与纯铅的密度比较后得出正确的结论。

（四）运用物理规律进行小设计和小制作

除习题训练外,教师还可以鼓励学生在课外依据所学的物理知识,利用身边的器材,自己动手做一些小设计、小制作等,以提升自己的创新能力。例如,在学习重力知识之后,可让学生探究怎样用实验的方法测量物体的重心。在学习质量知识后,可让学生调查成年人大脑的质量、成年人血液的质量、自行车的质量、摩托车的质量和一个鸡蛋的质量等。在学习光的反射知识之后,可以让学生制作简易的潜望镜等。

总之,学生掌握物理规律的认知过程是一个十分复杂的过程,教师要认真研究教材的深度和广度,充分展开教与学活动,按照由浅入深、循序渐进的原则,辅之以设疑引入、直观演示、理想化模型、推理概括、复习巩固等教学手段,使物理规律的教学更符合学生的认知特点。

五、物理规律教学中应注意的问题

（一）注意让学生经历探寻物理规律的过程

在物理规律的教学中,教师应让学生了解得出物理规律的简要历史过程,并知道物理规律所起的重要作用,使学生由被动学习变主动学习。例如,学习电磁感应现象时,让学生了解法拉第发现电磁感应现象的曲折历程及其不畏艰难的进取精神、科学态度,这对培养学生的科学素养具有潜移默化的作用。

（二）注意让学生掌握总结规律的方法

在得出物理规律的过程中要忽略次要因素,突出主要因素,采用模型的方法、理想化的方法、实验的方法、思维的方法、数学的方法等。因此,在物理规律的教学过程中应当强化物理方法论的教育,让学生了解物理学常用的一些方法,这对提高学生的思维与发展学生的智力具有重要的现实意义和长远意义。

（三）注意物理规律教学的阶段性

物理规律的教学与概念的教学一样，需要有一个由浅入深、逐步理解掌握的过程，并不是通过几节课就可以完成的。物理规律的教学应注意阶段性，那些希望通过几节课的教学就使学生对某些物理规律完全掌握的做法，既加重了学生的负担，又不能取得良好的教学效果。

（四）注意精心设计练习题

首先，应该针对学生对物理规律理解的难点设计练习题，而不应搞题海战术增加学生的负担。其次，设计的练习题应贴近学生的学习生活与社会生活，力求增强练习的趣味性。再次，练习题的题型应多样化，不能仅重视计算题，还应设计一些定性解释学生日常生活中常见物理现象的题目。

☆ 拓展阅读

物理概念和物理规律教学

物理概念和规律的教学，特别是重要的基本概念和规律，不能只让学生知道或记住文字表述或数学表达式，而要努力让学生清楚"来龙去脉"。如果只背诵现成的结论，是不可能理解、掌握和应用物理概念和规律的。具体来说要做到以下几点：①为什么要引入某个物理概念和研究某个物理规律？（包括为什么要研究这个问题，问题是怎么提出来的）②怎样进行研究？（包括有哪些主要的物理现象、事实，运用了怎样的手段和方法——观察实验方法、理论分析方法和数学方法）③通过研究得到怎样的结论？（包括概念是怎样定义的，规律是怎样叙述的，它们的数学表达式是怎样的）④某个物理概念和规律的物理意义是什么？（包括物理概念和规律反映了事物怎样的本质属性及其联系，物理量的量值是多少，量度单位是什么，适用条件、适用范围是什么）⑤某个物理概念和规律有什么重要的应用？（包括应用中需注意的有关问题）

例如，一个竖直上抛的物体，当它到达最高位置时，这个物体是处于运动状态还是静止状态？对于这个问题，不少高中学生认为："处于静止状态。"理由："在此位置时速度为零。"其实这是错误的。

怎样判断一个物体处于运动状态还是静止状态？学生需要理解"运动"和"静止"两个物理概念，特别是对"运动"概念的理解。对于"运动"的概念，中学课本中是这样表述的："一个物体相对于另一个物体的位置变化叫作机械运动，简称运动。"如果单凭这句话就对上述问题做出正确判断几乎是不可能的，因为它并没有说明在怎样的条件下才会发生位置变化的问题。物体有速度固然是使位置发生变化的一个条件，但并不是有了这个条件位置就一定会发生变化。要使位置发生变化，还应有一个必不可少的条件——时间。假如不经过一个时间（即使是极短的时间），速度再大也无济于事。另外，物体的速度也不是必要条件，一个物体的速度为零，但加速度不为零，经过一段时间（即使是极短的时间），其位置也会发生变化。所以要判断一个物体是"运动"还是"静止"，单纯记住"运动"的定义是远远不够的，应该从本质上理解它的物理意义，即运动是在时间和空间中进行的。因此，判断一个物体是"运动"还是"静止"，需要看该物体经过一段时间后在空间中的位置有无变化。

 思考与讨论

1. 物理规律的含义、分类及特点是什么？

2. 物理规律的认识过程有哪些？

3. 结合教学实例谈谈怎样创设情境引入物理规律。

4. 讨论一个物理规律一般从哪几个方面进行？

5. 请结合具体的教学实例，谈一谈在中学物理规律教学中应注意哪些问题。

第六章　物理实验教学

学习目标

1. 理解演示实验、学生分组实验、课外实验的特征与作用；

2. 清楚演示实验在实施中应注意的问题；

3. 认识生活化的物理微实验的特点。

　　物理学是一门以实验为基础的科学，实验的方法和操作技能对学生智力的发展起着重要的作用，因此，教师要高度重视物理教学中的实验教学。中学物理实验教学的根本目的与任务，是通过培养学生的实验观察能力与操作能力，进一步培养学生的探究能力与创新能力，培养学生不怕困难与勇于探索的实验精神，塑造学生良好的人格。

第一节　演示实验

　　演示实验主要是由教师操作，学生通过观察现象归纳、总结、得出结论的实验。演示实验作为课堂教学环节的一部分，占用的课堂时间一般来说都不太长，但对学生理解物理知识却起到了重要的作用。

一、演示实验的特征

　　演示实验既是教学内容的一部分，又是教学方法的一种体现，它具有一些基本特征，在中学物理课堂教学中起着不可替代的作用。

　　（一）与课堂教学内容紧密衔接

　　演示实验是为配合课堂教学内容而进行的实验，是为课堂教学的有效实施而服务的，它与课堂教学内容紧密衔接。演示实验包括以下几种基本类型：

1. 帮助教师引入新课教学的演示

这类演示实验的目的在于，在新课教学之前吸引学生的注意力，激发学生的学习兴趣，使学生产生与本节教学内容相关的疑问，引发学生的思考，从而使教师顺利地开展教学。

2. 帮助学生建立概念和规律的演示

这类演示实验目的在于帮助学生利用已有的知识，通过对实验现象的观察、归纳、总结，形成新的概念，得出新的规律。这类演示实验起到了衔接已有知识和即将学习的新知识的桥梁作用。

3. 帮助学生巩固所学知识的演示

这类演示实验通常安排在学生学完新课内容之后，其目的在于通过生动的实验现象帮助学生加深对所学知识的理解，并进一步巩固所学的新知识。

4. 帮助学生应用所学知识的演示

这类演示实验通常比较复杂，与实际联系也比较紧密，其目的在于锻炼学生运用所学知识分析实验现象和实验结果的能力，从而培养学生理论联系实际的综合能力。

（二）现象明显、直观，可见度高

演示实验是教师做给学生看的，因此，现象越明显，说服力越强，学生从中获得物理知识效果就越好。同时，演示实验的过程和现象要直观，要能直接地被观察到，而不需要其他中间过程。演示实验是做给全班学生看的，因此，要求演示仪器有足够的尺寸，放在较高的位置上，以保证教室后排的学生也能看到。同时，实验现象与背景要有鲜明的对比，以免实验现象被背景所覆盖。

（三）有较强的趣味性和启发性

兴趣是学生学习动力的重要源泉，演示实验要有较强的趣味性，能充分引起学生的注意。同时，演示实验又要有一定的启发性，能引发学生的求知欲望，促进学生的积极思考。

（四）成功率高，安全可靠性强

由于演示实验通常由教师来操作，教师在上课之前必须反复练习演示实验的相关操作，以保证成功。同时，教师也要做好充分准备，确保演示实验的安全性和实验结果的可靠性。

二、演示实验的作用

在中学物理课堂教学中，演示实验所发挥的作用逐渐得到广大中学物理教师的认可，受重视的程度也逐年增加。演示实验的作用具体体现在以下四个方面。

（一）激发学生的学习兴趣和求知欲望

美国心理学家布鲁纳曾指出："学习的最好刺激，乃是对所学材料的兴趣。"可见，兴趣对学生积极地投身到学习中起着重要的作用。演示实验生动的过程、出人意料的结果，都能极大地引起学生物理学习的兴趣，同时演示过程所引起的学生的认知冲突，势必激发了学生的求知欲望。

（二）突出主要的物理过程，使学生建立正确的概念和规律

生活中的物理现象通常是多个物理过程交织在一起的，学生分析起来会感到困惑。而演示实验通常是对次要的物理过程进行弱化处理，以突出主要的物理过程，使学生分析起来思路更加清晰，更容易形成正确的概念和规律。如牛顿管实验，是将空气阻力这个干扰因素几乎排除后，让学生观察物体的下落，学生就能很容易得出物体下落快慢与质量无关的结论。

（三）锻炼学生的观察能力，促进学生思维的发展

演示实验新奇的特征会极大地吸引学生，同时学生在观察演示实验的过程中也会逐渐形成一种敏锐的观察能力。在观察的同时，学生往往伴随着思考，预测即将出现的实验现象，分析实验现象背后的原因，思维能力也逐渐得到了发展。无论是观察能力还是思维能力，对于学生的学习和自身的发展都是至关重要的。

（四）提高学习效率

学生对物理概念和物理规律的掌握仅凭死记硬背是不行的。心理学研究表明，对人的多种感官加以刺激，能够加深记忆。演示实验以其生动的实验现象，实验过程中所伴随的特殊声音与散发的特别气味等充分刺激着学生的眼、耳、鼻等感官，加深了学生对所学内容的记忆和掌握。演示实验为学生展示了物理概念和物理规律的建立过程，加深了学生对所学知识的理解。因此，学生在运用知识时能够做到思路更加清晰，并能较快地形成解决问题的方案，大大提高了学习的效率。

三、演示实验实施中应注意的问题

教师要想成功操作演示实验，必须在课前做好充分的准备，对任何一个影响实验结果的问题都不能放过。只有仔细研究，才能确保演示实验的成功，同时，在课堂演示时，还要严格遵守操作规范，注意边操作边讲解，能正确对待演示中的失误。

（一）课前做好充分的准备

在做演示实验前，教师必须做好充分的准备，否则课堂上很容易出现错误。

1. 实验设计目的要明确

每一个演示实验都是为课上的教学内容服务的，在实验设计时要有明确的目的，所设计的演示实验与教学内容必须紧密相连，方便学生理解所学内容。

2. 选择最佳的演示方案、实验仪器

通常一个实验现象可以由多个演示方案来实现，但在课堂教学中往往只需选择一种演示方案来实施。那么，选择哪种演示方案、哪些实验仪器，教师必须仔细斟酌。演示方案以简单明了且时间短为宜，不要占用课堂太多时间。演示仪器要取材方便、操作简单，实验现象要明显且成功率高。

3. 充分了解实验中容易出现的问题

教师在课前要反复操作演示实验，充分了解该实验的演示效果、安全性与成功率等，特别是对实验中容易出现的问题要做到心中有数，切不可在没有试做的情况下就在课堂上操作，导致出现问题。

4. 上课前将仪器备好

教师在上课前要将实验用到的仪器准备好，以保证课堂演示实验的顺利进行。特别是一些细节上的元器件，如导线、开关、电池、火柴、蜡烛、酒精灯等，一定要带齐，以免因遗漏耽误课堂教学时间。

（二）操作要规范

教师在课堂演示时操作一定要规范。例如，使用天平时要先调零，砝码要用镊子夹取，连接电路时开关要断开，接入滑动变阻器时首先要将滑片放在连入电路阻值最大的位置，使用气垫导轨时要先通气再放滑行器等。有些教师在做演示实验时往往为了抢时间而不按规范操作，甚至有些环节干脆省掉，这样很容易被学生效仿。为此，教师在做演示实验时一定要严格按照规范操作，做到言传身教。

（三）注意边操作边讲解

教师在做演示实验时要边操作边讲解边提问，注意引导学生有目的地观察，即抓住关键要素有针对性地观察，防止盲目地观察。同时，教师还要注意观察学生的反应，及时发现学生遇到的问题。

教师做实验的时候切忌走过场，应该切实通过演示实验培养学生的观察与思维能力。对于时间较短的演示实验，教师应重复做一到两次，让学生有进一步观察的机会，并对观察到的实验结果产生信服。

（四）实事求是，能正确对待演示中的失误

有的时候即使教师在课前做了充分的准备，在课堂上做实验时也可能会遇到问题。这个时候教师不要紧张，要沉着、冷静，逐一排查原因，找到解决问题的方案。并且，可以通过这个过程对学生进行情感态度与价值观的教育，告诉学生科学研究都不是一帆风顺的，要勇于面对困难，锲而不舍地寻找解决问题的方案。教师绝不能因实验过程中出现问题而弄虚作假、编造数据，更不能以"实验仪器不好用"为理由而搪塞学生，这将损害教师在学生心目中的形象。如果教师在课堂上短时间内无法排除故障，

可以实事求是地向学生说明情况，等到课后再详细研究，下次上课时向学生重新进行演示。这样，教师不仅在学生心中树立了威信，而且用自己的行动教育了学生。

第二节　学生分组实验

学生分组实验是指由学生设计实验、动手操作、观察现象、记录和处理数据、分析结果的实验。与演示实验相比，分组实验中学生是整个实验过程的实施者，教师起辅助作用，而在演示实验中通常教师是整个实验过程的实施者。

一、学生分组实验的特征

学生分组实验有自己独有的特征，在中学生的物理学习中是不可缺少的重要组成部分。

（一）学生独立完成整个实验过程

学生分组实验是由学生独立完成的，包括实验方案的设计、仪器的组装、现象的观察与记录、数据的测量与处理以及结果的分析、结论的得出等。学生在分组实验过程中往往不是一帆风顺的，通常会遇到这样或那样的问题，因此，还需要学生能够查找出现问题的原因，及时找到解决问题的方法。当学生实在无法解决时，教师应给予恰当的帮助。

（二）实验需要较长的时间，需要较多的器材

学生分组实验通常是探究或验证一个物理规律，所需要的时间较长，因此，通常需要教师安排独立的课时让学生来做实验。教师切不可让学生走过场，没等学生做完实验就着急讲课，这样势必会打消学生做实验的积极性，挫伤学生进行实验探究的信心。学生分组实验是针对所有学生，要求每一名学生都要参与进来，因此，教师在准备实验器材时必须保证每组学生都有实验器材，切不可只让部分学生做实验。

（三）教师需要掌握各组学生的进展情况

学生分组实验会由于各组学生的知识基础、动手能力、解决问题能力等的不同而导致各组进展情况不同。教师要及时掌握每一组学生实验的进展情况、遇到的问题与解决的情况等，要把握全局，不能因为某一组学生没有问题就认为其他组学生没有问题，也不能因为某一组学生做完了就结束实验。对于学生得到的不同结论，教师不能简单地予以否定，而要与学生一起分析原因，共同辨别结论的对错。

（四）学生的过程体验深刻，成就感强

学生分组实验在操作过程中通常都不是一帆风顺的，通过努力解决各种问题并最终得到理想的结果后，学生的成就感往往会特别强，对实验过程的体验也非常深刻。教师在评价的时候也要多关注过程，不能只注重结果。

二、学生分组实验的作用

学生分组实验在学生能力培养方面起着重要的作用，教师要高度重视学生分组实验，使其发挥应有的作用。

（一）培养学生的动手操作能力

学生分组实验是由学生进行实验操作、完成整个实验过程，它对于培养学生的动手操作能力起着重要的作用。在学生分组实验中，学生要根据自己设计的实验思路进行仪器的选择、组装与调试，现象的观察与记录，数据的测量与分析，最终得出结论。其中仪器的选择、组装与调试至关重要，它关系到实验现象能否出现、测量结果是否科学等，而这正反映了学生动手能力的强弱。因此，教师应通过学生分组实验有目的地培养学生的动手操作能力。

（二）培养学生的实验探究能力

学生分组实验的实验过程相对复杂，影响实验结果的因素也相对较多，学生在实验过程中会经常遇到问题。学生经过动脑思考，不断尝试，最终将问题解决，使实验得以顺利进行的过程就是实验探究过程，也是科学家进行科学研究的必经之路。因此，在学生分组实验中，教师要鼓励学生自主进行实验探究，不能一遇到问题就请求教师帮忙解决，要给学生时间尝试自行解决。

（三）培养学生的团结合作精神

在学生分组实验中，由于实验过程中的环节较多，为了使实验能够高效、有序地进行，每一小组都需要对成员进行分工，让大家各尽其责，共同完成实验任务。小组成员之间团结合作，互帮互助，才能将实验做好。遇到问题时，大家群策群力，互相讨论，选择最佳解决方案。通过这种分工合作，学生学会了在集体中贡献自己的力量，与他人和睦相处，听取他人意见以及个人服从集体等。

（四）培养学生实事求是的学习态度

在学生分组实验中，教师要鼓励学生实事求是地公布本组的实验结果。对得到不同结论的学生，教师不能视而不见或采取否定态度，而要与他们一起研究，分析原因，判断对错。对实验失败的学生，教师要给予特别的关注与鼓励，并另安排时间让他们重新做实验。有些实验在实际操作中可能误差比较大，教师要引导学生正确看待实验误差，与学生一起分析实验误差产生的原因。同时，教师还要鼓励学生在实验过程中坚持实事求是的原则，尊重原始实验数据，不编数、不凑数，科学严谨地处理数据，有理有据地得出实验结论。另外，教师在实验中也要对学生进行情感态度与价值观的教育，让学生在学习的过程中形成良好的人格品质。

三、学生分组实验在实施中应注意的问题

学生分组实验要想达到预期的目的，要求教师在实验的准备、实验的组织管理、对学生的要求和实验的总结等方面都要有周密的考虑，否则就会收效甚微。

（一）实验的准备要充分，要给学生足够的探究空间

教师在实验内容的选择上要考虑实验给予学生的探究空间，尽可能选择能给学生提供较大探究空间的实验。同时，教师在准备实验器材时考虑

要全面，应尽可能将学生所需的器材都准备好，不能草率地按一种方式来准备，以免限制了学生的思维。

（二）学生的分组情况要科学合理

教师要认真考虑学生的分组情况，应根据不同的实验具体分析。对于测量项目多的实验，每组学生人数可以相对多些，而对于测量项目少的实验，每组人数要相对少些，以确保每名学生都能够得到充分发挥。在学生的分组上，教师也要考虑将动手能力较强的学生和动手能力较弱的学生搭配在一起，让动手能力较强的学生带动动手能力较弱的学生，从而提高实验的效率。同时，男生和女生也要尽量搭配在一起，使男生和女生在实验操作方面的不同特点形成互补。

（三）重视学生的操作规范

学生在做实验时为了加快实验进度往往忽视了实验操作的规范性，久而久之就会养成不良的实验操作习惯，教师需要对学生错误的实验操作习惯及时地给予纠正。在实验前，教师要强调实验操作的规范性，对学生进行严格要求。在实验的过程中，教师也要注意观察学生的操作是否规范，及时发现问题。

（四）实验结束后，要组织学生对实验结果进行讨论

有些教师在学生做完实验后忽视了对实验结果的讨论与总结，究其原因是教师对实验不够重视，只是让学生体验一下实验过程，没有真正地把实验当成学生学习的一部分。学生在实验中遇到的问题或产生的想法没有机会表达出来，这势必会打消学生做实验的积极性，久而久之，学生便对实验失去了兴趣。如果教师能够在学生做完实验后及时地组织学生对实验方法、实验结论以及实验中遇到的问题等进行讨论，让学生分享彼此的经验与体会，就能加深学生对所学知识的理解，激发学生实验探索的积极性，增强学生学习物理的兴趣和信心。

第三节　学生课外实验

课外实验是学生利用课余时间在实验室或家里、户外等地根据个人兴趣

自主进行的实验。我们所生活的世界中有很多奇妙的自然现象，也有很多让人好奇的物理问题，仅靠有限的课堂时间，是无法满足学生对丰富世界的探究需求的，而课外实验正好可以让学生实现自己探索物理世界的愿望。

一、课外实验的特征

与演示实验、学生分组实验相比，课外实验有着独有的特征，在学生能力培养方面同样发挥着重要的作用。

（一）具有时间和空间上的灵活性

演示实验、学生分组实验都需要在课上实施，受时间和地点的限制。而课外实验则不受时间和地点的限制，既可以利用课余时间在学校实验室做，又可以在家里或户外等地做，具有空间上的灵活性。同时，在时间上也具有很强的灵活性，学生既可以利用课间的空闲时间来做，又可以利用放学后或周末的时间来做，而且有足够的探究时间。

（二）具有选材的灵活性

课外实验在实验材料的选择上具有较强的灵活性，既可以利用生活中废旧的日用品，如饮料瓶、易拉罐等，又可以在不损坏物品的情况下充分利用家里的锅、碗、瓢、盆等，不但节约了实验成本，而且开阔了学生的思维空间，使书本上的物理变成了生活中的物理。

（三）具有选题的自主性

课外实验的选题具有较强的自主性，不受课程标准和教学进度的限制，学生可以根据个人的兴趣、爱好等进行自主选题。与演示实验、学生分组实验不同，学生在课外实验中所做的实验基本上不同，具有多样性，这满足了学生学习的不同需求，既有利于调动学生学习的积极性、主动性，又有利于教师因材施教。

（四）具有实验操作的独立性

课外实验通常以学生独立操作为主，学生是整个实验的策划者和实施者。从实验的选择到实验器材的准备，再到实验方法的选择、实验过程的操作以及结论的得出等都是由学生自主完成的。当遇到问题时，学生只能自己思考，没有老师和同学可以依赖，要学会独立解决问题。

（五）具有实验操作的反复性

演示实验和学生分组实验受课堂时间的限制，特别是一些所需时间较长的实验，重复操作机会很少，学生容易对实验结果不够信服。而课外实验时间充足，可以反复做多次，得到的结果自然也就会被学生接受。同时，在反复实验中学生也会不断地提高自己的实验技能。

二、课外实验的作用

课外实验对于学生学好物理起着非常重要的、不可替代的作用，教师要给予高度的重视。

（一）加深学生对所学知识的理解

很多课外实验与课堂所学知识都紧密相连，有一些是对课堂所学知识的应用。课外实验加深了学生对所学物理概念、物理规律的理解，使学生能够理论联系实际，更好地掌握所学物理知识，增强了学生物理学习的兴趣和信心。

（二）拓展学生的知识面

课外实验的内容通常与学生的生活联系得比较紧密，涉及的知识面要比课堂内所学知识广得多，有些课外实验还要综合运用多学科的知识才能成功，它不仅能使学生感受到物理学与生活的密切关系，还能开阔学生的视野、拓展学生的知识面。课外实验能够使学生自觉地不断学习新的知识，并将所学知识应用到实践中去，增强了学生解决实际问题的信心和能力。同时，课外实验的内容通常与社会的发展步伐一致，能够反映科学技术的新成果和新进展，有利于学生跟上时代的步伐，了解科学技术进步的新信息，树立远大的理想。

（三）培养学生的独立自主能力和创新能力

课外实验是由学生独立自主完成的，在实验过程中需要学生独立思考、独立操作，遇到问题时还需要学生独立分析问题并寻找解决问题的方案。课外实验有利于培养学生的独立自主能力。同时在课外实验中，学生的思维不受限制，可以无拘无束地按照自己的想法去做，很多的奇思妙想也都可以在课外实验中加以尝试，而这些奇思妙想又蕴含了很多创新的成分。可见，课外实验对培养学生的创新能力起着重要的作用，而创新能力对学生以后的发展又是至关重要的。

（四）培养学生坚持不懈、勇往直前的科学品质

在做课外实验时，学生经常会遇到一些问题，有些问题经过分析、思考、尝试等过程能够在短时间内找到原因并探索出解决的方案，使实验顺利地进行下去，有些问题可能经过长时间的思考和多次的尝试都不能得到解决。在这种情况下，教师应鼓励学生不要灰心、泄气，要坚持下去，要相信总会找到解决问题的方案。学生如果通过自己的不懈努力，最终解决问题并得到理想的实验结果，一定会增强其坚持不懈、勇往直前的信心。

三、课外实验在实施中应注意的问题

课外实验虽然是学生独立自主进行的实验，但是教师也要及时掌握其进展情况，了解学生的想法和实验中遇到的困难，并适时地给予学生指导和建议，使学生在实验中得到最大的收获。

（一）注意选题的安全性、科学性、趣味性和可行性

教师在课外实验的选题范围上要仔细斟酌，选择那些科学性和安全性强、趣味性浓的实验，特别是与教学内容紧密相关的实验，这样可以加深学生对所学知识的理解和巩固。同时，教师还要考虑所选实验的可行性，选择那些取材方便、实验过程不太复杂的实验，以免打消学生的积极性。并且，教师应提供多个实验供学生选择，这些实验要有难易程度上的区分，以满足基础不同的学生需求，因材施教。对于学生自主选择的实验，教师也要给予指导性的建议。

（二）实验前要对学生进行安全方面的教育

教师需要特别注意课外实验的安全性。课外实验通常是在没有教师指导的情况下操作的，因此，在学生做课外实验前，教师一定要对学生进行安全方面的教育，对课外实验中可能出现的安全隐患思虑周全，并事先向

学生讲清楚这些隐患可能产生的后果以及如何避免。同时，教师还要对常规性的安全常识加以强调，如防火、防触电等，使"安全第一"成为学生做实验的首要意识。

（三）要及时了解学生的进展情况

课外实验虽然是课堂教学之外的实验，但是教师在布置完任务后也要及时了解学生的进展情况。教师要了解学生在实验中所遇到的各种问题是如何解决的，有哪些问题是暂时不能解决的，并适时地给予鼓励和指导性建议。同时，通过了解学生的进展情况还可以对实验的难易程度和学生的实验操作能力有所了解，做到心中有数。

（四）要给学生提供展示的平台

在学生做完课外实验后，教师要给学生提供展示实验成果的平台，以增强学生的成就感，并且要让每一名学生都有展示的机会。同时，教师还要组织学生对课外实验过程和课外实验结果进行交流和讨论，让学生互相分享心得和体会，特别是解决问题的方法和经验。这样的交流和讨论促进了学生的共同进步，增强了学生对课外实验的信心和热情。

☆ 拓展阅读

微实验和物理微实验

"微"字有轻微、微小的含义，可微实验的含义却是多方面的，既可以指实验规模和实验设备是微型的，又可以指实验操作和实验难度是微型的。通常来说，微实验泛指取材方便、操作简单、现象明显的实验。

中学物理实验体系主要由五种实验组成，即常规物理实验、计算机辅助实验、模拟实验、仿真物理实验和物理微实验。微实验起初是在化学教学中被引入，所谓化学微实验，是用尽量少的试剂去获取所需要的化学信息的一种实验方法与技术。虽然它的化学试剂用量较原来有了极大程度的减少，但是却能得到准确、明显的实验效果且操作起来更加安全、方便，能防止环境污染，达到了事半功倍的效果。物理微实验主要是将化学微实验的理念迁移到物理实验教学中，减小实验的规模，简化原本复杂的实验步骤的同时保证所要得到的实验效果。物理微实验对提高物理课堂教学的高效性、拓展物理实验的资源、改善部分地区物理实验资源匮乏等方面都有着重要的作用。

1. 生活化的物理微实验

物理学是一门自然科学。在物理教学中，实验作为一种重要的资源，占据着重要的地位。《义务教育物理课程标准（2011年版）》指出，使用身边随手可得的物品进行实验，可以拉近物理学与生活的距离，让学生深切感受到科学的真实性，感受到科学与社会、科学与日常生活的关系。初中阶段所接触到的物理知识多与生活联系密切，实验贯穿整个初中阶段的物理教学，因此，选择生活化的物理微实验辅助教学，就显得尤为重要。

生活化的物理微实验是指在物理微实验中加入生活的元素，利用日常生活中学生常见的、熟悉的、亲切的物品进行"短""小"的物理实验，体现"亲民性"，使学生轻易地参与到实验中，人人动手操作。生活化的物理微实验充分体现出"从生活走向物理，从物理走向社会"的理念。

2. 生活化的物理微实验的特点

生活化的物理微实验的特点主要是由生活化的材料来源、独特的内容和形式，以及实验效果优于常规物理实验等因素共同决定。主要可归纳为以下四个方面的特点：

（1）材料来源广泛，贴近生活，亲近感强

一切日常生活中的物品都有着自己特有的物理性质，若加以利用便可以成为实验器材。生活化的物理微实验就是简化了常规物理实验的装置，用身边的日常物品来替代。与实验室中的常规物理实验相比，生活化的物理微实验所用的器材价格低廉，简单易操作，这在一定程度上改变了以往"教师做，学生看"的局面，发挥了学生的主体性，并且让学生深刻体会到物理学与个人、生活、社会的紧密联系。

（2）操作简单，现象明显，体验性强

生活化的物理微实验所用的实验材料一般是生活中低价、常见的物品，实验原理较为简单，实验装置容易制成。教师不必担心学生弄坏实验仪器，这大大缩短了常规物理实验中认识实验器材、熟悉实验操作以及反复强调保护实验仪器的时间，提高了物理教学的效率。学生在实验中的紧张感降低了，把注意力更多地放在实验操作中，亲自体验，充分调动了感知觉，直接获得了经验，有利于物理知识的学习和理解。

（3）一物多用，新奇有趣

日常生活中，许多生活用品（包括废旧用品和材料）已经具备了一定的用途，而生活化的物理微实验可以创造性地赋予这些生活用品新的用途，甚至有时也将人体作为实验器材。利用生活用品做实验，可以最大限度地开拓教师与学生的思维，发挥师生的创造性。正是生活用品一物多用的特点，令学生有出乎意料的新奇体验，感受到物理实验的魅力。

（4）发散思维，体现自创

生活用品经过师生的重新组合与改造后，在被制成微实验仪器的过程中体现出了师生的创造性。生活中的材料丰富，加上每个人的生活环境和想象力不同，同一个实验可以利用多种生活用品来操作，这打破了以往常规物理实验对师生思维的局限性，发挥了师生的创造潜力。

3. 生活化的物理微实验的功能

（1）激发学生的求知欲，提高学习兴趣

初中物理概念多，有些知识较为抽象，学生理解困难，这就需要在教学中以实验为辅助教学手段来帮助学生对复杂、抽象的物理知识进行理解。但现在很多常规物理实验缺乏新意、实验规模较大或仪器体积较大，教师在实际教学中往往不做实验，长此以往这种枯燥的教学形式会导致学生的学习兴趣降低。生活化的物理微实验凭借其直观化、趣味化、形象化的优点，可以极大程度地改变这种课堂状态。实验仪器的生活化，使学生感到熟悉、亲切，拉近了与知识的距离，减弱了做实验的畏难情绪。同时，生活化的物理微实验打破常规物理实验的单一模式，倡导同一实验多种方案，使实验具有开放性，让学生自主设计实验，充分调动了学习积极性。另外，亲自参与实验加强了学生的感官刺激，使学生迫切地想了解实验现象背后的物理知识，激发了学生的求知欲。

（2）提高学生的动手能力，培养学生的观察能力和创新能力

中学物理课堂教学一般以演示实验为主，即教师一人动手，学生观察，这容易导致距离教师近的学生看得清楚，距离教师远的学生看不清楚。然而，生活化的物理微实验达到了学生人人动手参与的目的，拉近了学生的观察距离，使学生的动手能力和观察能力逐渐得到提升，还可以让学生自己设计实验方案、自主探索、大胆创新。

（3）培养学生解决实际问题的能力

由于我们对生活中的许多物品过于熟悉，往往会忽略它们的许多特点。生活化的物理微实验利用生活中的物品进行实验，提倡学生多观察身边的事物，让学生走进生活，发现物理与生活的联系，还可帮助学生养成用所学物理知识解决生活问题的习惯，形成用物理知识解决生活问题的能力。

（4）培养学生的科学情感

情感的获得不能只通过教师的传授来完成，还需要学生自主体验。培养学生科学情感的重点是让学生多接触科学现象，最直接有效的方法就是实验教学。生活化的物理微实验具备"贴近生活、体验性强、一物多用"等特点，可以满足学生求知、求趣、好奇等多种心理需求，可以使学生从"已知"的情境中发现"未知"进而获得"新知"，从"熟悉"的事物中发现"新奇"进而获得"新意"，从"平常"的物品中发现"奇特"进而获得"新用"，使学生能够在良好的心境下开展学习。由此可见，生活化的物理微实验是学生获得科学情感的有效途径。

 思考与讨论

1. 教师在课堂上进行演示实验时，应注意些什么？

2. 请设计一个学生课外实验的内容，体现课外实验选题的趣味性，并且同伴间进行交流、展示。

3. 你认为物理实验在中学物理教学中发挥出了哪些作用？

4. 如何设计生活化的物理微实验？请谈一谈你的看法。

5. 在物理实验的教学中如何培养学生的科学情感？请谈谈你的建议。

第七章　物理教学设计

　　教学设计（Instructional Design）是指教育实践工作者为达成一定的教学目标，对教学活动进行的系统规划、安排与决策。具体说来，教学设计是指教师以现代教学理论为基础，依据教学对象的特点和教师自己的教学观念、经验、风格，运用系统的观点与方法，分析教学中的问题和需要，确定教学目标，设计解决问题的步骤，合理组合和安排各种教学要素，为优化教学效果而制定的系统的计划过程。它包括如何编写目标、如何任务分析、如何选择教学策略与教学媒体、如何参照测试内容编制标准等。

第一节　物理教学设计概述

　　中学物理教学设计就是根据现代教育科学理论的基本观点和主张，依据物理学科的特点、学生的实际情况和教学的目的要求，通过对教学过程中各种相关要素的系统分析，优化教学活动的模式，并形成有序的操作流程，以指导教学工作的实施。

一、物理教学设计理论

教学设计应以现代学习理论、现代教育理论、现代传播理论等为基础，采用系统科学的方法来研究教学过程，综合考虑教学过程中的多种因素，使教学设计不仅仅局限于教学内容的组织和展现，还应站在学生的立场上分析课程标准、分析教材、分析学情，从而使学习内容能够清晰地呈现给学生。教学设计更应加强教学目标的设计、教学方案的设计、教学策略的设计、教学手段的设计、教学流程的设计和教学评价的设计等，形成一个有成效的教学过程，使物理教学真正地成为吸引学生学习的过程。

（一）中国古代的学习理论

古人把学习看成是获取知识、技能和形成德行的过程，如孔子学识论与德行论，认为学习是课内"学"和课外"习"相结合的活动，"学而时习之"是对已学知识技能的温习、练习，以求熟练巩固；学习的本质是"知行统一"，朱熹认为"未知未能而求知求能之谓学，已知已能而行之不已谓之习"，学习是由未知到已知、由知到行、由认识到实践的过程；学习需要智力因素与非智力因素的共同作用，非常强调学习过程中两种因素的作用，如笨鸟先飞、头悬梁锥刺股的故事都启示我们意志坚定是学习的重要条件。

（二）现代学习理论

现代学习理论最具代表性的流派有行为主义学习论、认知主义学习论和人本主义学习论。行为主义学习论又称联结学习理论，以桑代克、巴甫洛夫、斯金纳等人的学说为代表。他们强调环境、刺激的重要性。认知主义学习论源自格式塔式学习论的早期研究和现代认知学习论的研究，其中苛勒的"完形—顿悟"说是格式塔心理学的一种理论。认知结构主义学习论、奥苏伯尔的有意义接受学习理论、皮亚杰的建构主义学习理论、加涅的信息加工学习理论等，他们都强调学习的本质是新、旧知识不断作用的过程，学生的学习不是被动的，而是主动地形成自己的认知结构。人本主义学习论强调情知合一，主要代表人物是马斯洛和罗杰斯，其中的自我实现强调性格上的品质，如大胆、勇敢、自由等。

（三）传播学理论

物理教学过程是物理信息传播的过程，传播就是人们对信息的共享。传播学理论运用于教学设计中，有效地向学生传递物理信息，营造高效的课堂氛围，增强课堂教学的互动性和直观性。在物理教学领域，语言、文字、图片、影像、表情、动作等，都表现为一定的讯号，这些讯号以可视、可听、可感的形式作用于人的感觉系统，经神经系统传递到大脑得到处理并引起反馈。物理学习中视觉、听觉、触觉对信息的吸收最有效，加之嗅觉、味觉等辅助，比如教学中采用演示实验、多媒体教学等加强学生信息接收的有效性。

二、物理教学设计的原则

（一）系统性原则

教学设计是一个由教学对象分析、教学内容分析、教学目标设定、教学策略选择等要素组成的系统。教学设计中各个要素不是孤立的，而是相互依存、相互制约，共同构成一个有机整体。因此，教师在进行教学设计时，应立足于整体，充分考虑各个要素间的关系，注意要素之间的先后顺序，使各要素相互协调、相互促进，做到整体与部分的辩证统一。教学目标的设定要建立在对教学对象和教学内容等深入分析的基础上，教学策略的选择要以更好地实现教学目标为出发点。

（二）针对性原则

教学设计的过程中，教师根据学生特点、教学内容和教学环境等，合理地设定教学目标、确定教学重难点、选择教学策略等。首先，针对学生，教师在进行教学设计时，应该充分考虑学生的知识基础、能力水平、思维特点、兴趣爱好等的差异。其次，针对教学目标，教师应该以教学目标为导向，依据不同层次的教学目标进行教学设计，比如高中物理学科核心素养目标是从物理观念、科学思维、科学探究、科学态度与责任四个方面来描述，一节物理课的教学要努力培育这四个方面的核心素养目标。最后，针对教学内容，教师要根据教学内容的类型，比如新课教学、实验教学、习题教学等，选择合适的教学策略，设计教学流程。

（三）可行性原则

教学设计应该是一个切实可行的方案，可操作、可实施。教师在进行教学设计时，首先要考虑学生的情况，了解学生的知识基础、思维水平、心理特点等。其次还要充分考虑客观条件，包括地区差异、教学资源等因素，设计切实可行的教学设计。

（四）发展性原则

教学设计的发展性指教学设计本身的不断完善。讲课前，教师要不断地对教学设计进行完善，使其更加合理、完备。课堂上，教师根据课堂教学情况及时地对教学设计进行修正与完善，教师可以通过与同行探讨交流、自我反思，批判性地对教学设计进行修改。课后，教师根据课堂教学效果，反思自己的教学设计，如教学目标设定得是否合理，教学媒体选用的时机是否恰当，从而进行教学设计的改进与完善。

（五）创新性原则

教学设计要不拘泥于传统思想、传统设计，在教学方法选择、教学内容编排、教学资源开发等方面实现新的突破。教学设计的创新可以从两个方面来考虑：一是对教学设计本身的创新，包括对教学设计流程、教学设计方法、教学设计的呈现形式等方面的创新。二是教学设计内容方面要有创新，主要体现在演示实验仪器、学生探究实验上的创新等。

三、物理教学设计的内容

物理教学设计的内容主要包括六个方面：教学任务分析、教学对象分析、教学目标设计、教学策略设计、教学媒体选择与设计和教学评价设计。

（一）教学任务分析

对教学任务分析是指对所要学习的内容在物理学知识体系中所处地位的分析，包括透彻地理解该节内容的全部知识，深入了解与本节内容相关的背景材料，能从大学物理的高度看待中学物理教材知识；了解该部分内容在教材中乃至在物理学发展过程中的地位和作用，其中的重点和难点知识，在生活、生产、科学技术、社会中的实际应用，包含的科学方法和能力培养因素，等等。对以上教学任务的分析为教学过程的设计奠定了基础。

（二）教学对象分析

教学设计的核心是学生，学生学习新知识前所具备的知识与技能、所持的学习态度是教学成功与否的重要因素。因此，教学对象分析是教学设计的基础。我们应分析学生在学习新知识前所具备的心理特征，确定学生的初始状态，认识学生认知结构的特点，了解学生的知识准备情况。

（三）教学目标设计

在对教学对象和教学内容进行分析的基础上，教师要对教学目标进行设计。教学目标是预期学生通过学习活动获得的学习结果，并以具体、明确的术语加以表述。在教学活动前，教师可以把教学目标明确地告知学生，使师生双方都明确教学目标，以使教学和学习活动有的放矢。根据教学内容的性质，一般可以把教学目标分为三类：认知教学目标、心理运动教学目标和情感教学目标。它们分别对应三种教学任务：认知学习、运动技能学习和态度学习。

一般认为，一个完整、具体、明确的中学物理教学目标应包括 4 个部分：

（1）教学对象，物理教学目标是针对哪一类学生的；

（2）学生行为，用可观测到的术语来说明学生的行为；

（3）确定学生行为的条件；

（4）程度，学生达到中学物理教学目标的最低衡量依据。

从上述四个方面表述教学目标的方法称为"ABCD"法。例如：

在学习弹力概念后，每个学生 能够领会这个概念，鉴别出某力是否为弹力。

   条件   对象   程度   行为

以上就是表述一个中学物理教学目标的样例。对教学目标的陈述可以参照表 7-1 课程标准中部分行为动词的界定。

<h3 align="center">表 7－1　课程标准中部分行为动词的界定</h3>

类型		水平	各水平的含义	所用的行为动词
知识技能目标动词	知识	了解	再认或回忆知识；识别、辨认事实或证据；举出例子；描述对象的基本特征。	了解、知道、描述、说出、举例说明、列举、表述、识别、比较、简述、对比。
		认识	位于"了解"与"理解"之间。	认识。
		理解	把握内在逻辑联系；与已有知识建立联系；进行解释、推断、区分、扩展；提供证据；收集、整理信息等。	阐述、解释、估计、理解、计算、说明、判断、分析、区分。
	技能	应用	在新的情境中使用抽象的概念、原则；进行总结、推广；建立不同情境下的合理联系等。	评估、使用、验证、运用、掌握。
		独立操作	独立完成操作；进行调整或改进；尝试与已有技能建立联系等。	测量、测定、操作、会、能、制作、设计。
体验性要求的目标动词		经历	从事相关活动，建立感性认识等。	观察、收集、调查、交流、讨论、阅读、尝试、实验、学习、探究、预测、考虑、经历、体验、参加、参观、查阅。
		反应	在经历基础上表达感受、态度和价值判断；作出相应反应等。	体会、关注、注意、关心、乐于、敢于、勇于、发展、保持。
		领悟	具有稳定态度、一致行为和个性化的价值观念等。	形成、养成、具有、领略、体会、思考。

（四）教学策略设计

物理教学策略是指在物理教学目标确定后，根据已定的物理教学任务和学生的认知特征、情感特征以及动作特征，有针对性地选择与整合相关的物理教学活动、教学方法以及教学组织形式，并计划和安排好教学时间，形成有效的实际教学方案。物理教学策略设计有效地解决了教师"如何教"和学生"如何学"的问题，是物理教学设计中非常重要的环节，具体包括：教学活动的安排、教学方法的选用、教学组织形式的选择和教学时间的安排四个方面。

（五）教学媒体选择与设计

教学媒体在物理教学中尤为重要，不可或缺。例如，教师可以巧妙利用教学媒体创设鲜明生动、直观形象、具有启发性的教学情境，以激发学生学习物理的兴趣，加深学生对物理知识的理解；也可以利用教学媒体模拟学生在课堂上无法直接观察到的实验现象或生活现象，以突破教学难点；还可以利用教学媒体呈现信息量较多的教学内容，以提高教学效率等。教师应该根据教学内容的需要、学生的特征、教学目标的要求、教学策略的安排等合理选择教学媒体，使其有效辅助物理教学。教学媒体有许多种类，每种教学媒体各有所长，各有所短，没有一种教学媒体能适用所有教学情境，我们应遵循"经济有效"的原则来选择教学媒体。

不仅要选择教学媒体，还要设计教学媒体。教学媒体的设计是根据教学的实际需要和具体要求，把教学内容与方法转换成由多媒体手段展现的，同时运用视听等方式的一种教学模式。充分利用多媒体的模拟、重复再现、改变时空、加快信息反馈等作用把教学内容展示给学生，可以使学生用最少的时间、投入最少的精力、用最简捷的方式获得最好的学习效果。

（六）教学评价设计

教学评价设计是教学设计的最后阶段，也是教学设计全过程中的一项重要内容，它解决了中学物理教师教得怎样、学生学得如何的问题。物理教学评价是根据一定的标准或指标体系，运用各种有效的方法和手段收集有关的信息，对教学活动以及教师教得怎样、学生学得怎样的问题进行价值判断的过程。

教学评价首先要选择被评价对象，通过课堂提问、讨论、练习、作业、各种测验和观察、访谈等方式收集所需要的资料，然后根据制定出的教学评价标准，采用分析、归纳和综合等手段或数学统计的方法整理和解释收集到的资料，最后形成一份教学评价报告，作为对整个教学设计的判断和反馈。之后，设计者再根据反馈信息修正和完善教学设计。

四、物理教学设计的方法

针对不同类型的知识特点，物理教学设计的具体方法和步骤会有所不同，但教学设计的总体思路都是通过教学活动使学生的学习达到特定的要求；为了达到预期的教学目标，计划如何组织、引导学生开展这种学习活动；在指导学生进行这种学习活动时，打算如何随时获取反馈信息，以便及时改进教学。具体来说，可以从明确目标、把握内容、制定策略与方法等方面权衡利弊，即从教什么、为什么教、怎样教、教得怎样等方面入手，形成各层次的教学系统。基本步骤如下：

（一）确定教学目标

物理课程标准对物理课程的培养目标、课程基本理念、课程目标、内容标准及实施建议做了详细的介绍。教师在分析教材之前需要熟读并理解物理课程标准的内容，明确中学物理课程在整个中学物理教育中的地位和作用，还要知道本节课的教学目标，能从物理观念、科学思维、科学探究、科学态度与责任的核心素养方面确定本节课的教学目标。

（二）分析学生学习起点

根据教学内容、教学目标和学生原有基础确定教学的起点。分析学生学习的心理特点，有利于发现学生学习时易犯的错误，分析难点知识的成因，找出突破的方法。教师只有了解学生物理学习的心理特点和思维障碍，弄清楚学生学习的目的、方法和兴趣爱好等，才能有针对性地分析教材，选择适当的教学方法。

（三）确定重点和难点

依据教学目标确定本节课的重点和难点，并清楚一个知识点成为重点或难点的依据。

（四）选择教学策略

选择最佳的教学策略是优化教学的必要条件。教学策略的选择要立足学生的实际，符合学生的认知心理规律，注重理论与实践的结合，充分发挥学生的主动性和创造性。

（五）选择教学方法和媒体

教学策略是通过教学方法和媒体来落实的，教学方法和媒体的正确选择是教学得以顺利进行的重要保证。教学方法和媒体的选择要充分利用学校的现有条件和周边的有利环境，有效发挥教师的特长，注重教学方法的优化组合。

（六）设计教学过程

教学策略、教学方法和媒体确定之后，就要对具体的教学过程进行设计。我们应当用系统科学方法指导教学过程的设计，合理地安排教学过程的结构，使教学过程的各个环节协调紧凑，让教学系统的整体功能得到最大限度的发挥。

（七）进行教学评价

对教学方案的可行性以及实施后的效果做出客观的、实事求是的价值判断，是教学设计的归宿。通过教学评价，能知道获得的教学效果，使教学设计更为完善，更有实施价值。

五、物理教学设计的依据

物理教学设计要依据物理教学理论、物理课程标准的要求、物理教材的特点、学生的情况以及教师的情况等对物理教学内容、教学方法、教学策略和教学评价等环节进行具体计划，并形成有序的操作流程，以指导教学的实施。

（一）物理教学理论

物理教学设计要以一定的理论为基础设计物理教学过程，有效地提高教学设计的科学性、可行性。物理教学设计不仅需要相关的教育教学理论，还需要教师掌握相关的心理学理论、传播学理论等。

（二）物理课程标准

物理课程标准是教学设计的主要依据之一。物理课程标准中的课程性质、课程理念、课程目标等都影响着物理教学设计的价值取向。课程标准中的内容要求、学业质量、实施建议等都对教学设计有很大的参考价值。

（三）物理教材

中学物理教材是中学物理教学的主要依据，对教学过程的安排起着知识载体、教学指导的作用。物理教师必须深入理解教材内容、教材结构和教学重点等，通过教材分析合理地进行教学设计。

（四）学生情况

物理教学要促进学生发展，突出学生的主体地位，教学设计要对学习者的认知特征、心理特征、学习准备状态、学习风格等进行分析，按照学生的认知规律明确教学的难点和关键处等。

（五）教师情况

物理教师是教学的引导者、组织者和设计者，教师的教学能力、实验能力、教学风格、语言习惯、教学经验都会影响教学设计。因此，教师在教学中要不断地学习，弥补自身不足。

（六）教学资源

物理教学资源对达成物理教学目标，顺利地进行物理课程的设计、实施和评价等活动都有着重要的促进作用。不同学校的学生基础、教师教学风格、现有物质条件、教学实际需求等方面都存在差异，这就需要教师在调整、优化和改造现有教学资源的基础上进行教学设计。

六、教案与教学设计

（一）教案的定义

《教育大词典》中对教案的定义："课时计划亦称教案。教师备课过程中以课时或课题为单位设计的教学方案。"《辞海》中关于"教案"的论述："教师以课时或课题为单位编制的教学具体方案。教案是上课的重要依据，保证教学质量的必要措施，是教师精心设计教学过程的文字表现形式。教案可分为课题计划或课时计划，有时仅指课时计划，一般包括班级、学科名称、课时的教学目标、课的类型、课的进程（包括教学内容、教学方法、时间分配、作业题、师生活动设计）、教具等。"

我们给出的教案定义是教师为顺利而有效地开展教学活动，根据课程标准、教材要求及学生实际情况，以课时或课题为单位，对教学进行的具体设计和安排的一种实用性教学文书。教案关注的是教什么、怎么教、学什么，核心是教学程序安排。

（二）教案与教学设计的区别与联系

教案一般包括教学目的、教学重点、教学难点、教学方法、教学工具、教学时间、教学内容和步骤（教学进程）以及教学后记等元素，其中就包含了组织教学、复习、新授、练习巩固、布置作业等五个大致教学环节。教学设计包括教材分析、教学目标的制定、有关学习者的分析、教学内容的分析与组织、教学策略与媒体的运用、教学的评价等构成元素。对学习者分析是被传统的教案所忽略、而教学设计不可少的元素，因为"任何教学设计理论的基本前提都是为学习者的学习而设计教学""教学设计的生命力在于'学习者中心'"，这是现代教学设计所具有的最本质、也是最显著的特征。

教案是教师把某一课题或课时作为研究对象而编写的，它的研究范围集中、具体。而教学设计考虑各种教学因素作为它的研究对象，可以大到一个学科、一门课程，也可以小到一堂课或一个问题的解决。

教案以"课堂、教师、教材"为中心的传统教学理念，其核心目的是帮助教师把握好教学内容并把课讲好，突出教师的主导地位。教学设计以人为本、不仅重视教师的教，更重视学生的学，对学习者的特征进行分析，还要合理地利用各种教学资源。

传统教案用"教学目的"强调教学行为的意图，它规定了教学任务的上限，教学中不得超纲、偏纲，即要"以纲为纲，以本为本"。教学设计中的"教学目标"侧重于教学努力的方向，是根据课程标准灵活制定的，只是设定了教学任务的下限，教师和学生都有较大的创造发挥余地。

传统教案强调预设的步骤，教师对课堂教学的精心准备和周密安排，会带来僵化的弊端，不利于教学过程中的灵活创新。教学设计则淡化了传统教案的程式性和繁琐性，它往往只是一个教学构想，不要求整齐划一，充分地体现出教师教学的创造性和学生学习的自主性。

传统教案有"教学后记"和"教学评价"。教学后记主要是看学生对知识、技能的掌握程度。教学设计的教学评价注重形成性评价，旨在及时诊断和调整师生双方的"教"和"学"，以完成教学目标。

教案是教师站在自身立场编写的，供教师使用，关注教什么、怎么教的教学方案，注重考虑教师的教学思路和教学方法，对学生学习活动设计和学习方法指导考虑得不多。教学设计不仅重视教师的教，更重视学生的学，怎样使学生学得更好，达到更好的教学效果是教学设计的指导思想，因此，对学习者进行分析是教学设计不可缺少的步骤。

教案和教学设计二者既有相同点又有明显区别。我们也完全有理由相信，拥有现代教学设计思想的教案会有着更加令人满意的教学效果。

第二节　物理概念课教学设计

一、中学物理概念课教学设计的总体框架

物理概念作为中学物理最为重要的教学内容之一，它的教学一般可划分为概念的引入、概念的形成和概念的巩固深化三个阶段。如果教师忽略某些教学环节，就会使学生对物理概念的认识产生偏差。例如，有的教师只重视物理概念的应用，不重视物理概念的获得过程，课堂上一味地进行解题训练，这样的教学往往导致学生不能真正地理解物理概念的内涵。因此，对物理概念课的教学需要进行整体设计，如表7-2所示。

表 7－2　中学物理概念课教学设计的总体框架

	步骤	教学手段与策略说明
1	为什么要引入这个物理概念？ 如何引入这个物理概念？	创设情境，引入物理概念。
2	这个物理概念是怎样表述的？ 它有定义式吗？	理解关键字，把握内涵，运用下定义的方法。（如比值定义法、乘积定义法等）
3	这个物理概念和以前的物理概念容易混淆吗？	列表比较
4	这个物理概念有何应用？	把握物理概念的外延，并进行理论联系实际的教学。
对物理量而言 5	这个物理概念是哪种类型的物理量？	判断： （1）它是基本量还是导出量？ （2）它是矢量还是标量？ （3）它是过程量还是状态量？ （4）它是常量还是变量？
6	这个物理量的单位是什么？ 从单位能看出它的物理意义吗？	（1）注意物理符号的规范书写。 （2）注意国际单位制与常用单位的换算。
7	求解这个物理量有哪些方法或途径？	组织学生从不同角度归纳与总结
8	如何测定这个物理量？ 是直接测量还是间接测量？ 有几种测量方法？	进行实验课题研究
9	这个物理量和其他的物理量有何关系？	课堂延伸

按照物理概念课的教学设计思路，我们以初中物理"浮力"的教学为例加以说明。

二、教学设计案例

（一）教学案例：浮力（义务教育教科书人教版物理八年级下册第十章第一节）

1. 教材分析

本节课的内容主要包括"什么是浮力""浮力的产生原因是什么"，是在综合应用液体的压强、压力和二力平衡等基础知识的基础上展开的。本节课的知识内容处于承前启后的关键地位，既综合应用了前面所学知识，又为后面学习"阿基米德原理""浮力的应用"奠定了基础。

2. 学情分析

本节课的教学对象为八年级学生，他们具有好奇、好动、好强的心理特点，浮力现象是学生在生活中比较熟悉的，也是他们感兴趣的现象；学生在知识储备上已经学习了重力、二力平衡、压强等方面的知识，思维方式主要以形象思维为主。为此，教师在教学中应积极引导学生运用已掌握的知识，通过理论分析和推理判断来获得新知识，进而发展学生的抽象思维能力。

3. 教学目标

物理观念：（1）通过实验认识到浮力现象；（2）深入理解浮力产生的原因；（3）认识浮力的方向，学会测量浮力大小的简单方法。

科学思维：（1）通过实验了解浮力产生的原因，学会用"压力差法"判断浮力的存在；（2）培养学生观察能力及分析归纳物理知识的能力。

科学探究：感受物理现象，亲身探究，认识浮力的存在和浮力产生的原因。

科学态度与责任：（1）培养学生乐于探索生活中物理知识的兴趣；（2）培养学生实事求是、尊重事实的科学素养。

4. 重点与难点

浮力产生的原因既是教学的重点又是教学的难点。

5. 教法与学法

教学方法：实验探究法、演示法、讨论法。

学习方法：合作学习、实验探究、归纳总结。

6. 教学过程：见表7-3。

155

表 7-3 "浮力"教学过程

教学流程	教师活动	学生活动	设计意图
创设情境 引入新知	**一、创设情境** 放映图片（图7-1、图7-2），让学生了解与浮力有关的生活现象，并提出问题：为什么它们会浮在水面上？ 图7-1 图7-2 引导学生思考游泳时有什么感觉，是否能感受到水对身体有向上的托力？ 再将空塑料瓶放入水中，用手向下按，有什么感觉？ 学生进行实验，感受"浮力"的存在。	学生结合生活中的现象，思考问题。 学生将塑料瓶放入水中，发现其浮在水面，用手按一按塑料瓶，塑料瓶会沉下去，但松手之后又浮上来。	从学生日常生活中举例，激发学生求知欲，让学生感受到浮力的存在，进而调动学生的学习兴趣。
	二、引出浮力概念 学生体会往水中按塑料瓶的感受，思考为什么塑料瓶会浮在水面上。 教师提醒学生对塑料瓶进行受力分析。 肯定学生的猜想，指出这就是我们所说的"浮力"，让学生为浮力下定义。	学生对塑料瓶进行受力分析，进而猜想塑料瓶可能受到一个竖直向上的力。	让学生初步意识到浮力的存在，锻炼学生的抽象思维能力。

156

教学流程	教师活动	学生活动	设计意图
师生互动探索新知	三、探究浮力方向 　　教师对浮力的概念进行完善，并利用一个小实验验证浮力的方向是竖直向上的（图7—3、7—4）。 图7—3 图7—4 四、探究浮力产生的原因 　　提出问题：浮力产生的原因是什么？ 　　演示实验：设置疑问、激发学生的好奇心 　　将去掉瓶盖和瓶底的透明塑料瓶倒放在手中，让学生猜想如果向瓶中倒水会有什么现象发生（图7—5）。 图7—5 　　实验1：向瓶中倒水，发现有水漏出，但是乒乓球没有浮起来。 　　实验2：用手堵住瓶口，乒乓球浮了起来，学生思考原因。	学生思考讨论浮力的特点，得出浮力的概念。 　　学生进行以下实验，继续改变瓶身方向，进一步体会浮力的方向是竖直向上的。 　　学生思考并给出猜想。 　　学生先看到水漏出，之后看到乒乓球浮了起来。 　　学生感到十分好奇，猜测是浮力作用。	锻炼学生的概括总结能力，通过实验让学生认识浮力的方向。 　　吸引学生注意力，引发学生思考。

（续表）

教学流程	教师活动	学生活动	设计意图
演示实验 设置疑问	让学生带着疑问继续观察另一个实验（图7-6）。先向学生介绍实验教具，即一个上下左右四个面分别蒙上橡皮膜的正方体，然后让学生猜想如果将这个正方体压入水中会有什么现象。 图7-6 　　将正方体压入水中，让学生说出观察到的现象，并尝试解释原因。 　　解释现象：让学生了解浮力产生的原因（重点、难点）； 　　提醒学生用学过的知识点来解释正方体实验中出现的现象（图7-7）。	学生观察到橡皮膜凹陷程度。 　　学生回忆有关压强的知识，猜想薄膜的凹陷程度不同可能与液体压强有关。	吸引学生注意力，引发学生思考。 培养学生观察能力。 培养学生用理论分析问题的能力。
回顾旧知 解决难点	 图7-7 　　教师肯定学生的猜想，引导学生分析正方体的受力情况。这个压力差就是我们所说的浮力，教师让学生思考浮力产生的原因是什么。 **五、解释乒乓球实验** 　　回想乒乓球实验，让学生解释乒乓球实验中所出现的现象，为什么实验1中的乒乓球没有浮起来，后面的乒乓球却浮了起来？	学生分析正方体左右两侧薄膜受到水的压力情况。 　　学生认真思考并得出浮力产生的原因，即液体对物体有向上和向下的压力差。	增强学生的学习兴趣，培养学生抽象思维能力。 解释实验现象，加深学生对浮力产生原因的深入理解。

设计说明	本节课通过设置教学问题情境，激发学生物理学习的兴趣，引导学生亲身探究浮力的存在，进而得出浮力的概念。在解决浮力产生的原因这个难点上，用乒乓球做的探究实验激发学生的好奇心，再用正方体演示实验让学生直观地感受到浮力产生的原因，培养了学生理论分析与推理论证的能力。

（二）教学案例 2：温度（义务教育教科书人教版物理八年级上册第三章第一节）

1. **教材分析**

温度是学生学习物态变化的知识基础，是将生活中所能感受到的温度与物态变化相联系的桥梁和纽带。

2. **学情分析**

初中学生好奇心强，喜欢动手实践；学生抽象思维能力不足，需教师的提示和引导；学生生活中见过温度计，对摄氏温度有简单的感性认识。

3. **教学目标**

物理观念：（1）理解温度的概念；（2）了解生活环境中常见的温度值；（3）会用温度计测量温度。

科学思维：通过观察，描述温度计的构造、量程、最小刻度值和单位，培养学生的观察能力和用语言表达物理知识的能力。

科学探究：通过测液体温度的探究实验，学会正确使用温度计测量液体的温度，培养学生实验探究能力。

科学态度与责任：（1）在观察实验的过程中，培养学生的学习兴趣与交流意识；（2）与生活实际相关联，提高学生知识应用能力。

4. **重点与难点**

教学重点是摄氏温度的规定及有关计算；教学难点是学会如何使用实验室温度计测量液体的温度。

5. **教法与学法**

教师讲授和以实验为主的探究式教学法；学生以探究式学习为主，通过观察、讨论，归纳总结出物理知识。

6. **教学过程**：见表 7-4。

表7—4　"温度"教学过程

教学流程	教师活动	学生活动	设计意图
创设情境，激发兴趣	教师展示图片（图7—8、图7—9），让学生描述两个小孩的感受，引导学生总结出温度的物理意义。图7—8图7—9	观察图片，踊跃参与，并总结温度是表示物体冷热程度的物理量。	利用有趣的卡通图片引入温度的概念，激发学生的学习兴趣。
自制教具，揭示原理	**一、温度计**　　教师提问：同学们今天的气温怎么样？　　教师总结：凭感觉确定温度不够准确，引出测量工具——温度计。　　教师展示自制温度计（图7—10），提问：这里有一只小瓶，能用这只小瓶分辨出桌面上的两杯水哪杯水的温度高、哪杯水的温度低吗？图7—10　　教师继续提问：要想测出具体温度，该如何改进？　　教师介绍真实温度计，展示实验室用的温度计、体温计、寒暑表，介绍温度计的结构。	学生各抒己见，回答问题。学生观察并得出结论：这只小瓶利用了液体热胀冷缩的性质。学生讨论后回答：需要刻上刻度，并且缩小玻璃泡。	利用自制简易温度计更加直观形象地展示温度计的结构，得出液体的热胀冷缩的性质，为接下来探究温度计奠定基础。

教学流程	教师活动	学生活动	设计意图
结合生活，学习新知	**二、摄氏温度** 1. 提问：温度计的单位是什么？大家在哪里见过？ 2. 教师展示天气预报的图片（图7—11），引导学生回忆摄氏温度。 图7—11 3. 常用表示温度的方法——摄氏温度。 温度计上有一个字母℃，它表示摄氏温度。摄氏温度：在一个标准大气压下，规定冰水混合物的温度为0摄氏度，沸水温度为100摄氏度。0摄氏度和100摄氏度之间分成100等份，每一等份叫作1摄氏度，写作1℃。例如，人体正常温度大约为37℃，读作37摄氏度。 4. 我是小小播报员 采用播报天气的方式，让学生练习摄氏温度的读数。例如：今天的气温是"18℃"读作"18摄氏度"；北京一月份平均气温是"—4.7℃"，读作"零下4.7摄氏度"或"负4.7摄氏度"。 **三、温度计的使用** 1. 学生阅读教材49页，小组讨论温度计的使用方法（图7—12）。 师生共同总结： 一看：温度计的量程、分度值、零刻度。 教师提问：温度计的量程是多少？分度值是多少？ 教师提问：如果要测量温度，是不是随便拿一个温度计都可以？如果我要测量150摄氏度左右的物体能不能用这个温度计？引出测量前需要选择合适的温度计。 二选：根据所测物体选择合适量程的温度计。若被测物体温度太低，无法读数；太高，会胀破温度计。	观察思考 聆听、记忆 练习 阅读讨论	利用贴近生活的情景，促进学生对知识的迁移，学习摄氏温度。 新颖有趣的方式，让学生愿意参与到课堂活动中。 培养学生自主学习和合作交流总结能力。

（续表）

教学流程	教师活动	学生活动	设计意图
学会总结，理解新知	 图7—12 三测： ①将温度计的玻璃泡全部浸入到被测液体中，不要碰到容器底或容器壁。 ②温度计的玻璃泡浸入被测物体后要稍候一会，待温度计的示数稳定后再读数。 ③读数时温度计的玻璃泡要继续留在液体中，视线要与温度计中液柱的上表面相平。 2. 想想议议：测量液体温度时，下面的哪些做法是正确的？错误的做法错在哪里？讨论一下，使用温度计时还可能发生什么错误？ 3. 指导学生实验：用温度计测量冷水、温水和热水的温度。 教师强调：温度计有正值有负值，零刻度以上越往上数值越大；零刻度以下，越往下数值越大，不要忘记加负号。记录温度数据要带单位。 **四、体温计** 1. 阅读教材第50页，了解体温计。 2. 思考讨论： ①体温计是用什么液体的什么性质来测量温度的？是利用水银热胀冷缩的性质来测量温度的。 ②它的刻度范围是从多少度到多少度？刻度范围为什么是这样？刻度范围是从 35 ℃ 到 42 ℃，人体体温在此范围。 ③它的最小一格表示多少度？最小一格表示 0.1 ℃。 ④测体温时，为什么要把体温计夹在腋下近 10 分钟？因为只有时间足够长，才能使体温计中水银的温度跟人体温度相等。	学生朗读、记忆、判断。 学生进行实验、读数和做好记录。 阅读讨论 记忆	让学生体会到学有所用的乐趣。

162

（续表）

教学流程	教师活动	学生活动	设计意图
课堂练习， 巩固新知	⑤测体温前，为什么要拿着体温计用力向下甩？因为体温计的玻璃泡上方有一段很细的缩口，水银收缩时，水银从缩口处断开，管内水银面不能下降，指示的仍然是上次测量的温度，所以再测量时必须向下甩。 ⑥体温计与实验室温度计构造上有不同，使用方法上也有不同，每次使用体温计之前，都要甩动，别的温度计不允许甩动。 **五、拓展应用** 教师介绍多种类型的温度计，如：电子体温计、红外线体温计等。 **六、小结** **七、课堂练习与课堂检测** **八、课后思考** 温度对我们的生活有什么影响？什么是温室效应？我们应该如何做？（查阅资料）	观察、了解 学生总结： 1. 温度：物体的冷热程度用温度表示。 2. 温度计的原理：液体热胀冷缩的规律。 3. 温度计的使用：（1）温度计的玻璃泡全部浸入被测的液体中，不要碰到容器底或容器壁。 （2）温度计玻璃泡浸入被测液体后要稍候一会儿，等温度计的示数稳定后再读数。 （3）读数时温度计的玻璃泡要继续留在液体中，视线要与温度计中液柱的上表面相平。 4. 体温计构造特点：有一段细管。 5. 使用前要用力往下甩动。	拓宽学生的知识面。 提高学生总结知识的能力。 物理与生活紧密相连，增强学生环境保护意识。
设计说明	本节内容从初中学生学习的心理特点考虑，将物理与生活相结合，通过小卡通图片引入，用有趣的物理小实验贯穿其中，吸引学生的注意，同时讲解与练习相结合，使得课堂教学在一个轻松的氛围中进行。		

第三节　物理规律课教学设计

物理规律课教学设计需要对提出问题、探索规律、讨论规律和运用规律四个阶段进行精心设计，才能切实有效地促进学生对物理规律的掌握。为了促进学生对物理规律的全面掌握与深刻理解，还应该培养和发展基本的科学探究能力、科学精神与科学素养。在物理规律课教学设计中，应该注意以下几个方面的基本问题。

一、物理规律是构成物理学科体系的核心要素

在高中物理教学中，学生的物理学科核心素养主要是在观察、实验、探究、分析物理现象，理解、运用物理概念和物理规律的过程中逐渐培养起来的。普通高中物理课程标准中提出"注重体现物理学科本质，培养学生物理核心素养"的课程理念，因此，在高中物理教学中应注重对学生物理观念、科学思维、科学探究、科学态度与责任四个方面的培养。为了培养学生的物理学科核心素养，全面贯彻落实"立德树人"的根本任务，物理教学应以物理知识的学习为手段，通过系统的教学设计使物理学科核心素养目标在教学中得到实现。

（一）体现科学探究的视角

在高中物理规律课教学中，教师可以采用科学探究的方式引导学生自主发现问题，探索解决问题的方案，分析归纳得出结论。科学探究的教学方式可以帮助学生更好地理解科学的本质，理解科学知识，学习科学探究方法，经历科学探究过程，对于学生科学探究能力的培养更具有重要的作用。为此，高中物理规律课的教学设计中要体现科学探究的思想。

（二）寓科学方法于物理规律教学设计中

科学方法是组成物理学的基本因素，任何物理知识的得出都离不开物理科学方法的运用。物理学的历史已经充分说明，每一个物理规律的总结都是各种物理科学方法综合运用的结果。在物理教学设计过程中，以教材中的知识发展过程和知识发展过程所蕴含的科学方法为基础，按照知识的发展过程及其所运用的科学方法的线索，使知识和方法在教学中得以体现。例如，"牛顿第一定律"的教学就综合了多种科学方法：让小球从同一斜面的同一高度静止滚下——控制变量法；让小球在不同程度的粗糙平面上滚动，比较通过路程的长短——比较法；平面越光滑，运动距离越大，如果无摩擦，小球将永远匀速运动下去——合理外推法；平面无摩擦——理想

化方法。

（三）结合物理学发展史介绍科学方法

从物理学的发展史中可以看到，物理科学方法远比物理学知识更具有稳定性和普遍实用性。开普勒坚信宇宙是简单的、和谐的、美观的、对称的，而且能用数学语言描述出来；伽利略创立了科学实验、抽象思维与数学方法相结合的经典物理研究方法；笛卡儿创立了以数学为基础，以演绎法为核心的方法论思想；牛顿坚持以实验为基础，以归纳法为核心的方法论思想；法拉第在他的巨著《电学的实验研究》中叙述其成功经验和失败教训时，运用了方法论；爱因斯坦的方法论更具深刻、精深的特点，他所创立的相对论集中体现了他的智慧与方法。可见，物理科学方法是物理学家在物理学创立和发展的过程中，付出艰辛的努力探索出来的。学习和继承这些物理方法比掌握物理学知识更具有普遍实用性。因此，在物理规律教学中要特别注重这一环节。

二、教学案例

"牛顿第一定律"教学设计

（一）教学目标设计

1. 物理观念

（1）了解牛顿第一定律建立的物理学史，通过对伽利略理想实验的介绍，初步建立力和运动关系的物理观念；

（2）理解牛顿第一定律的内容及其意义；

（3）进一步理解惯性的概念，知道质量是惯性大小的唯一量度，会解释生活中有关的惯性现象。

2. 科学思维与科学探究

（1）学生观看图片和视频，参与实验探究，培养学生的动手能力、分析能力；

（2）伽利略理想实验中的逻辑推理与实验相结合，让学生体会到科学家研究问题中的逻辑推理过程以及养成对观点和结论的质疑与批判精神；

（3）通过对生活中惯性现象的解释，培养学生运用物理知识解决实际问题的能力，让学生感受到"物理来源于生活，从生活走向物理，从物理走向社会"的理念。

3．科学态度与责任

（1）回顾物理学史，使学生感受到人类认识事物本质的曲折历程，培养学生严谨的科学态度；

（2）通过对伽利略关于力和运动关系探究过程的了解，树立学生不迷信权威，敢于坚持真理，大胆质疑、实事求是的科学态度。

（二）教学起点设计

1．教材分析

"牛顿第一定律"选自人教版高中物理（2019年6月第1版）必修第一册第四章"运动和力的关系"第一节的内容。本节既是本章的重点，也是整个力学的重点。本节内容将前两章运动学知识和第三章力学知识有机地结合起来，同时为后续牛顿运动定律的学习奠定基础，起着承上启下的作用。牛顿运动定律是运动学的核心，是经典力学中的基本定律，它揭示了运动和力的关系，否定了长达两千多年来的亚里士多德关于运动和力的认识，被称为力学的第一原理。

本节内容是对初中牛顿第一定律内容的进一步深化，与初中学习内容相比，主要有四个方面的不同：

一是牛顿第一定律内容表述不同：初中表述为"物体在不受外力时，物体保持静止或匀速直线运动状态"。高中表述为"一切物体总保持匀速直线运动状态或静止状态，除非作用在它上面的力迫使它改变运动状态"。高中的牛顿第一定律的表述更具丰富的内涵，强调力是改变物体运动状态的原因，突出了牛顿第一定律的独立性和重要意义，也为牛顿第二定律中力和运动的定量研究做铺垫。

二是对惯性的认识不同：初中强调惯性的特点，高中侧重惯性大小的量度，即惯性与质量的关系。

三是实验的设计、探究不同：初中为斜面小车实验，高中为伽利略理想实验，突出体现理想化实验的物理学研究方法。

四是情感、态度、价值观的体现不同：初中对牛顿第一定律建立的历史过程描述少，高中教材比较全面地回顾了历史，让学生体会到一个规律的建立是科学家们不断探索的结果，激发学生探索科学、坚持真理、勇于创新的情怀。

2. 学情分析

高一学生已经具备了一定的逻辑推理和逻辑思维的能力，同时已经学习了运动学的知识和有关相互作用力的知识，并且学生在初中阶段对牛顿第一定律的内容有了大致的了解。

高一学生学习积极性高，好奇心强，有参与活动的意识，对物理实验和媒体中所展示的各种现象具有浓厚的兴趣，有探究其本质的欲望。教师在教学过程中可以通过生动直观的物理实验、新颖有趣的短视频等来调动学生的学习兴趣。

（三）教学重点和难点设计

1. 教学重点

理解牛顿第一定律、理解惯性。

依据：通过科学探究和实验论证使学生认识力和运动的关系，初步建立运动与力的物理观念；通过对牛顿第一定律的学习，进一步加深对惯性概念的理解。

2. 教学难点

理解力和运动的关系、伽利略理想实验。

依据：伽利略理想实验是理想化的模型，运用了逻辑推理与实验相结合的科学思维方法。理想实验和理想化的研究方法比较抽象，学生理解比较困难，是教学的难点。

（四）教学内容设计

1. 新课导入

教师让每组同学将课前分发好的实验器材摆放在桌面上，支座上连接簧片，将小球放在支架的金属片上（如图 7-13），拨动簧片，击打金属片，观察现象。

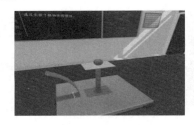

图 7-13　惯性演示图

学生观察到金属片弹出，而小球并没有随金属片飞出。教师提问：产生这种现象的原因是什么？

［设计意图］借助有趣的小实验，引起学生学习的欲望和好奇心，为惯性的学习打下伏笔。

2．新课教学

（1）情景设问，经验猜想

教师利用多媒体向学生呈现两个常见的生活现象（如图 7-14、图 7-15）：人在平地上用力骑自行车，自行车就运动了，不踩踏板车也会前进一段距离，但因为没有继续用力，自行车最终还是会停下来；人推秋千，秋千开始自由摆动，过了一段时间后，秋千停下来。教师提问：为什么会出现这样的现象？力和运动是什么关系？

［设计意图］通过观察分析生活事例，增强教学内容趣味性和启发性，激发学生学习兴趣，将学生思维引导到所要探究的问题上。

通过上面的事例和生活中的现象，可以得出：力推物动，力撤物停。亚里士多德也注意到了这一实验现象，并根据这些生活中的经验提出：力是维持物体运动的原因。

图 7-14　骑自行车　　　　　图 7-15　荡秋千

教师介绍亚里士多德。亚里士多德一生勤奋治学，从事的学术研究有逻辑学、修辞学、物理学、生物学、教育学、心理学、政治学、经济学、美学等，写下了大量的著作，他的著名作品有古代的《百科全书》，据说有四百到一千部，主要有《工具论》《形而上学》《物理学》《伦理学》《政治学》《诗学》等。他的思想对人类产生了深远的影响。他创立了形式逻辑学，丰富和发展了哲学的各个分支学科，对科学做出了巨大的贡献，是一位百科全书式的科学家。通过上述介绍，学生可以知道亚里士多德是一个博学的人、有权威的人。

教师进一步引导：亚里士多德提出了力是维持物体运动的原因，他的观点和我们大多数人对运动的日常感觉都是一致的，一直被人们所接受，这一观点统治了人们很多年，直到另一个科学家的出现——伽利略。

（2）质疑假设，实验探究

教师利用多媒体向学生展示冰壶运动（如图7－16），让学生同时思考以下两个问题：手释放冰壶后，冰壶是否继续运动？运动员擦冰的作用是什么？

图7－16　冰壶运动

学生讨论后回答：手释放冰壶后，冰壶继续运动；运动员擦冰的作用是减小冰壶和冰面间的摩擦。

教师总结：通过观看冰壶的运动会发现，摩擦是不能被忽视的，而亚里士多德正是忽视了摩擦的存在，才误认为力是维持物体运动的原因，伽利略认为是摩擦把亚里士多德引入了歧途。

伽利略进一步展开了他的分析过程，他观察了斜面上的小球运动，为此，教师利用自制的实验仪器讲解伽利略设计的理想实验（如图7－

17）。实验演示过程中，学生发现小球沿一个斜面从静止开始运动，小球将"冲"向另一个斜面，几乎达到原来释放的高度，由此推理：若无摩擦，小球将到达原来的高度；当第二个斜面倾角减小时，发现小球沿着斜面运动的长度增加了，再次进行逻辑推理：若无摩擦，小球仍将到达原来的高度。此时，教师引导学生思考：如果把斜面放平，物体将如何运动呢？学生相互交流。

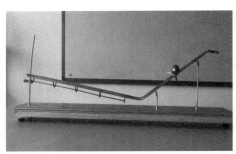

图 7-17　伽利略理想斜面实验演示仪

学生思考后回答：当把斜面放平时，若无摩擦，小球为了到达原有高度将永远运动下去。进而得出：力不是维持物体运动的原因。

教师进一步引导学生思考，伽利略的理想实验可以在实验室中完全实现吗？学生回答：实验室中，没有绝对光滑的斜面，也没有无限长的平面让小球一直运动。教师归纳总结，伽利略斜面实验被称为理想实验，它不能在实验室中进行实际操作，但可以通过实验加合理推理实现。推理是一种科学的研究方法。爱因斯坦对推理研究方法给予了高度评价与赞扬："伽利略的发现以及他所应用的科学推理方法是人类思想史上最伟大的成就之一，它标志着物理学的真正开端。"

［设计意图］本环节通过逻辑推理与实验相结合的方法讲解伽利略理想实验，让学生体会科学家的逻辑推理过程，以及用实验检验理论的方法，使学生受到科学方法论的教育，学习了理想实验的探究方法，感受了理想实验魅力，激发了学生学习自然科学的浓厚兴趣。学生在物理学习中体会到科学态度与责任的重要意义，认识到在科学的研究中要敢于坚持真理，不迷信权威，弘扬追求真理、实事求是的科学精神。

（3）补充完善，形成定律

教师启发引导：伽利略虽然提出了小球将永远运动下去，但他没有给明小球的运动形式，是沿直线运动、圆周运动，还是沿曲线运动。进而引出科学家笛卡儿的贡献。

笛卡儿的观点：如果运动中的物体没有受到力的作用，它将继续以同一速度沿同一直线运动，既不会停下来也不会偏离原来的方向。

教师接着引用牛顿的话："如果说我比别人看得更远，那是因为我站在了巨人的肩上。"牛顿站在了上述三位科学家的肩膀上，总结了前人的研究成果，建立了力和运动关系的规律——牛顿第一定律。

［设计意图］以上物理学史的学习，培养了学生探索规律过程中的推理能力、探究能力，潜移默化地激励学生要乐于探索、敢于质疑、坚持真理、实事求是。

（4）表述定律，理解内涵

教师进一步引导学生进行讨论，得出对牛顿第一定律的理解：牛顿第一定律不能用实验来直接验证，它是在实验的基础上经过科学推理得出的；牛顿第一定律指出了力和运动的关系，把力的概念引申到力是改变物体运动状态的原因；物体的运动状态包括速度大小和速度方向两方面，即速度的大小和方向任一发生变化就是运动状态发生变化；牛顿第一定律给出了惯性的概念；牛顿第一定律给出了惯性系的判别标准，即牛顿第一定律成立的参考系是惯性系。

［设计意图］进一步加深对牛顿第一定律内涵的理解。

（5）定律引申，解释实例

教师引入惯性的概念。根据牛顿第一定律，物体这种保持匀速直线运动状态或静止状态的性质叫作惯性。牛顿第一定律也叫惯性定律。在惯性的教学中，要强调惯性是物体的固有性质，与物体的运动状态无关。

教师提问："惯性的大小与什么因素有关？"让学生带着问题看下图（如图7-18）。左图为中国选手苏炳添在东京奥运会百米赛跑的精彩瞬间，右图为日本相扑运动员参加百米赛跑，要求学生主要观察起跑瞬间。

图 7-18　百米赛跑

教师让学生进行小组讨论，将两段视频作比较，都是观察起跑瞬间，能看出什么？学生讨论并总结回答：苏炳添和日本相扑运动员的相同点是在起跑之前都是静止状态，都要变成运动状态；不同的是百米运动员质量小，运动状态容易改变，相扑运动员质量大，运动状态不容易改变，从静止变到运动就很费力。教师和学生共同总结归纳：决定惯性大小的因素是质量，质量是惯性大小的唯一量度，和其他因素无关；质量越大，惯性越大。

教师引导学生回想在课堂开始时所做的小实验，让学生再次思考为什么金属片弹出，而小球并没有随金属片飞出。学生在学习了惯性后，可以解释这一现象。

［设计意图］让学生掌握惯性的概念，结合生活实际理解惯性大小的量度。

教师提问：乘坐气球飘在高空，由于地球的自转，一昼夜就能周游世界，这个想法可行吗？让学生交流思考，学生得出不可行，因为地球上一切物体（包括地球周围的大气）都随着地球自转，气球升空后，由于惯性，它仍保持原来随地球自转的速度，升空的气球与它下方的地面处于相对静止状态，不可能相对地球绕行一周，所以周游世界这个方法不可行。

［设计意图］学生大胆地想象，激发学习的兴趣，调动课堂气氛，更深入地理解惯性。

教师引导学生举出生活中利用惯性的例子，并对现象进行解释。学生分别举出了跳远需要助跑一段、拍打衣服灰尘、紧固斧头等例子。教师进一步引导学生，任何事物都有两面性，惯性也会给人们带来危害，让学生举出几个相反例子，学生分别举出了公交车超载、汽车急转弯等。最后，教师播放一段司机和前排乘客不系安全带的视频，让大家直观地感受惯性带来的危害，呼吁大家遵守交通规则。

［设计意图］学生学会运用惯性知识解释生活中的现象，认识到生活中既要利用惯性，也要避免惯性带来的危害，学会辩证地看问题。

（五）归纳总结

本节课学习的内容：（1）了解了运动和力关系的探究过程：亚里士多德是开拓者，伽利略首创了理想实验方法，笛卡儿补充了伽利略的观点，牛顿提出了牛顿第一定律、惯性等的概念。（2）体会了伽利略理想实验的魅力，即"可靠实验＋合理推理"。（3）深刻理解了牛顿第一定律的内涵。（4）深入理解了惯性的内容及其唯一量度——质量。

（六）课外探究

（1）有人说刘谦的螺丝魔术颠覆了牛顿第一定律，因为不给螺丝帽力的作用，它也能运动起来。你对这个魔术怎么看？请同学们课后搜索"刘谦螺丝魔术揭秘"，弄清其中的奥妙。

（2）让学生做课后小实验（如图7－19），将装满水的气球扎破，学生观察气球被扎破的瞬间水的形状如何。

图7－19　针扎气球

⭐ **拓展阅读**

静摩擦力的理解

在摩擦力的学习中，学生经常会把静摩擦力和最大静摩擦力的知识点相混淆，错误地认为静摩擦力的大小与正压力大小相关。那么，教师在教学设计中应怎样分析学生并纠正学生的这些错误前概念呢？这就需要教师依据学生认知水平的差异，巧妙地设计有效的问题情境，使学生意识到认知差距，进而引发学生的认知冲突。

桌面上的小物块如图7—20所示，用水平力 F 推小物块，没有推动，请学生分析原因。学生会认为：可能是推力 $F<$ 静摩擦力 f。这时，教师最好不要直接否定学生的回答，可以通过有效问题情境的设置，使学生的认知产生冲突。

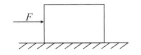

图7—20　桌面上的小物块运动

教师设计如下问题：（1）没有推动小物块说明此时物块处于什么状态？（2）平衡状态下，水平推力 F 和静摩擦力 f 应满足什么关系？（3）如果 $F<f$，那物体还会平衡吗？如果不平衡，物体将向哪里运动？（4）当 F 增大时，物体还是没有被推动，这时的 F 和 f 如何变化？（5）静摩擦力 f 能不能无限地增大？随着 F 的增大，物体最终会被推动吗？

问题情境的设置引发了学生的认知冲突，使学生逐步意识到，由于物体始终处于静止状态，所受合力为零，水平方向合力也为零，因此，水平推力 F 与静摩擦力 f 大小相等。若水平推力 F 逐渐增大，静摩擦力 f 也将随之增大，在物体没有被推动前，静摩擦力 f 将一直等于水平推力 F。但静摩擦力 f 存在一个最大值，即最大静摩擦力，所以水平推力 F 小于最大静摩擦力。通过问题情境的创设，学生清楚地意识到静摩擦力与最大静摩擦力的区别。

教师还可以采用对比的方法，简单直接地引起学生的认知冲突。如图

7−21、图 7−22 所示，物块均处于静止状态，当水平推力 F 逐渐增大时，静摩擦力和正压力将如何变化？

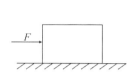 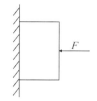

图 7−21 物块的水平受力情况　　　图 7−22 物块的竖直受力情况

以上两种情境分别是正压力不变、静摩擦力增大，正压力增大、静摩擦力不变。它们形成了鲜明的对比，引发了学生的认知冲突，使学生对于静摩擦力与正压力之间的关系以及正压力与重力的关系有了新的认识。教师利用对比的方法创设情境，引发学生认知冲突，产生疑问，进而激起学生的好奇心和求知欲。

 思考与讨论

1. 物理教学设计依据的原则都有哪些？

2. 物理教学设计一般包括哪些步骤？教师通常会采取什么样的教学策略？

3. 请选择一节物理概念课或物理规律课进行教学设计，同伴间交流、展示。

第八章 物理教师说课

说课作为一个专业术语是在 20 世纪 90 年代出现的，然而类似于说课的教研活动形式，早在 20 世纪 50 年代我国数学教育领域就已经有了。当时倡导集体备课，要求备课小组确定一位中心发言人，对教学内容、教学目的、教材的重难点、教学方法等进行陈述，然后集体探讨实施的对策，这种教研活动可以算是说课的雏形了。到了 20 世纪 70 年代，随着数学教学改革的蓬勃兴起，广大教师积极开展以教学方法和课堂结构为重点的教学研究活动，各地教研室组织观摩课、示范课，教学结束后，由听课人做有指导意义的分析，这一过程即是后来的课后说课。说课是近年来在教师（继续）教育中广泛开展的一种教学研究活动，一般要求教师在 20 分钟左右的时间里将一节课的教学设计思路、教学过程及教学内容用简要准确的语言表述出来。教师在说课中不但要说出教什么和学生学什么、怎么教和学生怎么学，而且要从现代教育理论角度说出教师为什么要这样教和学生为什么要这样学，所以，说课不仅能体现出教师的教学基本功水平，而且能表现出教师的现代教学理论水平。因此，说课在教学中的应用越来越广泛。

第一节　说课的含义及意义

一、说课的含义和类型

（一）说课的含义

说课是教师在备课的基础上，面对同行或专家，口头阐述自己课堂教学方案，并与听众共同研讨、改进和优化教学方案的教学研究过程。如果备课是教师个体独立进行的一种静态的教学研究行为，那么说课则是教师集体共同开展的一种动态的教学研究活动，从这个角度上说，说课是集体备课的一种特殊形式。对于备课而言，说课是一种教学改进和优化活动；对于上课而言，说课是一种更为缜密的科学准备活动。

（二）说课的类型

1. 根据课堂教学的先后顺序分类

（1）课前说课

课前说课是指教师在正式讲课之前对一节课的教学设计、教学过程及教学内容等进行相关的述说。

（2）课后说课

课后说课是指教师在讲完观摩课后，由主讲人先对这节课的教学设计、教学过程及教学内容等进行阐述，再结合讲课过程的实际述说教学成败的原因及改进的措施等。一般地，说课者述说后，评课者还要进行评议和讨论，以达到相互交流、共同提高的目的。

2. 根据说课的性质分类

（1）示范性说课

示范性说课的目的是帮助教师认识说课的规律、掌握说课的方法与步骤，一般是由经验丰富的优秀教师向缺乏说课经验的新教师做示范性说课。这种类型的说课是提高教师说课技能的重要形式。

（2）研究性说课

研究性说课是教师针对某一课题的教学方法、教学手段、学习方法等进行研究讨论，共同探索优化教学的方法与途径。这种类型的说课常常采用集体备课的形式，先由一位教师事先准备好讲稿，说课后让其他教师评议、修改。研究性说课有助于形成浓厚的研究气氛，能充分体现说课作为教研活动的特点，是大面积提高教师业务素质和研究能力的有效途径。

（3）评比性说课

评比性说课的主要目的是评价教师的说课水平与教学基本功，这种类型的说课非常注重教师说课的艺术性及各项技能的发挥。

3. 根据说课的内容分类

说课可分为新授课说课、复习课说课和实验课说课等。

二、说课的意义

（一）说课有利于提高教学研究活动的实效性

说课作为集体教学研究活动的一个重要组成部分，为教师从事教学研究提供了交流、切磋的平台。通过说课，授课教师能说出自己的教学意图、处理教材的方法和目的等，让听课教师更加明白应该怎样去做、为什么要这样做，从而使教学研究活动的主题更明确，重点更突出，有效地提高了教学研究活动的实效性。

（二）说课有利于提高教师的素养

说课能够全方位地提高教师的素养。对于说课者来说，准备和实施说课的过程需要说课者钻研教材，了解学生学情，创新教学手段，反复推敲教学设计。对于听课者来说，说课活动赋予了听课者直接学习的机会，使他们可以在听课过程中加深对教材的把握，领悟新的教育理论和理念，学习不同的教学方法和学习方法，接触更多的教学设计思想等。说课能促使教师进行有效的信息交流，能促进教师进行反思，从而提高教师的素养。具体地说，说课具有以下几个方面的优点：

1. **说课有利于促进教师理论素养的提升**

说课不仅要说出教什么和学什么、怎样教和怎样学，还要说出为什么这样教和为什么要这样学，这就要求教师具备一定的理论素养，需要不断地学习与教学相关的理论知识，提升自己的理论水平。

2. 说课有利于促进教师专业水平的提升

说课要求教师对物理教材进行深入分析，对所教物理学知识进行科学合理的组织，尤其是关于突出重点和突破难点的教学设计的构想，这就要求教师努力钻研物理学知识，不断提升物理专业知识。

3. 说课有利于促进教师教学基本功的提升

说课需要教师用语言将自己的教学思路及设想表达出来，不仅要说得清楚明白、优美流畅，还要对听课者产生极大的吸引力，这就要求教师提高语言组织能力和表达能力。另外在说课的过程中，还要有板书和多媒体辅助，这也要求教师要加强板书书写和利用多媒体辅助教学的基本功。

4. 说课有利于促进教学质量的提高

说课能够引导教师思考教学设计的原因，明确教学的重点、难点，厘清教学的思路，克服教学中重点不突出的问题等，从根本上提高教师备课的质量，进而提高课堂教学的质量。

5. 说课有利于师范生教学技能的全面提高

师范生开展说课训练，一方面有助于师范生加强教育教学理论的学习，以及将所学理论知识运用到实践中；另一方面有利于教育理论的内化与教学技能的转化。师范生的课前说课可以完善教学设计，课后说课可以反思教学过程中的得与失，这些都加快了他们的专业成长。尤其是近几年全国大学生物理教学技能大赛的开展，使师范生的说课能力得到了大幅度的提升。

第二节　说课的内容、注意事项与说课案例

一、说课的内容

说课是涵盖备课、上课和听课的一种集体教学研究活动。从涵盖备课的角度讲，说课的基本内容为说教材、说学生、说教法、说学法、说教学程序；从涵盖上课和听课的角度讲，说课还有一个基本内容，即说教学实效（课后反思）。

（一）说教材

说教材的内容包括以下几个方面：

1. 说教材的地位和作用

说教材的地位与作用包括介绍所教内容在物理学知识体系和教材中的地位以及在教学中的作用。关于这一部分一般可从两个方面着手：一是要明确说出所教内容是哪些知识的源头或结尾，或者是哪些知识的拓展；二是要明确说出所教内容在生产、生活中有哪些应用，对于培养学生掌握物理科学方法、探究能力及情感有哪些作用。只有这样，才能说清楚所教内容在整个物理教材中的地位和作用。

2. 说教学目标

教学目标是教学的出发点和回归点，也是检查教学效果的标准和尺度。说教学目标要求正确、具体、全面、符合实际，不仅要宏观地阐述物理学科核心素养目标，还要在课程标准的指导下阐述依托内容载体实现这些教学目标的途径与方法，切忌将教学目标说得空洞、抽象。

3. 说教材的重点和难点

说教材的重点（难点）指既要说清什么是教学重点（难点），又要说出确定它为教学重点（难点）的理由。教材重点和难点的确定，一般以课程标准、教材特点、结构体系、学生的年龄特征、知识基础、认知特点以及思维特点为共同依据。

（二）说学生

学生是学习活动的主体，教学活动应当体现以学生为本的思想。学生的发展是课堂教学的根本目标和归宿。只有以学生的年龄特点、认知水平和文化背景为出发点，以学生的眼光去审视学习内容，才能在关注个体差异、了解学生学习起点的基础上设计出能促进每名学生发展的教学。因此，教师在说课时必须说清楚学生，即对学生的学习现状作出具体、全面、准确的分析。说学生包括以下几个方面：

1. 说学生物理学习兴趣的特点

初中生学习物理的兴趣主要是直接兴趣。他们对新奇的自然现象和教师的演示实验表现出比较自觉的注意，但只满足于感知物理世界、观察有趣的物理现象，并未具有进一步想了解这种现象产生的原因和因果联系的强烈欲望。初中生具有较强烈的操作欲望，但只对操作对象本身感兴趣，却忽视了对事物本质的认识。

高中生比初中生学习兴趣更加集中，直接兴趣与间接兴趣同时起作用。其最大特点是兴趣与目标有了联系，相比而言，间接兴趣起更大作用，因而动机和兴趣趋于稳定。

2. 说学生物理思维发展的水平

学生的智力发展主要表现在思维的发展上。有关儿童至青少年期间思维发展的研究表明：初中生正处于形象思维阶段后期，是从具体形象思维向抽象思维过渡的阶段，往往具有片面、肤浅和动摇的特征。与初中生相比，高中生的思维具有独立性和判断性，抽象思维能力有所提高。

3. 说学生物理背景知识的基础

初中生、高中生已经掌握一定的物理知识和具备一定的技能，这是他们继续学习物理新知识和新技能的基础。了解学生掌握的物理知识和现有的技能，有利于实现学生由旧知识向新知识的迁移，解决了教师怎样教的问题。

（三）说教法

说教法是指在本课的教学过程中准备采用的教学方法和理由以及运用该种方法的思路和程序。教师面对众多的教学方法，应该选择最适合自己当前教学情境，又能体现出以教师为主导、以学生为主体的教学方法，即教师应根据具体的教学目标和任务、教材内容的特点、学生的年龄特征和教师的风格，以启发式教学思想为指导，创造性地将多种教学方法有机地结合起来，以达到最佳组合效果。

（四）说学法

学法是学生将知识转化为能力的桥梁。为了提高教学效果、达到教学目标，必须有科学的方法指导。按照新课程的理念，教学的最终目标是实现人的全面发展，因此，说学法要在分析学情的基础上进行。在此基础上，结合教学内容，说明在教学过程中指导学生学习或学会使用什么学习方法及理论依据，既要求学生"学会"，又要求学生"会学"，以达到叶圣陶先生所说的"教是为了不教"的境界。

（五）说教学程序

教学程序的科学设计对优化课堂教学结构具有重要的指导意义。说教学程序是指说出教学过程的整体安排，既要说出课题如何导入和新课如何展开，又要说出教学过程中师生间的互动活动和必要的调控措施，充分体现教学方法、重点与难点的解决以及各项教学目的的实现等。同时注意：说教学程序不是宣读教案，更不是课堂教学的浓缩，应省略具体的细节而着重说清楚教学过程的基本思路及其理论依据。

教学过程的基本环节包括以下五个部分：（1）铺设引入阶段，指在传授新知识之前，为教学做准备工作的阶段。包括复习旧知识、展示教学目标、创设问题情境等，是为学习铺路搭桥的环节。（2）学习新知识阶段，指教师根据教材内容和学生实际运用正确的教学方法，旨在引导学生学习新知识。（3）巩固知识阶段，指教师引导学生采用各种方式来巩固所学的新知识，达到一定的熟练程度。（4）反馈调控阶段，指教师依据教学目标考查学生掌握知识的情况，并及时予以补救。（5）总结归纳阶段，指教师引导学生对所学的知识进行归纳整理，使知识系统化。

根据教学过程的基本环节、所遵循教学原则，可以灵活地设计出以下多种教学程序：

1. 讲授型教学程序设计

讲授型教学程序设计可按铺垫引入、展示目标，启发诱导、探求新知，变式练习、反馈纠正，形成测试、评价回顾，归纳小结、深化目标等五个步骤进行教学。这种教学程序的主要特点是教师启发诱导，学生研究探索，并将目标导向、评价回授贯穿于教学过程中，使过去那种"教师讲，学生听"的注入式教学方法大为改观。

2. 自学型教学程序设计

自学型教学程序设计可按诊断学习、铺垫引入，出示提纲、引导自学，提问精讲、释疑解惑，形成训练、评价回授，归纳小结、发展深化等五个步骤进行教学。这种自学型教学过程通过提纲向学生指明了具体的学习目标，便于学生自学，易被学生接受，并通过释疑解惑、评价回授、归纳小结等多个环节来保证自学的顺利进行。

3. 科学探究型教学程序设计

科学探究型教学程序设计可按创设问题情境、提出问题，猜想与假说，制订计划与设计实验，进行实验与收集证据，分析与论证、得出结论，评估，交流与合作等七个步骤进行教学。这种教学过程通过创设问题情境启发学生独立思考，使学生经过互相研究后提出问题；引导学生对问题的解决方案提出科学猜想与假说；指导学生制订验证猜想与假说的计划；让学生按照设计的方案收集证据；启发学生对证据进行分析与论证，并得出结论；鼓励学生对结论进行评价；组织学生交流心得，并分工合作。

（六）说教学实效

课前说课内容只包括前四部分，而课后说课不仅要将一节课的教学设计、教学过程及教学内容说出来，而且要结合讲课过程的实际说教学执行情况（在后面"课后反思"部分还会涉及这方面的内容），就是说教得怎么样的问题。即对说课内容与教学结果进行核查、总结和评价，找出存在的问题，运用教育教学理论提出改进措施，进而改进教学，提高说课水平，优化课堂教学效果。

说教学实效的具体内容概述如下：

1. 说"落实"

即"教什么""怎么教"和"为什么这样教"在实际操作中的效度，也是说课者的自我检验。说课实践证明，课"说"得再好，即使完美无缺，但在实际操作中也总是难尽如人意，所以必须经过实践检验后加以改进。说"落实"要求说出"说"与实际操作之间存在的差距，同时说出哪些设想符合客观实际需要，行之有效，其原因何在，哪些设想与客观实际不符合，其原因何在，并提出合理的补救措施。

2. 说"成败"

即"说"经过实际操作后反馈获得的经验和教训。具体地说，就是进行实际操作后，总结效果，并反过来站在理论的高度上说出成败得失及其原因。

3. 说"改进"

即"说"经过实际操作后的修改意见。说的内容经受了操作实践的验证，又通过科学的总结与评价，使说课者明口、明理又明心，并获得新的启迪，得出自我完善的新设想，从而推动教师素质的完善和提高。

二、说课的基本要求

（一）充满激情，亲切自然

说课与上课一样，本质上也是一种传播、交流活动，只不过对象与内容不同而已。说课时，不但要精神饱满，而且要充满激情，要使听课者感受到说课者对说好课的决心与信心，从而感染听课者，吸引听课者。另外，说课者还要自然亲切，避免过于表演化。

（二）详略得当，突出重点

说课的对象不是学生，而是教师同行，所以说课时不宜把每个环节说得太详细，要重点强调在教学方法、学习方法和教学重难点上的突破，深刻说出培养学生学习能力与提高教学效果的途径。

（三）语言流畅，简练准确

说课的语言要简练干脆，灵活多变，前后连贯紧凑，过渡流畅自然。说课时间一般在 15～20 分钟。

（四）突出特色，强调创新

说课时要说出自己对教材、教法有别于常规的特殊理解，从而体现自身的教学专长，突出自己的教学特色。说课作为一种教学研究活动，还要注重创新，尤其是自己不同于别人的方法、手段、理解方式等。

（五）写画并用，说演结合

说课不仅用口头语言来表达，还要与板书、板画相结合，将教学中出现的挂图、实物、投影、录音、录像等展现出来，同时辅以多媒体课件展示或演示实验说明等。

三、课后反思与说课

（一）课后反思的意义

教学过程是教师的教和学生的学共同作用的一个动态的复杂过程。教师从学生那里获得及时的反馈信息，反思自身的教学过程与先前的说课设计，从而掌握学生的现有认知水平与目标认知水平之间的差异，以便对下一步的教学设计、教学过程加以调控、部署，进而更好地发挥教师的主导作用。我国著名心理学家林崇德先生认为，教师才华的核心是教师的自我监控能力，即教师为了保证教学的成功、达到预期的教学目标，而在教学全过程中，将教学活动本身作为意识的对象，不断地对其进行积极、主动的计划、检查、评价、反思、控制和调节的能力。因此，为提高说课质量而进行的课后反思就显得尤为重要。

（二）课后说课

课后说课不同于课前说课，课前说课是口头表达本节课的教学目标、教学设想及理论根据，按照"教什么""怎样教""为什么教"的思路展开，侧重于理论认识。而课后说课是根据课前说课的教学设计进行实际课堂操作，通过反馈、总结与评价，说出成功之处、欠缺之处与改进之处，按照"教得怎样""为什么会这样"和"如何改进"的思路展开，侧重于从实践效果的角度分析认识。因此，必须认真运用教学理论去分析研究，找出经验教训，探索新问题，发现新认识。

四、说课案例

牛顿第三定律

（一）说教材

"牛顿第三定律"是 2019 年人教版普通高中物理教科书必修第一册第三章第 3 节内容。本节利用生活实例说明了物体间的作用力总是相互的，通过实验探究得到作用力和反作用力的关系，让学生学会对物体进行初步的受力分析，并尝试解释物理现象和解决生活中的实际问题。本节课的教学遵循从定性到定量的实验探究思路，提高学生科学探究能力。"牛顿第三定律"是学生学习重力、弹力、摩擦力后进行受力分析的基础，同时在解决一些力学实际问题中，也发挥了关键的作用，加深了学生对力的物质性和相互性的理解。

（二）说学生

学生在初中对物体间的相互作用有了定性的了解，知道物体间作用力成对出现，也认识了二力平衡，但对力的相互作用理解还比较浅显。在高中阶段，学生要深入地理解作用力与反作用力的概念，需要从力的性质、作用的同时性等方面深入认识。由于高一学生已经具备了一定的科学探究意识和知识迁移能力，能够在教师的引导下对实验现象作出科学合理的解释。为此，教师在教学中设置问题情境，直观的物理实验和课堂的讨论氛围能够充分地调动学生的学习兴趣。

（三）说教学目标

本节课的核心素养目标：

物理观念：理解作用力和反作用力的概念；理解牛顿第三定律；掌握作用力和反作用力与一对平衡力的区别。

科学思维：通过探究实验，掌握对实验证据进行分析的方法；能用简单直接的证据表达自己的观点。

科学探究：能明确探究实验所要解决的问题；能对获得的数据进行分析，进而得到实验结论。

科学态度与责任：通过小组讨论合作，培养团队协作精神；认识物理学是对自然现象的描述与解释。

（四）说重点难点

针对本节课的教学目标，教学的重点是通过实例让学生理解相互作用力以及牛顿第三定律，教学的难点是利用牛顿第三定律解释生活中的一些现象。

（五）说教法和学法

为实现教学目标，突破教学重点和难点，教师主要通过创设问题情境引入新课，用探究式教学引导学生得出牛顿第三定律；学生通过探究、讨论，归纳出牛顿第三定律的内容。

（六）说教学过程

教学过程主要有五个环节：创设情境、引入新课，实验探究、归纳总结，交流分析、强化新知，思考讨论、学以致用，课堂小结、布置作业。

在引入新课时，教师用"以卵击石"提出问题，为什么以卵击石是不自量力？学生可能认为是石头给鸡蛋的力比鸡蛋给石头的力大，存在错误认知。教师紧接着引导学生回忆力的作用是相互的，分析鸡蛋与石头之间的作用力，进而给出作用力与反作用力的概念。

为了进一步研究作用力和反作用力的大小、方向和作用点，教师引导学生利用弹簧测力计来进行探究（如图 8−1）。学生观察到弹簧测力计甲受到作用在 A 点的力 F，乙受到作用在 B 点的力 F'，并观察两个弹簧测力计的示数，得出结论。

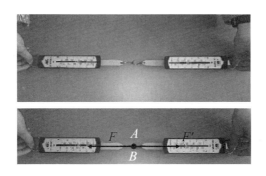

图 8−1　弹簧测力计演示牛顿第三定律

教师为了能让学生精确地看到在拉动测力计的过程中两个相互作用力大小随时间的变化，用两个力传感器连接电脑（如图 8−2），相反方向拉动，电脑上显示出两个传感器受力大小随时间的变化，学生可以看到在同一时刻两个传感器受到的力大小相等、方向相反，由此给出牛顿第三定律的内容。

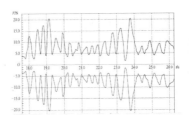

图8-2　用传感器定量地探究两个相互作用力大小

教师再让学生用牛顿第三定律解释"以卵击石"，即鸡蛋和石头之间相互作用力的大小是相等的，但是力的作用效果不同，因为力的作用效果还与物体本身的性质有关。为了更进一步地加深学生理解相互作用力以及牛顿第三定律，教师用平板车上的小车向前运动的动画，直观、形象地激发学生的学习兴趣，引导学生分析小车的受力。

给小车一个向前的初速度，学生会观察到小车减速，分析摩擦力方向，发现小车的摩擦力方向向后，同时平板车会向前运动，平板车受到摩擦力向前（如图8-3）。

图8-3　平板车上小车的运动

演示中将小车放在平板车上，是因为平板车受到反作用力时会明显移动，学生能直观地看到力的作用效果，即作用力和反作用力的方向相反，作用点分别为A点和B点，强化学生对牛顿第三定律的理解。教师再用实例让学生区分相互作用力和平衡力。比如，一辆货车静止在地面上，让学生分组讨论：（1）货车受到哪些力的作用？（2）这些力的反作用力是什么？（3）哪些力是平衡力？（4）哪些力是相互作用力？

货车受地球吸引而受到的重力G与地面提供的支持力N，这两个力的反作用力分别是货车对地球的吸引力G'和货车对地面的压力N'。其中G和N是一对平衡力，G和G'、N和N'是两对相互作用力。

为进一步加深学生对牛顿第三定律的理解，学以致用，教师让学生观看龙舟比赛的视频（如图8-4），讨论龙舟受到的相互作用力。学生得出龙舟前进是因为有相互作用力，即人划桨，船桨向后推水，水就向前推船桨。

图8-4　龙舟受力分析

为了突破教学难点，纠正学生的错误认识，教师让学生分析拔河比赛（如图8-5），学生往往会认为获胜方的拉力大。教师引导学生分析人和绳子之间的相互作用力，学生找到两对相互作用力，由于同一条绳上的拉力是处处相等的，那么比赛双方给对方的拉力也是相等的。甲队之所以获胜是因为甲乙双方与地面之间还存在两对相互作用力，地面给甲队的摩擦力更大。在教学中，教师让学生经历了从现象到本质的认识，进而有效地纠正了学生的错误认识。

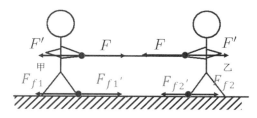

图8-5　拔河比赛受力分析

（七）板书设计

板书设计力求简洁、明了（如图8-6）。

图8-6　板书设计

物理语言的特点

首先，物理语言与文学语言有相当大的差别。物理语言是科学语言，特点之一是言简意赅，含义明确，即少而精。比如，牛顿第一定律仅用不到 40 个字就揭示了宇宙中一切物体都具有的共同属性——惯性。许多物理定律不仅字数少而精，而且言词准确到不能替代的程度。至于文学语言，这里指的是本民族的文学语言。学生的物理学习是在民族文化的氛围中进行的，每个人学到的物理知识和观念都不可避免地带有民族文化的痕迹。我们可以进一步说，物理学习的民族文化氛围和痕迹主要是由民族语言形成的。物理科学是没有国界的，它属于全人类。但学生学习物理一般要以本民族语言为媒介而进行，民族语言不可避免地进入物理学习内部，成为学生物理学习的一个内在因素。

汉语是世界上内涵最丰富的语言之一，汉语的文学语言则更加灿烂辉煌。汉语的一个显著特点是，同一个事物可以用不同的词语加以表述。比如，"早晨"我们可以找出十几个词来代替它，像黎明、东方发白、太阳欲出、清晨、朝霞满天、日出东方。尽管上述每一个词句都表示"早晨"，但每一个词句所表达的意思都有微妙的差别。文学语言虽然生动丰富，但它不能随意地用作物理语言，更不能在物理语言中任意地替代。可见，两种语言的差别主要在于物理语言更强调准确和精练，文学语言更强调生动和形象。学生在学习物理之前，从语文课中学习的语言差不多都是文学语言，缺乏科学语言的准备，因此，初学物理阅读和表达时，要经历一个语言的适应过程。

其次，物理语言与日常语言也有相当大的差别。物理语言的形成在西方，所以用汉语表达的物理语言大多是外来语，其中某些言词是借用于其他学科或日常生活中的用语。有的物理词句和日常用语字同而意不同，如"重量""做功"等，学习时要加以区分。另外，日常语言是简约化的，而物理语言大多是修辞复杂的扩充句，叙述逻辑性强，语法严谨，句型复杂，联合成分多。例如，"导体中的电流强度跟这段导体两端的电压成正比"，这里"导体中""这段导体两端"都是定语成分，用来修饰电流与电压成正比的关系，这与日常用语的简约化成了鲜明的对比。

最后，物理语言是物理思维的工具，物理阅读和表达能力的发展影响着物理思维的发展。学生借助语言的外壳根据概念进行判断、推理、分析、综合，把感性认识上升为理性认识。语言可分为外部语言和内部语言。外部语言反映思维的同时也受思维的限制。内部语言又可视为思维活动，是更高级的语言形式。

研究表明，语言表象对物理思维有明显的促进作用。有人将一个班的学生随机地分成三个组，每组 18 人，分别以不同形式给出同一道物理题，考查学生的解题质量。结果：第一组不念题，5 人做对，占 27.8%；第二组无表情、无声调地念题，9 人做对，占 50%；第三组有感情、抑扬顿挫地念题，16 人做对，占 88.9%。可见，抓阅读来提高物理教学质量的做法是有其根据的。

物理思维对学生物理语言的发展也有巨大的促进作用。物理思维的习惯与日常生活思维习惯相比，有很大的不同。逐渐形成物理思维习惯，就能逐步把日常语言上升为物理语言。物理思维促进学生内部物理语言的发展，再通过口头或书面表达发展为外部物理语言。

 思考与讨论

1. 说课的含义是什么？说课包括哪些类型？
2. 说课的意义是什么？
3. 说课的内容有哪些？
4. 说课的基本要求是什么？
5. 以中学物理教学中的某一节课为例，进行说课设计，写出说课稿。

第九章　基础物理教学资源的开发与利用

物理教学资源是指有利于物理教学目标得以实现的所有因素。物理教学资源的开发、整合和利用在中学物理教学中尤为重要。每位教师都是物理教学资源的开发者，师范生作为未来的物理教师，只有学习和探索物理教学资源开发与利用的方法，才能在日后的实践教学中发挥物理教学资源的作用。

第一节　物理教学资源概述

一、物理教学资源的含义

随着我国基础教育课程改革的深入开展，教学资源的重要性日益凸显出来。没有教学资源的广泛支持，美好的改革设想很难转化为中小学的实际教学行为，并且教学资源的丰富性和适切性程度又决定着课程目标的实现范围和实现水平。未来的物理教师有必要对物理教学资源有一个深刻的认识，才能在教育教学实践中充分利用物理教学资源。

物理教学资源是指有利于物理教学目标得以实现的所有因素。包括教科书、教师和学生的教学用书、科技图书、录像带、视听光盘、互联网、图书馆、博物馆、工厂、农村、商场等。可以说，物理教学资源无处不在。基础物理教育改革正面临着广泛的物理教学资源被如何合理地开发、利用以及配置最优化等问题。

二、物理教学资源的特点

（一）物理教学资源的多样性

教学资源的形式多种多样，有校内教学资源和校外教学资源，有自然教学资源和社会教学资源，有文字教学资源、实物教学资源和多媒体教学资源，有显性教学资源和隐性教学资源，等等。校内教学资源是在学校范围之内的教学资源，是物理教师有意构建的有利于物理教学的资源，如学校的图书馆、校内的信息技术网络、活动室、物理实验室等；校外教学资源是学校以外的教学资源，由各种社会机构提供的有助于学生物理学习的资源，如博物馆、科研院所、核电站、天文观测站、科普馆等。

显性教学资源是指能被所有的教师和学生感知，学生和教师容易开发，或者别人已经开发好，可以直接利用的物理资源，如教科书、学校实验室的各种实验仪器、教师的教学活动方式和学生的学习活动方式等；隐性教学资源是指教师和学生经过深入思考后充分挖掘出来的各种物理资源，它的有效开发与利用取决于教师的综合素质水平和学生的思维水平，如教师对学生学习情感的感知、学生之间的相互影响。

文字教学资源指那些以纸为介质来向学生提供物理学习所需信息的教学资源，如物理教科书、教学参考书、科技图书、各种报刊等。多媒体教学资源指的是伴随着现代信息技术和网络技术发展起来的各种有利于物理学习的资源，如各种教学录像带、视听光盘、计算机教学软件、电子书籍、电子期刊、数据库、数字图书馆、教育网站和电子论坛等网络资源。物理教学资源的多样性为其开发和利用提供了广阔的空间。

（二）物理教学资源的多质性

教学资源的多质性主要表现在两个方面：（1）同一资源对于不同教学内容有不同的用途和价值。（2）同一资源对于同一个教学内容也有不同的用途和价值。例如，同一件物理仪器，可以在各种不同的物理实验教学中发挥作用；而不同的教师在同一节课上使用同一件物理仪器，也会有不同的教学效果。教学资源的多质性，为教师充分利用资源的多种价值提供了思考问题的方向和可能性。

（三）物理教学资源的独特性

教学资源会因地域、文化、学校以及师生各自的差异而各具特色，因而教学资源又具有独特性。不同的地域，由于可供开发与利用的教学资源不同，故其构成形式和表现形态各异。不同的文化背景下，由于人们的科学观、价值观，甚至生活方式、思维方式不同，故开发的资源各具特色；由于办学水平以及教师素质的不同，故开发与利用的资源必然存在差异。由于学生个体的家庭背景、知识经验、生活经历不同，故利用资源时应该有一定的针对性。比如，对于条件相对落后的西部地区，部分教学资源，特别是具有乡土气息的教学资源，是丰富多彩的，而网络教学、实验室等教学资源相对薄弱，所以在对教学资源开发和利用的过程中需要考虑人力、物力、财力、时间、场地、媒体、设施和环境等因素，因地制宜地开发教学资源。

（四）物理教学资源的价值潜在性

教学资源的开发与利用是密切联系在一起的，开发是利用的前提，利用是开发的目的，开发的过程包含着一定的利用，在利用的过程中也会促进开发。所以，一切可能的资源都具有价值潜在性的特点。资源的价值潜在性要求我们在资源开发时要着眼于应用，在应用过程中又进一步促进开发，使教学资源的潜在价值不断地被发掘出来。比如，教师自制的物理实验仪器、物理教师对新的教学理念的理解水平、学生的生活经验、学生学习物理的学习设施与环境等资源都具有潜在的价值，值得我们去思考和发现，以便更好地发挥出物理教学资源在教学效果上起到的作用。

三、物理教学资源开发与利用的原则

物理教学资源开发是指寻找一切可能进入物理教学，能够与教育教学活动联系起来的资源。物理教学资源的利用是指充分挖掘被开发出来的物理资源的教育教学价值。物理教学资源的开发与利用是紧密相连的。

（一）层次性原则

物理教学资源的开发，可以分为国家、地方、学校等不同层次。我国国家级的教学资源是由一些专门研究机构来开发，如课程教材研究所、中央电化教育馆、中央教育科学研究所等，这些专门机构常年进行物理课程与教学资源的开发和研究。地方资源是由地方的教师教育学院、教师培训中心等部门通过组织骨干教师的培训、教学参考资料的编辑等来开发。学校层面的物理教学资源开发任务，主要由师范院校和中学承担。师范院校可以在教材、教辅资料、实验设计、课件、网站、网络课程、物理骨干教师培训等方面做大量的工作。此外，中学物理教研组也承担着物理资源开发的责任，可以在教学设计、公开课、实验仪器制作、课件、网站、网络课程以及学校物理学习人文环境方面做大量的工作。

（二）经济性原则

开发物理教学资源要尽可能用最少的人力和物力，使教学达到最理想的效果。具体包括：开支的经济性，即从实际出发，用最节省的经费支出开发与利用资源，并取得最佳的教学效果；时间的经济性，即尽可能开发与利用对当前教学有现实意义的资源，而不能一味等待更好的条件或时间，否则会影响物理教学的顺利进行；空间的经济性，即资源开发与利用要尽可能就地取材，不能舍近求远，尽量使用校内和本地资源，通过合理配置使资源发挥最大的作用；学习的经济性，即尽量开发与利用能激发学生学习兴趣的资源。

（三）实践性原则

物理是一门实践性很强的学科，物理实验是物理教学的重要环节之一。物理实验能落实教学课程目标，是提高学生实践能力和创新精神的重要途径。我们目前的实验资源非常紧缺，现有的仪器设备还不能满足探究教学的要求。为此，应该重视实验室仪器资源的开发与利用，为学生建立开放实验室，让学生自己动手动脑，亲身设计实验方案，解决问题。同时，我们还要注重演示实验，以此激发学生的兴趣。另外，还要倡导学生利用日常物品和生活废品做实验，以增加学生的动手机会，培养学生的环保意识和创新能力。

（四）以人为本的原则

学校物理资源的开发与利用应充分发挥教师的集体智慧，要积极鼓励教师，为教师提供学习、交流的机会，营造适合教师研究和开发教学资源的环境。对于学生而言，教学资源的开发和利用要以有利于学生的发展为宗旨，要来自学生，接近学生生活，从生活走向物理。例如，选择一个好的探究课题，为学生创造自主学习的环境，培养学生的科学探究能力。还有，教师要时常收集学生在学习中遇到的问题、常犯的错误，并把这些问题与错误整理归类后反馈给学生。这些都体现了以人为本的教学资源的开发与利用。

（五）科学性原则

教学资源的开发与利用必须注重科学性。我们使用的物理资源本身必须符合自然界发展的客观规律，是建立在科学事实基础上的资源，应坚决排除"伪科学"。在开发教学资源时，物理教师还要以促进学生对知识的学习、培养学生正确的人生观和世界观来组织各种教学资源。另外，教师利用的资源还要适合学生的认知发展水平，过于简单或过于深奥的资源都不利于物理学习。

第二节　物理教学资源开发与利用的途径

《普通高中物理课程标准（2017年版）》在"地方和学校实施本课程的建议"部分中明确地提出要重视课程资源的开发、整合与利用，加强课程资源的开发，提供优质教育资源。各地教育行政部门和学校要建设优质教育资源，为教师的课前准备、课堂教学、课后作业与考试评价等教学环节服务。各种科技图书、期刊和报纸是物理课程学习的重要资源。学校要向学生开放图书馆，分类推荐各种重要的科技文献，有计划地利用社会资源为课程服务。要积极探索、利用与开发电视与电影、科技馆、博物馆、公共图书馆、高等院校、科研院所、工厂、农村等各类物理资源，以拓宽学生的科技视野，培养学生主动发现问题、研究问题的意识与能力，逐步建立将校外资源转化为课程资源的有效机制。

要组织学生参观科技馆、博物馆，并积极与科技馆、博物馆合作，让学生带着问题与任务参观，既拓展知识面，又提高自主学习能力。要主动与高等院校、科研院所联系，让学生参观实验室，了解一些科学研究项目，并与高校教师和科学家交流，激励学生学科学、爱科学。要充分挖掘科技影视片的教育功能，利用科技影视片拓宽学生的科技视野，普及科学常识与科技前沿问题，提高学生的科技素养。要利用工厂、社区和农村的科技资源，通过参观与体验活动丰富学生的科技应用知识，加深学生对科学·技术·社会·环境关系的理解。

一、重视教科书等文字教学资源的开发与利用

教科书是最重要的文字教学资源。我国地域广阔，人口众多，各地可以依据国家颁布的课程标准组织编写适应不同地区需要、具有不同特色的多样化的教科书。教师也须根据学生实际和当地情况，从大量的教学资源中精选适当内容，编写一些教学补充材料、校本课程以充实物理课程的教学内容。学校可以组织社会力量编写适合本校学生特点的教学辅导书、学生同步练习册等文字教学资源。各种科技图书、画报、科技期刊和报纸也是重要的文字教学资源。学校图书馆应该满足学生课外阅读的需要，教师应指导学生学会阅读期刊、杂志和报纸，以促进学生自主学习。

二、加强实验室建设，促进学生实验能力发展

重视实验室的硬件配置与建设。实验是物理学习的重要环节，也是培养学生物理素养的重要途径和方式。物理实验室是学生探索物理规律、提高实验能力的重要场所。学校要根据学生人数按国家标准开设足够的专用实验教室，配齐配足实验器材；要根据国家有关规定配齐物理

教学所需的设施设备，在条件允许的情况下改进和提高物理实验器材的配备标准。

充分利用实验器材，强化学生实验和演示实验。物理实验是增加学生物理学习体验性的重要手段。学生实验是实践体验性最强的物理学习方式，它可通过实验设计与动手操作、观察现象与记录数据、分析归纳得出结论等环节，全方位地培养学生的科学探究能力。学生实验是其他任何物理学习方式都无法替代的，教师要根据课程标准最大限度地安排学生实验。演示实验是师生共同探究物理问题的学习方式，体验性较强，教师要合理利用各种器材，积极创新，尽可能多地开发出可视性强、证据性强、能引起学生浓厚兴趣的演示实验。

积极建立开放性的实验室。目前，许多学校的实验仪器都处于一种封闭式管理状态，只有在物理课上才能给学生使用。这种做法使得实验室资源不能充分地被利用，应向学生开放实验室，让学生可以利用课余时间随时进出实验室熟悉实验仪器，进行物理实验等探究活动。有的学校建立了实验走廊，这种做法就很好地避免了实验仪器的闲置与浪费。

三、倡导学生利用身边日常物品自制仪器

学生进行实验所需要的器具不能局限于实验室现有设备，还应利用日常物品做实验、改进实验或开发新实验。实验课程资源不能仅限于实验室的现有仪器和设备，日常物品和废旧材料也是重要的实验室资源。利用日常物品和废旧材料来替代实验器材，使实验现象更明显、直观，或者利用这些物品和材料创新物理实验，开发出低成本、高质量的物理实验，使学生有更多动手做实验、更多亲历实验过程的机会，从而更好地培养和发展学生的实验技能、创新实践能力。

人们在教学实践中发现，使用生活物品、废旧材料等做物理实验，可给学生亲近感和成就感，调动学生的主动性和积极性，促进学生手脑并用，提高学生的实践能力和创新能力。为此，一些研究者提出了非常规物理实验，主要是利用学生生活中容易得到的物品、材料等开发的一类体现自创性、体验性、趣味性、简易性、生活化的物理实验。非常规物理实验的特

点：（1）材料易得，实施便利；（2）贴近生活，亲近感强；（3）形式多变，新奇有趣；（4）物具他用，体现创新；（5）结构简单，体验性强。

四、加快信息化教学资源的开发与利用

积极开发与利用数字媒体课程资源。信息技术正在改变学校的教育文化，改变教师的教学方式，数字媒体已成为物理学习的重要课程资源。物理教学要积极利用已有数字媒体，主动开发适合教学、提高教学质量的信息产品，拓宽物理学习的途径，促进物理教学方式的改革。

在中学物理教学中，教师已经开始利用多媒体辅助教学，以图、音、像、文字等动态形式将学习内容展示给学生，使教学内容由静变动、由微观到宏观、由不可操作到可操作等，有效地提高了物理教学质量。

校园局域网的建立也为物理资源的开发与利用提供了机遇。网上的电子书籍、中文电子期刊检索、教育网站、教师论坛和学生论坛等教育资源，为学生和教师提供了充足的信息，开阔了学生的眼界，拓宽了学生的思路。除幻灯片、录像带、视听光盘、多媒体课件等常用信息化课程资源外，教师应收集学生难以见到的、具有重要物理意义的信息资料，向学生展示物理过程发生的细节，深化和促进学生对物理知识的理解。

五、重视社会资源与自然资源的开发与利用

广播和电视的科技信息是重要的教学资源，能丰富物理教学的内容，教师可以向学生介绍电视中的科技节目，通过这些节目让学生学习科学常识，了解最新的科学技术成果。图书馆、科技馆、青少年宫等集中了许多有用的科学教育器材，教师应有目的地组织学生参观学习。学生参观工厂、科研院所和核电站等场所，可以体会到科学与技术、社会的关系，激发物理学习的兴趣。这些都是学生体验物理学习不可缺少的教学资源。

有许多自然资源可以成为物理教学资源，应该认真加以开发和利用。例如，利用太阳光可以研究光的传播、小孔成像、光的色散等光学现象；利用水可以研究液体的压强；利用风可以研究相对运动。这些资源的利用给学生带来了无穷的乐趣。

　　物理课程资源的开发与利用，需要研究者的经验和智慧，以及一定的开发技巧和策略。研究者的素质状况决定了课程资源的识别范围、开发与利用程度以及发挥效益的水平。在课程资源建设的过程中，教师是课程资源中最重要、最直接的建设者，应具备识别、捕捉、积累、利用、开发课程资源的能力，每位教师都是课程资源的开发者。

　　在物理教学中，师生可以共同利用手边随时可以找到的器材做实验，比如用绳子演示绳波，用一盆清水演示水波，用一根弹簧演示纵波等，这些身边的东西让学生知道物理实验就是生活现象的另一种展示。教师可以鼓励学生和学生家长发挥自身优势，积极参与课程资源的开发实践。例如，让学生分组收集生活中的声现象、声音的利用、噪声的危害实例；让学生调查、分析马路灯为什么用红、绿、黄三种颜色；让学生自制照相机等。为了配合浮力、弹簧测力计、杠杆原理、电磁等教学，教师可以让学生制作土壤密度计、橡皮筋测力计、杠杆、指南针、电铃等。教师也可以结合物理课的教学内容，布置相应的调查、探究活动。比如，在学习毛细现象时，农村的学生可以在大地回潮、松土耕种中认识毛细现象。再如，讲磁悬浮列车时，或许一些地区的学生无法亲身经历列车速度之快，但可以通过图片、数据等来感知这一全新的交通工具。这些不同的物理课程资源，都可以通过学生的自我内化过程达到相同的教学目的。

　　又比如，在学习红外线时，课程资源极其丰富，怎样选择带入课堂的资源呢？若是祖国边陲的学校，教师可以把国家安全部门的夜间红外摄像系统引入课堂；若是农村的学校，教师可以把最简单的电视机红外遥控器、冬日取暖用的红外线热光灯引入课堂，或者邀请附近公安局的警察把勘查犯罪现场的红外线设备引入课堂；如果学校地处市中心，教师可以把学生领进商场，观察随处可见的红外线烤箱、红外线玩具。可见，课程资源选择是极其多元的。

　　因此，物理教师要不断地探索教学资源开发与利用的有效方法与途径，使学生在学习物理的过程中活泼、健康地成长。

六、鼓励师范生为演示实验开发教学资源

在教学资源开发与利用的过程中，师范生可以利用在校学习时间，在教师的指导下，运用实验室丰富的实验器材制作实验装置，改进已有的实验仪器，设计具有创造性的实验探究活动。这既能加深师范生对物理知识的理解与应用，又能使师范生具备开发物理教学资源的意识与行动，为开发未来教学资源打下基础。

我们以师范生（辽宁师范大学本科学生）开发的具体教学资源为例，体会师范生在开发与利用教学资源中所起到的作用。

案例1：学生对已有实验装置进行改造，设计出具有创新性的实验，使物理中难以见到的、具有重要物理意义的现象清晰地再现。

扬声器发声演示仪的制作。实验演示器材有 1.5 m 耳机线一根、5 m 左右直径 0.1 mm 漆包线一根、强磁铁一块、纸质底座一个、泡面桶一个、外观玩偶一个、智能手机一部（提供交变电流）。

扬声器是怎样发出声音的？学生能见到生活中的扬声器，但是其能够发声的内部结构，学生无法看到，为此，师范生自制了扬声器发声演示仪（如图 9-1），直观、形象地演示了扬声器发声的原理，使无法直接观察到的现象清晰地呈现在学生面前。具体操作过程：首先把耳机插孔接入智能手机，耳机线与线圈端的铜丝相连，给线圈通入持续不断的交变电流。再将玩偶放置在舞台旁，没有声音输出。将玩偶放置在舞台上，使泡面桶下方的线圈正好套住舞台上的强磁铁，听见了声音。将玩偶拿走，观察自制扬声器内部结构，学生能清楚地看到扬声器的结构，并且通过观察现象和分析电磁铁与永久磁铁的相互作用，理解了扬声器的工作原理。自制的扬声器发声演示仪主要由永久磁体、线圈、锥形纸盆构成，不像真实的扬声器结构复杂、不易拆解，能够更加直观形象地展示出扬声器的工作原理。实验中采用泡面桶等材料容易获取、贴近生活，使学生有一种亲切的感觉，更加乐于探究。

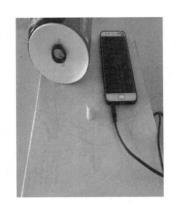

图 9-1　扬声器发声演示仪

案例 2：师范生利用廉价的生活物品自制实验仪器，使难于理解的物理现象产生的本质原因显而易见地呈现出来。

仪器名称：机械波模拟演示仪。

器材：木架（长 1 米）、竹竿（20 根）、乒乓球（40 个）、钢丝（穿过竹竿）、橡皮筋。

实验原理：如图 9-2 所示，用乒乓球代表一个个紧挨着的质点，相邻两个质点间由于介质的存在而产生弹力，使得第 1 个质点在外力的作用下振动后带动第 2 个质点振动，但是质点 2 的振动落后于质点 1。这样，前一个质点的振动带动后一个质点的振动，依次传递下去，后一个质点总是要比前一个质点迟一些开始振动，于是振动由近及远传播下去。

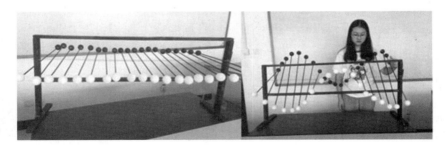

图 9-2　机械波模拟演示仪

演示实验的操作步骤及演示效果：首先确定所有小球处在平衡位置，手捏一端的竹竿从平衡位置向上再向下回到平衡位置做一次全振动，其他小球重复振源的振动形式，在平衡位置上下振动。振动依次传到最后，形成一个完整的波形。调整手的速度，改变手到达的最大高度，机械波仍然存在，但是波形发生改变。拨动振源使振源在平衡位置附近振动，在波的传播过程中可清楚地看到质点在各自的平衡位置附近振动，且质点并不随波迁移。

仪器的说明及特点：

选乒乓球当作质点，体积大，质量轻，易于观察。长竹竿可以放大波的振幅，呈现的波形效果更好。两竹竿之间选用弹性好、柔软度高的橡皮筋来连接，有助于保持平衡。在演示的过程中，波传播得较慢，但是现象明显。

两端的乒乓球可以保持平衡，且其中一端被涂成黑色，与另一端的白球可以明显地区分出来。球的选择可根据实验环境来确定。钢丝要拧紧，保持水平且穿过竹竿的中心，当竹竿水平时，代表着质点处在平衡位置。

本实验仪器的特点在于把质点间由于介质的存在而产生的相互作用通过橡皮筋的弹力表示出来，使无形变有形，将难于理解的物理现象其产生的本质原因呈现出来，便于学生理解。

案例3：师范生将熟悉的生活物品组装成实验仪器，利用组装的实验仪器进行演示实验，能刺激学生的感官，引起学生的兴趣，让学生感受到实验的真实性与探究的快乐。

探究浮力产生原因的演示实验如图9－3所示。实验教具是一个透明的正方体，上下左右四个面各挖一个圆洞，四个洞分别蒙上橡皮膜，将这个正方体压入水中。学生会观察到：四个面上的橡皮膜都向内凹陷，左右表面橡皮膜的凹陷程度一样，而上下表面橡皮膜的凹陷程度不一样，且下表面橡皮膜的凹陷程度大于上表面。继续观察，得出正方体左右表面橡皮膜受到水的压力相同，而上下表面橡皮膜受到水的压力不同，即正方体上下表面存在压力差。由实验得出，浮力产生的原因是液体对物体产生向上和向下的压力差。

图 9-3　探究浮力产生原因演示实验

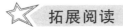

大气压强实验中学生潜能的激发

在物理课堂上，学生用白纸盖在一杯水上，迅速倒转过来，白纸在下面"托"起了一杯水。当学生陶醉在成功的喜悦时，教师提出问题："若白纸在上面，能不能用手捏着白纸把那杯水拎起来？"接着，学生们满怀好奇地做了几次，都不能把一杯水拎起来。有的学生喊了起来："白纸太软了，换硬点的纸片就行了。""纸片一见水都容易变形发软，很难成功的。""换玻璃片行不行？""对！玻璃片应该行。"学生们情绪一片高涨，根本就忘了举手这回事了，想到什么就叫了出来。于是老师取出准备好的一块玻璃片来做实验。经过几次后，最终将一满杯水"拎"了起来！学生一片欢呼。

教师等学生安静下来后，进一步提问："没有用手托杯子，知道这是什么力量将这杯水托了起来吗？"学生异口同声地回答："大气压！"但这时教室后排的一个同学举手了："老师，我觉得可能是水和玻璃片间分子的吸引力吧？"教师和学生们认为这个解释同样有道理，为了验证这个说法，一致同意在玻璃片中间钻一个小洞，若真是吸引力发挥的作用，则实验能做成功；若是大气压作用，则会漏气进去，实验就不会成功。由于课堂上器材有限，教师把这个问题留给学生课后探究。

第二天，就有学生走进了物理教师的办公室，为物理组的老师演示：先用塑料杯做"覆杯实验"，试了几次，效果挺好！然后，再在杯子的侧面用小刀裁出一个小洞（玻璃片不容易打洞，可以打在塑料杯子上打洞）。重做实验时，无论是满杯子水还是半杯子水，怎么拎玻璃片都不能把水杯拎起来。老师们也很兴奋，都试了试，没有一次是成功的。

在这个教学设计案例中，你是如何评价教师的做法？

案例分析：课堂教学应坚持以兴趣为动力，关注学生的需要，充分挖掘学生的潜能，利用一切可利用的生活资源来为我们的教学服务，学生的奇思妙想会更有发挥的空间，学生的思维将不断地迸发出创新的火花。同时，课堂上的预设情景紧紧地吸引住了好学、好问、好奇、好动的学生，使学生尽情地投入探究中，让课堂焕发出青春的活力。

 思考与讨论

1. 列举一些物理教学资源的例子。

2. 根据你的学校所处的地理位置和自然环境特点，分析有哪些自然资源可以为物理教学所用。

3. 你是否亲身开发过物理教学资源？如果有，请你谈谈你的做法和感受。

4. 尝试设计和自制一件物理教具，并且同伴间相互学习、讲解和展示。

第十章 物理教学评价

在物理教学的过程中，教师除了需要具备学科知识、教学能力等方面的素质之外，还应该懂得科学地运用教学评价的方法。美国当代著名教育家格朗兰德说过："评价是所有成功教学的基础。"物理教学评价在物理教学中占有重要的位置，既保证了物理课程的有效实施，又促进了学生的发展和教师教学能力的提高。习近平总书记强调："素质教育是教育的核心，教育要注重以人为本。"学校的职责归根结底是教书育人，要坚决破除唯分数、唯升学现状，完善教学评价体系。

第一节 物理教学评价概述

一、物理教学评价的含义

所谓评价，即是对某项活动的成效进行价值判断。物理教学评价是根据一定的教学理念和评价理论，运用多样化的测量手段，让物理教学共同体成员对教师的物理教学和学生的物理学习状况进行描述性的分析研究，并依据这些分析研究对教师的教与学生的学的过程及结果作出价值判断。可见教学评价需要科学的依据，并将依据一定的客观标准对获得的信息和资料进行分析和解释，这样的评价才具有可靠性、准确性。

二、物理教学评价的目的

在教书育人的过程中，评价的目的不再局限于给学生分等级、排名次，而是对学生的发展和潜能进行系统调查，发现学生的优点与长处，指出学生的缺点与不足，更重要的是促进学生树立信心，认识自己的优势与弱势，明确自己的努力方向。教师应具备教学评价的能力，可以在教学之前对学生进行评价，针对不同类型学生的学习行为特性与认知结构缺陷因材施教，进而取得教学的成功。教师也可以根据评价结果（比如单元、期中、期末测试之后），了解自己在教学上的缺失，分析目前的教学情况离目标有多远，判断所用教学方法的有效性，从而及时作出总结，根据需要调整教学策略，制订下一步教学计划。因此，教学评价的方法对于教师因材施教、提高教学质量等方面具有重要的作用。

物理教学评价不仅要对教师的授课质量进行评估，也要对学生的学习水平进行评估。著名的教育评价学家斯塔弗尔比姆说："评价最重要的意图不是为了证明，而是为了改进。"在面对不同个性、智力发展程度不同的学生时，要想作出客观、恰当的评价，就要求教师能正确运用评价手段、方式，以免对学生的成长产生诸多消极影响，如让学生产生"学习失败感、挫败感""不相信自己、缺乏主见""厌学、逃学、不上进"等负面情绪，这些都是非常不利的。教育的最大意义在于让每一名受教育者都对未来充满信心，我们应当给予学生正面的刺激，不断地让他相信自己。

三、教学评价的一般方法

教学评价贯穿整个教学活动中，无时不在，需要教师及时作出一系列决策和判断，也需要教师对学生的知识、能力、成就、态度、兴趣、潜能及发展等进行全面了解，这就要采用多种教学评价方法。根据不同的分类标准，可以把教学评价分成不同的类型。

（一）相对评价法与绝对评价法

按照评价参照标准的不同，可将教学评价分为相对评价与绝对评价。相对评价是指在某一团体中确定一个基准，将团体中的个体与基准进行比较，从而确定团体中的个体在团体中的相对位置的评价。通常采用标准分数进行评价，说明被评者的原始分在团体中所处的相对位置。它具有横向或纵向的可比性，可以用来比较某名学生或某个班级不同科目考试得分在考试测评中的相对位置。相对评价能评价出个体在集体中的相对位置，有利于激发评价对象的竞争意识，但评选出来的优秀者未必就高水平、高质量，未被选上的也不一定就水平低、质量差，故容易降低客观标准。评价的结果所反映的只是评价对象在一定范围内的相对位置，不一定反映出他们的实际水平，同时易导致激烈的竞争，从而挫伤一部分人的积极性。

绝对评价是在评价对象的群体之外以预先制定的目标为评价基准，使评价对象与之进行比较，最终确定评价对象达到目标基准绝对位置的评价。这种评价为评价对象提出了明确的努力方向和应该达到的目标，使每名被评者都可以明确自己的实际水平与客观标准的差距，有利于创设一种积极向上的氛围，但评价标准的制定难以避免主观性，不易做到完全的客观、公正、合理。

（二）数量化评价方法与非数量化评价方法

按照评价是否采用数学方法，可将教学评价分为数量化评价方法与非数量化评价方法。

数量化评价方法是指对事物的发展过程和结果从数量方面进行描述、分析，采用数学的方法得到数量化结果的评价方法。数量化方法的特点侧重于事物的量的方面。具体有：（1）评语定量法。采用这种方法首先要确定教学评价的若干评语。如对某教师的课堂教学效果进行评价，其评语为：教学目标、教学内容、教学方法、教学语言、教学组织、课件应用、教态、板书等十项内容。然后对该教师的课堂教学按上述评语逐项打分。如非常满意打 4 分，基本满意打 3 分，一般满意打 2 分，不满意打 1 分，极不满意打 0 分。计算公式：F（课堂教学效果）＝$F_1＋F_2＋F_3＋F_4＋F_5＋\cdots＋F_{10}$，满分为 40 分，设定 34 分以上为优，30～33 分为良，24～29 分为合格，23 分以下为差。（2）加权定量评定法。这种方法是为了弥补评语定量法不考虑各因素之间实际存在差别的缺点而提出来的，其主要特点是给每一个评价因素加权。此外，还有其他一些数量化方法。如模糊数学方法，指运用模糊数学的理论对一些模糊事物以数量化的描述和运算做出连续性评价结论的方法。数量化方法科学、精确，具有较高的客观性和可靠性，能使一些含糊概念精确化，使主观随意性的程度减弱，但许多教育现象如思想、感情、精神等难以量化。

非数量化评价方法，是指用非数量化方法对事物发展过程和结果从性质的角度进行描述、分析，作出定性结论评价的方法。（1）等级法。这是经常采用的一种传统评价方法，有多种形式，如上、中、下三级制，甲、乙、丙、丁四级制，优秀、良好、中等、及格、不及格或甲、乙、丙、丁、戊五级制，有时各等级之间又分成两部分，如优加、优减、良加、良减等，实际上是把原等级的数量扩大两倍。这种方法的优点是方便、简单、易行，缺点是比较粗略，标准难以精确，受评价者的主观影响较大。（2）评定法。这是一种用简明的评语来表述评估结果的方法，它在评价技能或作品时比较常用。非数量化评价方法能抓住事物的本质，起到数量化评价方法难以起到的作用，目前在教育评价中被广泛使用。这种评价方法的缺点是在设计时有主观随意性和片面性，评价结论也易受到评价者自身素质的影响。

（三）分析评价法与综合评价法

根据评价范围的不同，可将教学评价分为分析评价法与综合评价法。分析评价法，是先把评价对象的评价内容进行分解，然后对其中的每一个具体项目分别进行评价，这种评价方法在现在的教育评价中被广泛使用。综合评价法，是对评价内容的整体进行评价。从表面上看，它似乎没有分解评价内容，实际上分解评价内容的过程是在头脑中进行的。运用综合评价法需要评价者具有较丰富的经验。

（四）自我评价法与他人评价法

自我评价法，是评价者对自己所做的评价。自我评价按照规模的大小，可分为团体自我评价与个体自我评价。团体自我评价是指某一个教育单位或团体，如教育行政部门、学校、某个班级等对自身各个方面的工作成绩或问题进行评价。个体自我评价是指各级各类教育、教学人员及学生对自己各方面的表现进行评价。这种评价法不受时间和场合的限制，简便易行，省时省力，耗资较少，有利于发挥评价对象的主体作用，增强评价能力。不足是缺少外界参照系，不易进行横向比较，容易出现过高或过低的趋向，评价结果的客观性较差。现代教育评价重视评价对象在评价活动中的地位和作用，强调以自我评价为主，要求评价对象从被动接受评价转为主动合作参与评价，强调自我评价应作为各类教育评价的基础。

他人评价法，是评价对象以外的其他主体所进行的评价，如社会有关方面、上级教育行政部门或教育督导机构对学校的评价等。这种评价法客观性强，有利于避免主观片面性，但是评价的组织工作难度较大，花费的人力、财力也比较多。因而他人评价不宜频繁进行，通常先进行自我评价，之后再组织适当规模的他人评价，以发挥两种评价方法各自的优势。

（五）诊断性评价、形成性评价和总结性评价

按照评价的目的，可分为诊断性评价、形成性评价和总结性评价。诊断性评价是教师为考察学生的学习现状以及分析影响学生的学习因素与造成学生学习困难的原因而采取相应的对策，并提供补救性教学措施的评价。诊断性评价可以在教学过程开始之前进行，也可以在教学过程中进行，它总是针对学生学习中出现的问题寻找原因，因此，在因材施教、及时补救等方面凸显了其价值。测试的内容多为学生学习前必要的预备性知识或技能，旨在考查学生了解的情况；测试的题目多为前概念难度较低的题目，旨在查明学生的学习准备情况和不利因素。

形成性评价是指在教学实施过程中为了确定学生的学习效果以及改进和完善教学活动而进行的评价。形成性评价是以过程反馈为中心的评价，不仅注重学生是否达到教学目标，还注重学生的学习效果，通过对教学过程不断地进行测评、反馈与改进，从而使之趋于完善。它更侧重学习过程的改进和完善，有点类似教师在教学过程中的小测验或单元测验，比较频繁，属于非正式测验。测试的内容一般为课题和单元目标样本，评价的目

的在于改进学习过程、调整教学方案。

总结性评价是指在一个大的教学单元或一门课程结束后对学生的学习效果进行的评价。它的目的是评定学生已经达到的学习水平，预测未来教学过程成功的可能性。总结性评价能够判断学生学习水平的高低及学生在群体中相对的位置，起到了鉴别和选拔的作用。它注重过去的教学效果的评定，在一定程度上与期末、期中或升学考试有相同之处，测试的内容是课程和教学的广泛样本。

（六）量化和质性评价相结合

所谓质性评价就是对评价对象在相应的评价指标中做规定描述性的评价，即通过"理解"和"解释"所建构起来的"事实"，这些事实不存在正确与否，只有合适与否，评价结果是评价参与者与被评价者之间达成的一种共识。而量化评价就是赋予研究对象一种纯形式化符号，以反映事物的特征，即找到确定和验证事物因果联系的数量关系。

量化评价的优点是逻辑性强，标准化和精确化程度较高，能对课程现象的因果关系做出精确分析，结论也更为客观和科学。然而，影响与制约教育和课程的变量很多，所建立的量化课程指标体系只能考虑有限的几个变量，容易忽略课程规划中那些难以测量的重要指标，从而影响课程评价的信度。质性评价尊重现实，没有预先安排好的结构进行评价，对问题的认识较为真实、全面。它最突出的特点就是对人的尊重，评价者本人是主要的评价工具，它从评价对象的角度去解释评价对象及其行为的内部意义，关注评价对象自己的看法，尊重评价对象对自己行为的解释。由于质性评价的评价者和评价对象都是人，因而会不可避免地受到各种主观因素的干扰，从而影响评价的信度和效度。

不同类型的评价都以促进受教育者获得发展为目的，同时为评价者的自我完善及有关部门的科学决策提供依据。为此，在教学评价的过程中，各种评价方法要有机结合，互相补充。评价者可以从不同的视角来看待评价问题，根据课程评价的目的与对象、评价的条件与环境以及评价者自身特点，选择适当的评价方法，以获得全面、准确的信息。

四、物理教学评价的内容

《普通高中物理课程标准（2017 年版）》提出的评价内容主要包括以下方面：

物理观念，即评价学生关于物质、运动与相互作用、能量等物理观念的发展水平。例如，能否理解所学的物理概念和规律及其相互关系，能否正确描述和解释自然现象，能否综合应用所学的物理知识解决实际问题。

科学思维，即评价学生从物理学视角认识客观事物的本质属性、运动规律及相互关系的科学思维发展水平。例如，能否将实际问题中的对象和过程转化成物理模型；能否对综合性物理问题进行分析和推理，获得结论并作出解释；能否恰当使用证据证明物理结论；能否对已有结论提出有依据的质疑，并采用不同方式分析解决物理问题。

科学探究，即评价学生提出科学问题、获取证据、作出解释、表达交流等能力的发展水平。例如，能否分析相关事实或结论，提出并准确表述可探究的物理问题，作出有依据的假设；能否制订科学的探究方案，选用合适的器材获得数据；能否分析数据，发现规律，形成合理的结论，并用已有的物理知识进行解释；能否撰写完整的实验报告，对科学探究过程与结果进行交流和反思。

科学态度与责任，即评价学生在认识科学本质、形成科学态度和具有社会责任感方面的发展水平。例如，能否认识到物理研究是一种对自然现象进行抽象的创造性工作；是否有学习和研究物理的内在动机，坚持实事求是，在合作中既能坚持观点又能修正错误；能否依据普遍接受的道德规范认识和评价物理研究与应用，具有保护环境、节约资源、促进可持续发展的责任感。

物理教学评价应以促进学生物理学科核心素养的提升和学习能力的提高为目的，使每名学生都能从教学评价中获得激励，增强学习物理的自信心。

第二节　物理学业质量与学业评价

　　2017 年版普通高中物理课程标准与 2003 年版课程标准相比较，在学生学习评价方面增加了"学业质量""学业质量水平""学业评价"等内容，建立了比较完整的课程评价体系。高中物理学业质量分五级水平，既是指导学生自主学习和评价，教师开展日常教学设计、命题和评价的重要依据，也是高中学业水平考试命题的重要依据。其中，学业质量水平 2 是高中毕业生应达到的合格要求，是学业水平合格性考试的命题依据，学业质量水平 4 是用于高等院校招生录取的学业水平等级性考试的命题依据。

一、学业质量内涵

　　学业质量是学生在完成本学科课程学习后的学业成就表现。学业质量标准是以本学科核心素养及其表现水平为主要维度，结合课程内容，对学生学业成就的总体刻画。依据不同学业水平成就表现的关键特征，学业质量标准明确地将学业质量划分为不同水平，并描述了不同水平学习结果的具体表现。高中物理学业质量是依据物理学科核心素养中的"物理观念""科学思维""科学探究""科学态度与责任"四个方面及其水平，结合课程内容的要求，依据不同水平学业成就表现的关键特征而制定的。

　　高中物理学业质量根据问题情境的复杂程度、知识和技能的结构化程度、思维方式或价值观念的综合程度等划分为不同水平。每一级水平皆包含物理学科核心素养的四个方面，主要表现为学生在不同复杂程度情境中运用重要概念、思维、方法和观念等解决问题的关键特征，不同水平之间是由低到高逐渐递进的关系。

二、学业质量水平

　　物理学业质量水平是各学科明确学生完成本学科学习任务后，学科核心素养应该达到的水平，各水平的关键表现构成评价学业质量的标准。《标准》制定了"学业质量水平"，分五级水平，相当于给出了学业质量标准（见表 10-1）。

213

表 10-1 学业质量水平

水平	质量描述
1	（1）初步了解所学的物理概念和规律，能将其与相关的自然现象和问题解决联系起来。 （2）能说出一些所学的简单的物理模型；知道得出结论需要科学推理；能区别观点和证据；知道质疑和创新的重要性。 （3）具有问题意识；能在他人指导下使用所学的简单的器材收集数据；能对数据进行初步整理；具有与他人交流成果、讨论问题的意识。 （4）认识到物理学是对自然现象的描述与解释；对自然界有好奇心，知道学习物理需要实事求是，有与他人合作的意愿；知道科学·技术·社会·环境存在相互联系。
2	（1）了解所学的物理概念和规律，能解释简单的自然现象，解决简单的实际问题。 （2）能在熟悉的问题情境中应用所学的常见的物理模型；能对比较简单的物理问题进行分析和推理，获得结论；能使用简单和直接的证据表达自己的观点；具有质疑和创新的意识。 （3）能观察物理现象，提出物理问题；能根据已有的科学探究方案，使用所学的基本的器材获得数据；能对数据进行整理，得到初步的结论；能撰写简单的报告，陈述科学探究过程和结果。 （4）认识到物理学是基于人类有意识的探究而形成的对自然现象的描述与解释，并需要接受实践的检验；有学习物理的兴趣，具有实事求是的态度，能与他人合作；认识到物理研究与应用会涉及道德与规范问题，了解科学·技术·社会·环境的关系。
3	（1）了解所学的物理概念和规律及其相互关系，能解释自然现象，解决实际问题。 （2）能在熟悉的问题情境中根据需要选用所学的恰当的模型解决简单的物理问题；能对常见的物理问题进行分析，通过推理，获得结论并作出解释；能恰当使用证据表达自己的观点；能对已有观点质疑；从不同角度思考物理问题。 （3）能分析物理现象，提出可探究的物理问题，作出初步的猜想；能在他人帮助下制订科学探究方案，使用基本的器材获得数据；能分析数据，发现特点，形成结论，尝试用已有的物理知识进行解释；能撰写实验报告，用学过的物理术语、图表等交流科学探究过程和结果。 （4）认识到物理研究是建立在观察和实验基础上的一项创造性工作；有较强的学习和研究物理的兴趣，能做到实事求是，在合作中能尊重他人；认识到物理研究与应用应考虑道德与规范的要求，认识到人类在保护环境和促进可持续发展方面的责任。

（续表）

水平	质量描述
4	（1）理解所学的物理概念和规律及其相互关系，能正确解释自然现象，综合应用所学的物理知识解决实际问题。 （2）能将实际问题中的对象和过程转换成所学的物理模型；能对综合性物理问题进行分析和推理，获得结论并作出解释；能恰当使用证据证明物理结论；能对已有结论提出有依据的质疑，采用不同方式分析解决物理问题。 （3）能分析相关事实或结论，提出并准确表述可探究的物理问题，作出有依据的假设；能制订科学探究方案，选用合适的器材获得数据；能分析数据，发现其中规律，形成合理的结论，用已有的物理知识进行解释；能撰写完整的实验报告，对科学探究过程与结果进行交流和反思。 （4）认识到物理研究是一种对自然现象进行抽象的创造性工作；有学习和研究物理的内在动机，坚持实事求是，在合作中既能坚持观点又能修正错误；能依据普遍接受的道德与规范认识和评价物理研究与应用。具有保护环境、节约资源、促进可持续发展的责任感。
5	（1）能清晰、系统地理解物理概念和规律，能正确解释自然现象，能综合应用所学的物理知识灵活解决实际问题。 （2）能将较复杂的实际问题中的对象和过程转换成物理模型；能在新的情境中对综合性物理问题进行分析和推理，获得正确结论并作出解释；能考虑证据的可靠性，合理使用证据；能从多个视角审视检验结论，解决物理问题，具有一定的新颖性。 （3）能面对真实情境，从不同角度提出并准确表述可探究的物理问题，作出科学假设；能制订有一定新意的科学探究方案，灵活选用合适的器材获得数据；能用多种方法分析数据、发现规律、形成合理的结论，用已有物理知识作出科学解释；能撰写完整规范的科学探究报告，交流、反思科学探究过程与结果。 （4）认识到物理学是人类认识自然的方式之一，是不断发展的，具有相对持久性和普适性，但同时也存在局限性；有较强的学习和研究物理的内在动机，能自觉抵制违反实事求是的行为，在交流中既能主动参与又能发挥团队作用；在进行物理研究和应用物理成果时，能自觉遵守普遍接受的道德与规范，养成保护环境、节约资源、促进可持续发展的良好习惯。

三、物理学业评价

　　高中物理学习评价应围绕物理学科核心素养的具体要求，创设真实而有价值的问题情境，采用主体多元、方法多样的评价方式，客观全面地了解学生物理学科核心素养发展状况，找出存在的问题，明确发展方向，及时有效地反馈评价结果，促进学生全面而有个性发展。

（一）评价原则

目的明确　围绕物理学科核心素养收集反映学生发展情况的信息，判断学生达到的水平和学习中的问题，明确进一步学习的方向；创造机会让学生开展自我评价和相互评价，学会正确评价自己的进步，反思自己的不足，更好地进行学习。

可信有效　"可信"指评价过程中所收集的数据和资料符合学生的实际情况，"有效"指评价的工具确实指向学生的物理学科核心素养，反映学生物理学科核心素养的真实水平。

全面深入　评价不仅要依据课程标准全面检查学生所学的基础知识和基本技能，更重要的是要深入检测学生是否通过基础知识和基本技能的学习形成正确的物理观念，是否掌握了科学的思维方法，是否具有相当的探究、解决实际问题的能力，是否具有科学态度和责任，判断学生所达到的物理学科核心素养水平。

主体多元及方式多样　要发挥学校、教师和学生等不同角色在评价中的作用，从不同视角进行评价。应将单项评价与整体评价、定量评价与定性评价、终结性评价与形成性评价有机结合，及时准确地反馈评价结果，保证评价结果与改进策略的一致性。

激励进步　要将评价作为进一步促进学生学习和发展的重要手段，建立学生成长记录档案，记录学生成长轨迹，激发个性潜能，激励学生不断地发展进步。

（二）评价任务设计

教师要根据课程阶段性、层次性的特点以及学生个体差异等，设计有效的评价任务。教师要理解物理学科核心素养的内涵，认识到学生物理学科核心素养的发展是一个自我建构、不断发展的过程，领会真实物理情境在评价学生物理学科核心素养方面的作用。评价任务设计要符合学生的认知特点，着力提高学生分析综合及创造性解决实际问题的能力。

评价任务设计是实施评价活动的基础，一般包括以下三个步骤：

步骤一，根据物理学科核心素养和学业质量水平的要求制定评价目标。评价目标的描述要明确、具体、可测，体现一定的概括性。要说明学生在什么样的问题情境中，运用哪些物理知识、思想和方法，其行为应达到什么样的水平。

步骤二，根据评价目标和课程内容要求设计评价内容。评价内容的设计应以物理基本概念和规律为依托，指向物理学科核心素养，创设有利于学生讨论、探究的真实问题情境，评价学生在真实学习环境中物理学科核心素养的表现水平，以提高评价的真实性和准确性。

步骤三，依据物理学科学业质量水平制定评价指标。评价指标的制定要针对评价内容，依据物理学科学业质量水平进行具体描述，要体现学生在具体学习活动中的行为表现。

（三）评价方式

日常学习评价，主要是评价学生在日常学习过程中所表现出来的素养水平和综合能力。日常学习评价应与学生的学习融为一体，成为日常教学的一部分。为此，教师在教学设计过程中应同时考虑安排丰富多样的评价任务，选择适当的评价方式，确保评价全面、真实、有效，起到检查效果、诊断问题、明确方向、促进发展的目的。日常学习评价通常有四种方式：课堂问答、书面评语、自我评价和同伴评价、阶段性测试。

课堂问答指在课堂教学过程中教师和学生之间的言语互动，在多数情况下是教师提问和学生回答，是一种融教师教学与学生学习于一体的过程性评价，可及时了解学生学习的情况，找出存在的问题，及时加以纠正。课堂问答应起到一种桥梁作用，在学生原有基础与课堂学习的目标之间搭起桥梁，帮助学生克服学习障碍，纠正原有的错误观点或模糊认识，达到新的思维高度和探究水平。

课堂问答的关键在于问题的设置。问题设置应有针对性，即针对学生原有的想法、观念和思维惯性等设置问题，引发认知冲突；应与学习目标密切关联，学生能正确回答问题，就意味着向学习目标前进一步，通过这样一系列的问题和对问题的分析解答，帮助学生自然而然地达到学习目标；应有恰当的思维难度，让学生"跳一跳、摸得到"，使学生既不至于无从下手，又不会觉得没挑战性。过难和过易的问题既不利于学生的学习，又不利于调动学生的积极性。

书面评语指的是教师对学生的作业、实验报告、研究性活动或其他活动报告所做的书面评语，是一种过程性的质性评价。书面评语不是简单地给学生一个等级或分数，而是用一段话表达教师对学生学习的看法。主要内容通常包括：学生的学习欲望、投入情况和学习策略，反映学生物理学科核心素养水平的学习成果。

书面评语可具体地说明学生的进步、存在的问题以及今后努力的方向，带给学生的信息比简单的一个等级或分数更多、更具体和深入，对学生的学习有更大的促进作用。评语应以正面鼓励为主，但也要明确指出学生学习中存在的问题，并进行合理分析，起到帮助学生认识和解决问题的作用。

自我评价和同伴评价是让学生作为主体对自己或同伴的学习进行反思，检查回顾学习的起点、过程、成果、困难和问题及其产生的原因，从而对自己的学习方法和学习能力有清醒的认识，明确下一步学习的方向，进而学会评价与反思。自我评价和同伴评价不仅对学生当前的学习很重要，对学生培养终身学习能力也十分重要。

自我评价和同伴评价的方法多样，如教师要创造机会，引导学生在学习中及时自我反思和相互讨论；采用成长记录的方式，让学生用自己的语言描述学习和进步的情况，对自己和他人的作品进行评议，教师要及时对成长记录进行评析，肯定学生的进步，指出存在的问题，明确进一步学习的方向；在一阶段的学习结束之后，可通过分组或全班的形式举行学习分析讨论会，教师不应代替学生进行分析，而应提出具体的问题，引导学生讨论，和学生一起分析总结。

在经过一个阶段的学习之后，需要对学生进行阶段性的测试，以便较为全面和深入地了解学生学习所达到的水平和存在的问题。阶段性测试的目标应与物理学科核心素养要求、课程内容要求以及学业质量相吻合。测试内容的选择应与测试目标保持一致，围绕课程标准中有关内容和学业要求的规定，评价学生是否达到要求。

测试应有较高的信度和效度，要制定科学、可操作的评价指标，能客观、全面、有效地收集学生物理学科核心素养发展水平的信息，真实反映学生物理学科核心素养发展的水平。

在阶段性测试中，还应注意测试结果的反馈，让学生参与测试结果的判断和解释过程，关注后续决策与测试结果的一致性。教师应将测试结果及时反馈给学生以帮助学生发现、纠正学习中存在的问题，增强学生学习物理的兴趣和自信心，促进学生的发展。教师应充分认识测试结果不同呈现方式的优势和不足，采取恰当的方式进行反馈，让学生了解自己取得了哪些进步、发展了哪些能力、还有什么潜能，同时指出存在的不足，引导学生积极调整学习策略、学习方法等。

（四）学业水平考试与命题建议

学业水平考试是保障教育教学质量的一项重要制度，是根据国家普通高中课程标准和教育考试规定，由省级教育行政部门组织实施，以学业质量为依据的标准参照考试，主要测量学生是否达到国家课程标准规定的学业质量的要求。学业水平考试的成绩是学生高中毕业或升学的重要依据。实施学业水平考试，是为了落实发展学生物理学科核心素养的课程目标，促使学生认真学习每门课程，避免偏科；有利于学校准确把握学生的学习情况，改进教学管理；有利于高校选拔适合学校特色和专业要求的学生，促进高中、高校人才培养的有效衔接。

1. 考试设计要求

（1）考试内容要求

物理学业水平考试的内容应根据普通高中课程方案和课程标准的规定及要求确定，注意考查物理学科核心素养目标。考试内容的任务情境应符合学生心理发展水平和认知规律，反映物理学科本质，密切联系社会、经济、科技、生产生活实际，充分体现考试评价促进学生学习、甄别学生学业水平的功能。

用于高中毕业的学业水平合格性考试的考查内容为高中物理中的必修内容，要体现基础性和全面性，反映学业质量水平和物理学科核心素养的基本要求。注重考查对必修课程中的基本概念和基本规律的了解和认识情况，试题要注重围绕生产生活或科技等设计问题情境，加强对学生运用基础知识解决简单实际问题能力的考查。

用于高等院校招生录取的学业水平等级性考试的考查内容为高中课程标准规定的必修和选择性必修两部分内容，要体现综合性和应用性。注重考查对必修和选择性必修课程中重要的物理概念与规律的理解与运用情况，试题的任务情境要与生产生活、科技发展等紧密联系，要关注物理学前沿与成果应用；要探索设计与现实相关的问题情境，加强对学生应用物理学知识综合解决实际问题能力的考查；要强调创新精神和实践能力的考查，能较好地区分学生物理学科核心素养的水平。

（2）试卷结构要求

学生完成普通高中物理必修课程学习后，可参加用于高中毕业的学业水平合格性考试。学业水平合格性考试旨在诊断学生是否达到高中毕业的水平要求，达到学业质量水平 2 为合格。用于高中毕业的学业水平合格性考试要科学合理地设计试卷结构，包括试卷长度、题型比例、试卷难度等。

学业水平等级性考试旨在诊断学生通过相关课程的学习，是否具备进入高等院校相关专业学习的资格。学业质量水平 4 是进入高等院校相关专业学习应达到的水平要求。用于高等院校招生录取的学业水平等级性考试应具有较好的区分度，要求试卷结构设计科学合理，有利于区分学生不同层次的学业水平，有利于高校选拔人才。

（3）试题命制流程

试题命制的流程包括以下三个步骤：根据课程标准关于物理学科核心素养和学业质量水平的要求，制定试题考核目标，明确命题依据；根据课程标准中的内容要求和试题考核目标，围绕常见的生产生活、科技事件等设置试题任务情境，明确评价内容；依据物理学科的学业质量水平、学生的学业行为表现，制定试题评分标准，明确评价指标。

2. 命题建议

命题工作科学性、专业性要求高，命题队伍要深入研究课程标准，熟悉学业质量水平；了解高中物理教材，了解学生学习的实际情况，了解相关教育测量理论，能用教育测量理论指导命题工作，努力提高考试命题的质量和水平。同时，还应注意以下方面：

（1）科学设计试卷结构。根据用于高中毕业的学业水平合格性考试和用于高等院校招生录取的学业水平等级性考试的不同评价目标，合理确定两种考试的试卷结构，包括试卷长度、内容结构、难度结构等，并制定科学、有效的多维命题细目表。

（2）合理设计题型结构。要认真研制用于高中毕业的学业水平合格性考试和用于高等院校招生录取的学业水平等级性考试的试卷题型结构，保持不同题型的适当比例。选择题能较好鉴别学生对物理概念和规律及其相互关系的理解，能提高试卷考查内容的覆盖面，提高考试的信度；非选择题能呈现学生的解答过程，比较深入地反映学生分析问题、解决问题的能力，能较好地评价较高层次的物理学科核心素养。因此，设计试卷的题型结构时，选择题和非选择题的数量要合理搭配，关注测试的目的及不同水平的要求。

（3）科学合理设计试题难度。要从物理学科核心素养、试题情境和知识内容的要求等方面科学合理地设计试题难度。可根据物理学科核心素养的水平层次、试题情境的复杂性或新颖性、知识要求的深度或广度等多方面来设计试题的难度，保证合理的梯度，有利于学生发挥正常水平，符合考试的目的要求。

（4）试题应有明确的测试目标。试题的立意要明确，要清楚地指向物理学科核心素养某个或多个方面，尽量明确到对具体要素的测试。整份试卷考核的内容要尽可能涵盖学科所有可测的物理学科核心素养。针对用于高中毕业的学业水平合格性考试和用于高等院校招生录取的学业水平等级性考试的不同目的，试题考核的物理学科核心素养水平应有所不同，要符合两类考试的具体要求。

（5）试题所涉及的知识内容应具有代表性。要根据考核目标，按照课程标准中的课程内容要求，抽取具有代表性的核心物理概念、规律、思想和方法等内容设计试题；要反映物理学的知识结构和基本规律，要与今后的进一步学习或职业选择相适应。所抽取的知识内容要具有合理的覆盖面和适当的比例。

（6）试题的情境要具有一定的问题性、真实性、探究性或开放性。通过学生在应对复杂现实情境，参与相应探究学习活动中的外在表现来考查物理学科核心素养。因此，评价学生的物理学科核心素养，应尽量创设类型多样的、具有一定复杂程度的、开放性的真实情境作为试题的任务情境。

（7）试题的编制要科学、规范。试题的情境设问的角度及方式要科学、可信、新颖、灵活；试题的表述方式要科学、合理、有效，符合学生的认知特点和能力水平。选择题的题干要围绕一个中心，选择的错误选项要具有较强的干扰性，能反映学生的典型错误，有利于学生改进学习，各个选项的结构、长度要大体一致。

（8）试卷评分标准应清晰准确。评分标准的制定要依据学业质量水平的要求，清晰界定所考查的知识、能力和素养，使之能相对比较准确地判断学生的物理学科核心素养及其水平。评分标准要摒弃单纯的、知识性的描述方式，要探索基于物理学科核心素养的等级划分。

第三节　物理课堂教学评价

课堂教学是教师和学生根据特定的教学目的，围绕一定教学内容所进行的一系列的有效教学活动。课堂教学活动应以学生为主体，以学生发展为本，理解和尊重学生，平等地为每名学生提供表现、创造和成功的机会。课堂教学评价需要关注学生的全面发展，不仅关注学生的物理观念，更应体现科学思维、科学探究、科学态度与责任方面的发展。

所谓课堂教学评价，是以现代教育教学理念、现代课堂教学观为依据，运用可操作的科学手段，按照一定的价值标准，对课堂教学的各个要素及发展变化进行价值判断的过程。课堂教学评价的实施为被评价者设计教学、改进教学以及激励其创造性教学提供依据。

一、物理课堂教学评价指标体系

（一）物理课堂教学评价概念的界定

课堂教学评价是学校评价工作的重点，也是教学评价的核心。我们认为物理课堂教学评价就是指在物理课堂教学具体实践中师生共同进行的，以激励和提高为目的，依据科学有效的评价理论，对教师的课堂教学作出价值判断的过程。

（二）物理课堂教学评价的特点

物理课堂教学评价是以发展和提高为根本目的的一种形成性评价，与传统的课堂教学评价相比，有其鲜明的特点。

1. 过程性

传统的物理课堂教学评价往往只注重对教学结果的评价，通常以对学生获得的成绩作出评价来区别或选拔学生。而发展性物理课堂教学评价的价值定位不在于课堂教学的结果，而在于全面客观地给学习者提供反馈信息，使他们清楚地知道自己的学习进行得如何、有什么收获以及有什么失误，从而引导他们更有效地学习。对教师而言，通过课堂教学评价，他们清晰地明白了课堂教学实践中的优点和不足，及时地改正了教学思想，进一步地改进了教学方法，有效地提升了课堂教学质量。

2. 可行性

物理课堂教学评价的可行性，首先，表现在评价的指标和内容应当因地而异，要考虑地区的差异，决不能以同一指标和内容对待不同地区的学校制定的评价标准，要适合评价对象的现状和未来的发展。其次，评价过程中所采用的方法应该是切实可行的，切忌简单地照搬或抄袭，能反映学科特色评价的结果要求客观、公正和有效。最后，在对待评价信息的处理上采用的技术和手段应具有先进性，能从定量和定性两方面对物理教师做出全面的评价，使评价的结果具有较高的信度。

3. 多元性

物理课堂教学以学生发展为本，其目的是使学生获得应对未来生活所应具备的知识、能力和情感。因此，教学评价要体现多元性。这种多元性主要体现在：（1）评价内容的多元性。物理课堂教学评价不仅关注学生智力的评价，更关注学生能力、情感的评价。（2）评价主体的多元性。物理课堂教学评价是对教师和学生全方位、多途径的评价，评价主体可以是上级领导、学科专家、同行或者学生与家长。（3）评价方式的多元性。评价可以是他人评价，也可以是自我评价，或是同行合作评价。（4）评价策略的多元性。评价可以是量性评价，也可以是质性评价，或是两种评价相结合。

（三）评价指标体系建构的基本原则

所谓评价指标是指被评价的因素，而被评价的全部因素的集合便是评价指标体系。它一般包括评价的项目指标与评价的要点标准，以及各项指标的权重系统与标准的文字描述。广义的评价指标体系还包括评价的方法、技术及其有关说明。

物理课堂教学评价指标体系的建立应遵循以下原则：

1. 符合课程目标原则

了解新课程改革的总目标，并在确立物理课堂教学评价指标体系时符合物理课堂教学"核心素养"的物理教学目标原则，即"物理观念、科学思维、科学探究、科学态度与责任"，并把此作为评价指标的确立依据和指导思想。

2. 相对独立性原则

这是对评价指标体系建立的科学性要求。即从事物的某一个分类基准出发，分解要素项目，使各项指标之间尽量互不相容，每个指标都尽可能独立地提供信息，设法防止重叠的关系，避免冗余指标的干扰，保证评价的信度与效度。

3. 可操作性原则

教学评价指标要具有明显的可操作性，要具体、明确。一方面，评价指标中各项反映的现象及事物是可测的、具体的且明确的，能成为行为化、操作化的规定，使评价者可观察、易测量和可比较，并通过它们判断目标的要求是否达到。另一方面，对指标条款的数量不过多、过繁，要利于观察、操作和记录，便于理解和运用，又不能过于简单、粗略、笼统，以免造成难以判断或误差大的情况。

4. 量化和质性评价相结合的原则

在课堂教学评价中应该把定量和定性两种评价有机地结合起来，并且实行评价指标多元化、评价方法多样化，才能使评价结果相对客观，从而保证课堂教学评价目标的实现和评价功能的充分发挥。

5. 权重的确定

物理课堂教学的课型有多种，有以物理概念和规律为主要内容的讲授课，也有以物理实验为主要教学内容和手段的实验课，还有以复习为目的的复习课等。因而针对不同物理课型和内容进行评价时，教学设计、教学内容、教学实施等因素在指标体系中所占有的权重应该有所不同，很难确定一个通用的权重对各类型物理课进行统一的评价。因此，权重应根据所要评价的课程内容，将各评价人员的意见进行集中讨论，采用定量统计的方法最后确定权重。

（四）物理课堂教学的评价指标体系

物理课堂教学过程由课堂教学设计、教学内容、教学实施、物理实验和学习情感等多个环节构成，其主要环节的评价指标参考如下：

1. 课堂教学设计的分级指标

（1）整个课堂教学设计应有一定的程序性，无论是课前，课中还是课后；

（2）在教学实施前对学生有全面的了解，比如学生的认知水平、接受能力状况等；

（3）在教学过程中对学生有一定的学法指导；

（4）创设有效的物理情境，给予学生丰富的学习体验；

（5）教学手段符合教学内容，能促进学生学习；

（6）采用适当的教学媒体激活课堂气氛。

2. 教学内容的分级指标

（1）物理教学内容不可千篇一律，必须因班而异、因人而异；

（2）所传授的知识必须具有科学性，讲述和解答的问题正确、清楚，无科学性或逻辑性错误；

（3）注重挖掘教学内容的教育性，做到教书育人；

（4）重视教学内容的发展性，善于发现教学内容的创新点，能通过假设、猜想、分析及证明得出知识并予以丰富；

（5）重点、难点明确，在教学中努力突出重点，合理分散难点，适时抓住关键点；

（6）教学内容的范围适中，符合物理课程标准的要求；

（7）教学内容的难度合理，以物理课程标准为依据。

3. 教学实施的分级指标

（1）围绕目标组织实施，课堂教学结构严谨；

（2）教学过程反馈及时；

（3）注重对知识的探究；

（4）教学情境的设置具有趣味性，问题嵌入自然，并给予学生足够的思维空间；

（5）教学内容具有层次性；

（6）学生学习小组的功能发挥正常，能彼此协作、共同进行意义建构；

（7）学会研究方法，如归纳、演绎、理想化、类比、等效、对称等方法；

（8）调动学生的形象思维、直觉思维和逻辑思维解决物理问题；

（9）学生在教师的引导下归纳出知识的内涵和外延；

（10）科学史观的有机渗透和不同领域知识的相互渗透。

4. 物理实验教学的分级指标

（1）能正确理解与物理实验有关的物理概念、物理规律；

（2）物理实验的内容符合学生的认知水平和年龄特征；

（3）发挥物理实验对学生情感培养和创新精神培养方面的功能；

（4）实验教学能充分激发学生的学习兴趣，积极引导和启发学生的思维；

（5）在实验过程中，鼓励学生认真观察、积极动脑思考问题、主动进行探究；

（6）引导学生学会运用与实验相关的物理知识和其他学科知识；

（7）会制作简单的实验仪器或改进实验仪器，能使用已有的实验仪器完成实验；

（8）能在实验过程中恰当设置问题，并引导学生分析问题、思考问题；

（9）能创设良好的实验氛围，使学生既学会独立操作，又重视与同伴的合作与交流；

（10）鼓励学生克服困难，教会学生排除简单的实验故障，分析某些实验产生误差的原因。

5．教学情感的分级指标

（1）努力创设一个和谐、民主、宽松的教学环境；

（2）尊重每名学生思考问题的方式，对于学生的错误思维要耐心听取，正确引导，并及时给予鼓励；

（3）设置合理的问题情境，激发学生的学习兴趣；

（4）鼓励学生大胆质疑；

（5）鼓励学生打破常规，标新立异；

（6）充分了解学生理解和接受知识的情况，合理地布置任务。

上述五个方面构成了物理课堂教学评价指标体系的内容。这五个方面从不同的角度反映了物理课堂教学的总目标，它们既独立，又彼此相关，因此，在评价时需要将它们视为一个整体来评价课堂教学。

二、物理课堂教学评价表

下面呈现的是一份物理课堂教学评价表（见表 10－2），仅作为参考。具体的评价应根据具体的情况进行调整，并在实施的过程中不断改进。

表 10−2 中学物理课堂教学评价参考量表

评价项目		评价参考内容	权重	评价等级					备注
一级指标	二级指标			A	B	C	D	E	
教学目标	物理观念	符合课程标准的要求，难度适宜							
		符合学生心理特征、认知水平							
		引导学生形成对物理观念的认识							
		教会学生运用物理观念解释自然现象和实际问题							
	科学思维	注重学生思维意识的培养							
		注重科学思维方法的培养							
		鼓励学生大胆质疑，从不同角度考虑问题							
	科学探究	理解科学探究的含义							
		培养学生科学探究的意识							
		学会科学探究的方法							
	科学态度与责任	激发学生学习的好奇心和求知欲							
		鼓励学生发表自己的看法，实事求是，不迷信权威							
		培养学生具有热爱自然、珍惜生命、保护环境、节约资源的责任感							
教学设计	课堂结构	设计合理，体现循序渐进、衔接自然的思想							
		时间分配合理，内容重点突出							
	情境设置	符合学生前概念和已有生活经验							
		恰到好处并有利于教学目标的实现							
	设计创新	课堂设计不落俗套、构思新颖、情境创新、方法创新、内容创新							
学生活动	主体性体现	学生积极参与教学活动							
		教学民主，调动绝大多数学生（广度）							
		注重学生发展，给学生留有空间（深度）							
	因材施教	教学过程层次明显，能照顾不同学生需要							

（续表）

评价项目		评价参考内容	权重	评价等级					备注
一级指标	二级指标			A	B	C	D	E	
教学效果	目标实现	完成教学任务，达到预期教学目标							
	课堂气氛	课堂气氛活跃							
	师生关系	师生关系和谐、平等、融洽							
	学生发展	学生在核心素养的培养上得到发展							
	学科特点	符合学科特点，无科学性错误							
教学特色	教师特色	能发挥教师自己的特长							
	设计特色	有创新，有亮点							
教师基本素质	主导作用	能驾驭课堂，收放自如，应变能力强							
		能够调动学生思维和行为的积极性							
		组织有序且生动活泼，收放适度							
		教态亲切大方，有感染力，注重反馈							
	教学技能	引入恰当合理，过渡自然流畅							
		教学语言准确到位、简洁规范							
		板书设计科学合理、美观大方、字迹清晰							
	专业知识	本学科知识点准确无误							
		相关学科知识引用合理、准确							
	实验操作技能	演示实验规范、可视度高，分组实验指导恰当、到位，实验器材使用合理							

（续表）

评价项目		评价参考内容	权重	评价等级					备注
一级指标	二级指标			A	B	C	D	E	
教学资源	多媒体教学资源	所用多媒体技术有利于实现课堂设计							
		多媒体的运用具有必要性、创造性							
		多媒体辅助教学有利于提高学生素质							
	社会资源	合理利用各种社会资源							
评语									
评课人签字									

上面的中学物理课堂教学评价参考量表从教学目标、教学设计、学生学习活动、教学效果、教学特色、教师基本素养与教学资源方面确定了一堂课的评价指标。该评价指标分为一级指标和二级指标，包括了学生学习状态评价、教师教学行为评价、教师基本功评价，充分体现了新课程的理念。

总之，物理课堂的教学评价应帮助学校、教师、学生、家长等诸方面了解中学物理教学的情况，以促进学生物理学科核心素养教学目标的实现。

☆ 拓展阅读

"自由落体运动"概念得出的教学

下面是两个老师的教学片段对比，对于同样的教学内容，即高中物理"自由落体运动"概念得出的教学，在教学处理上两位老师存在很大的差异。具体教学片段如下：

[案例 1]

教师 A：表面积相同的一枚硬币和一张小纸片从同一高度无初速度地释放，同学们是否能看到硬币下落得快些，而纸片下落得慢些？

学生回答：是。

教师 A：这是一个古老的问题。早在两千多年前，亚里士多德提出了一个错误的观点，而这个错误的观点被伽利略巧妙地推翻了。

教师 A：为什么看见的"事实"不真实呢？

学生没有反应。

教师 A：其实这是空气阻力作用的原因，如果没有空气阻力，轻、重物体下落的快慢是一样的。

接着，教师进行真空管的演示实验……

[案例 2]

教师 B：（教师演示实验）让两个相同面积的纸板和白纸从同一高度静止下落。

实验现象：纸板先落地。

结论：重的物体比轻的物体下落得快。

（教师讲述）伟大的哲学家亚里士多德就曾通过观察生活中的现象得出了这个结论。

（教师反问）大家认为亚里士多德的观点正确吗？

（学生实验）（1）让纸板和白纸从同一高度由静止释放。（2）把白纸揉成团，让其与纸板从同一高度静止释放。（3）把两张同样大小的纸的其中一张揉成团，另一张不变，让它们从同一高度静止落下。

（学生总结）由于空气阻力的影响，物体下落有快有慢。

教师 B：（教师顺势引导）那么在没有空气阻力的空间里，物体下落的情形又是怎样呢？

（学生猜想）在没有空气阻力的空间里，物体下落一样快。

（教师介绍仪器并演示）金属片和羽毛在没有空气的管中下落，两者几乎同时落下。

（对比实验）金属片和羽毛在有空气的管中下落，金属片先落地。

（学生观察实验并总结）在没有空气阻力的情况下，物体从同一高度静止下落的快慢相同。

教师B：我们很容易就得到了正确的结论，可历史上对落体运动的探究却经历了漫长的过程，由于当时人们的认识和科技水平较低，直到伽利略通过抽象思维加科学实验的方法否定了亚里士多德的观点。传说伽利略在比萨斜塔做过落体实验：在塔顶，他同时释放轻重不同的两个铅球，最后两个铅球同时落地。这个实验有力地反驳了亚里士多德的观点，得出了结论——在忽略空气阻力的情况下，物体从同一高度静止下落的快慢相同。

教师B：我们把这种物体只受重力由静止下落的运动叫自由落体运动。同时，强调对"自由"两个字的理解。

（学生回答）"自由"两个字的含义，即物体只受重力、初速度为零。

思路解析：两位教师讲授同样的教学内容，使用的也是相同的教学仪器，但是产生了两种不同的教学效果。如何评价这两节课的教学，哪种教学方式是新课程所倡导的学习方式，请你根据课堂教学评价的理论，对两位老师的教学进行评价。

 思考与讨论

1. 有人说："有什么样的课堂教学评价标准，就会有什么样的课堂教学行为。"这句话说明了什么？

2. 在物理教学评价中，自我评价和同伴评价都有哪些方法？

3. 进行物理教学评价设计的依据是什么？

4. 请自行设计一份物理课堂教学评价表。

第十一章　物理教材分析

学会对教材进行分析是对中学物理教师最基本的要求。为了达到这一要求，培养能充分胜任新课程理念指导下的中学物理教师，师范生学习物理课程与教学论中有关"中学物理教材分析"的内容就显得尤为必要。

物理教材是根据物理课程标准，通过组织和编写，将物理知识、物理思想、物理方法按照一定逻辑程序构成的一个教学体系。教材分析作为物理课程与教学论的主要研究内容，包括教材分析的含义，分析教材中的具体内容，以及如何学会分析教材。认识、理解和掌握教材是对教师最基本的要求，需要通过教材分析来实现。

第一节　物理教材分析概述

一、学会物理教材分析

教材分析的目的在于帮助师范生了解中学物理教材的改革动态、掌握分析和处理中学物理教材的基本方法，从而使得高等师范教育能更好地适应基础教育物理课程改革和发展的需求，培养出能承担全新理念下的中学物理教学工作的合格教师。

任何课程实施的第一步都是要对教材进行科学系统的分析、深入细致的研究，这样才能保证课程实施的有效性。新教材中体现出来的新的课程理念，需要学生和教师准确地理解、正确地把握。师范生教材分析能力的培养对于基础教育改革具有重要的意义。师范生看待中学物理教材往往只限于熟悉教材中的知识点，他们普遍认为对教材框架有大致的了解，等讲到具体内容的时候再熟悉教材即可，往往忽视了对课程标准、教材内容所做的细致分析。师范生的教材分析往往突出知识维度的教学目标，而忽略科学态度与责任的教学目标。同时，师范生普遍存在着备教材、不备学生的问题，容易忽视对学生基础知识、学习心理、学习需求的思考与分析。为此，教会师范生分析教材是高等师范教育物理课程与教学论课程的重要任务之一。

二、物理教材分析的意义

（一）通过教材分析，教师能更好地实现教学目标

高中物理课程的总目标是学习终身发展必备的物理基础知识和技能，了解知识与技能的应用，学习科学探究方法，发展好奇心和求知欲等。这些目标的实现都蕴含在物理知识与技能的讲述中、过程与方法的教学中和情感教学内容的渗透中。教师通过对教材内容进行深入分析，才可能挖掘出教材本身所包含的思想、方法和能力。课程标准是教材编写的直接依据，我们要结合课程标准来分析教材，理解教材编写的指导思想、教材结构、教材内容与编写特色，从而实现教学目标。

（二）通过教材分析，教师能够从整体上把握教材结构

分析每一个知识点，认识它在整个教材内容及物理学发展中所处的地位，才能真正掌握它的内涵；分析每一个知识点，是明确重点、确定难点的依据；分析每一个知识点，才能认识每部分内容在知识、能力和情感方面所体现的价值；分析每一个知识点，了解知识之间的联系，才能从整体上了解教材的编写意图、内容选取原则、风格特点等。教师只有对上述方

面进行理解，才能从整体上把握物理教材。

（三）通过教材分析，教师能挖掘出教材中隐含的情感态度与价值观因素

教材中知识的理论价值和应用价值表现得比较明显，而能力培养价值和思想教育价值却蕴含在物理知识中，具有隐蔽性，往往容易被忽略。从培养学生能力和进行价值观教育的观点来看，能力、科学态度与责任这些隐蔽的因素起到了重要的作用。只有通过教材分析，才能够挖掘出教材中隐含的能力价值和思想教育价值，进而有利于对学生进行能力培养和思想教育。

（四）通过教材分析，教师进行的物理教学设计才能达到预期效果

只有分析教材中所包含的能力、情感、科学态度与责任等隐性因素，才能根据教学内容和要求，结合实际情况，进行合理的教学设计，选择适宜的教与学的方法，达到预期的教学效果。

（五）通过教材分析，教师能提高自身的专业素质

物理教学过程需要物理教师对教材进行深入细致的分析，切实领会和掌握教材的编写意图，熟悉整个教材的基本内容及特点。因此，教材分析是物理教师进行教学研究的必要过程，也是物理教师不断加强自身专业素质和加深理解教育教学理论的过程，能够充分体现物理教师的教学能力和创造性。

三、物理教材分析中的知识分析、方法分析、学习心理分析

我们在进行物理教材分析时主要从知识、方法、学习心理三个方面因素来分析。

（一）知识分析

知识分析以分析教材中的知识为主，涉及教材整体（全书）、主题（章）、节（课时）和知识点，主要包括对知识的地位和作用的分析、重点和难点的确定、知识应用的分析、知识与知识之间的联结及知识中蕴含的

思想教育因素分析。

第一，知识的地位和作用的分析。主要分析本部分的知识在整个物理教材知识体系中起到的作用，以及在整个物理学发展过程中的地位。例如，牛顿定律是整个动力学的基础，也是经典物理学的核心和基础，还是动力学的重要定律之一。

第二，重点和难点的确定。确定重点的依据有：（1）在教材知识体系中处于核心位置或构成知识结构主体的知识，如牛顿第二定律、万有引力定律等。（2）在实际中被广泛需要的知识，如气态方程、折射定律等。（3）对培养学生能力和教会重要方法有重大作用的知识与方法，如受力分析、伽利略理想实验等。不同的学生认知特点不同、对同一知识的理解和掌握的难易程度不同，难点主要是学生难理解、较难掌握的知识。确定难点的依据：（1）抽象程度较高的知识和方法，如电容的概念、简谐运动过程等。（2）准备知识不足的教学内容，如瞬时速度的概念，因高一学生缺乏数学中极限的思想。（3）感性知识不足的内容，如场、物质波等，因学生不容易想象到物质空间的状态。

第三，知识应用分析。让学生在学习知识的过程中，认识到知识在科学技术、生产和生活中的实际应用及价值，体会物理与生活之间的联系，明确物理学习的实际目的。

第四，知识与知识之间的联结。要分析和研究所学教材内容与前后教材内容之间的相互联系，例如，分析高中物理、初中物理和大学普通物理在知识上的联系，分析如何用大学物理知识来解释高中无法深入说明的内容。还要分析所学教材内容与其他学科内容之间的联系，加强横向学科之间的沟通，体现学科之间的综合。

第五，知识中蕴含的思想教育因素分析。分析和挖掘教材知识中蕴含的思想教育的价值，是教材分析的重要任务。（1）科学精神的培养。任何知识都具有多重价值，因为任何知识的获得都不是一个孤立的过程，它是科学家运用一定的科学研究方法，经历艰难、曲折的探索过程而获得的。这个过程倾注了科学家的智慧，体现了科学家注重事实、坚持真理、持之以恒的科学精神。在教材中增加物理学史、物理学家感人的故事和科学探究等内容，能够帮助学生理解科学的性质，养成良好的科学态度和学习习惯。（2）爱国主义教育。这是我们物理教育自古以来一直倡导的教育理念。利用对世界物理学发展的描述，以及物理学对现代科技进步做出的贡献，进行爱国主义教育，激发学生的民族自豪感。为此，教材中设置了 STSE（"科学·技术·社会·环境"的简称）教育的部分，将 STSE 思想渗透于物理教学中，不但可以让学生开阔视野，激发学生学习物理知识的兴趣，而且可以让学生关注并参与到有关的社会问题的讨论中，以增强学生的社会责任感，培养学生的爱国主义精神。

（二）方法分析

中学物理教材中的方法分析，一是教学内容中蕴含的研究物理学的科学方法；二是教材中讲述知识、技能和方法所采用的教学方法。物理教材中的科学方法可以按由高到低的层次分为以下四类：（1）哲学方法，即辩证唯物主义的方法，有助于学生加深对哲学方法的理解。这类方法体现在各个学科的学习中。（2）普通逻辑的方法，包括比较、概括、分析、综合、演绎、归纳等，是物理教材使用最频繁的方法，要学习物理必须掌握这类方法。这类方法同样适用于其他学科。（3）物理学方法，即物理学科的具体科学方法，包括观察方法、实验方法、理想化方法、类比方法、假说方法和数学方法，它们是物理教材中核心的科学方法，是物理学特有的研究方法，这类方法是教材方法分析中的重点，也是学生学习的重点。（4）解决具体问题的方法，这类方法在物理教材中种类繁多，如解决问题常用的隔离分析的方法、等效变换的方法、叠加的思想、极限逼近法等，都属于这个类别。这类方法可用于解决具体的问题、反映物理学特色，但是又过于具体，不足以反映物理学发展过程中科学方法的主要特点。物理知识中隐藏着重要的方法论因素，如何将这些潜在的方法发掘出来，是我们方法分析的重要任务。

教材中讲述知识、技能和方法所采用的教学方法，已经在前面的章节中介绍过。

（三）学习心理分析

学习心理分析是从学生的学习心理入手，挖掘和研究教材中的心理因素。教材的心理分析一般从两方面进行：一是从分析教材的心理因素入手，分析编者在全书的整体结构设计、内容选取与安排、教材的主要风格和特点等方面是如何适应学生的心理发展的；二是分析学生在学习具体环节时的心理过程、特点及障碍，以便在教学实施过程中更好地落实教学要求。例如，新课标初中物理教材充分注意到学生的心理特征，教材内容图文并茂、生动活泼，还增加了许多活动设计，充分调动了学生的学习主动性，增强了学生物理学习的兴趣。

四、物理教材分析的一般步骤

教材分析的依据主要是课程标准、教材和学生，因此，分析和处理物理教材时需要围绕这三个方面。

（一）熟读物理课程标准

教师在进行教材分析之前需要熟读和理解物理课程标准的内容，明确中学物理课程在整个中学物理教育中的地位和作用。

（二）了解所使用的物理教材的特点

物理教材编写的意图、教科书的特色、新教材和原有教材在内容整体结构上的差异、必修教材的特点、选修教材的特点等都需要教师了解和掌握。例如，了解新教材的特点，新课程高中物理（人教版）必修教材的特色：（1）注重基本内容的讲解，同时设立各种栏目提供选择（说一说、做一做、科学漫步、STSE、课外阅读、推荐网站、课题研究等）。（2）联系实际，注重兴趣。注意选材的实际性和趣味性，注意概念和规律的实例尽可能联系学生生活，注意引导学生用学过的知识解释生活现象、解决实际问题。（3）注重科学探究，探究形式应多种多样。（4）关注科学的人文内涵。在学习物理知识的同时关注物理学与社会的关系，体现科学的文化价值；设立 STSE 栏目，让学生更多地了解物理学发展与社会发展的互动关系。

例如，2010 年版高中物理（人教版）教材和 2019 年版普通高中教科书（人教版）物理教材在章节上的差异。2010 年版高中物理教材按照物理学中的力学、电学、热学、光学、原子物理的顺序安排内容，在选修 2－1、选修 3－1 中选择 1 个电学模块 2 学分，完成必修学分。按照 2017 年版课程标准，学生在高一学习力学必修模块 4 学分，内容与 2003 年版基本相同。高二上半年学习电学必修 3 模块 2 学分，在内容方面的要求高于 2003 年版选修 1－1、低于选修 3－1，完成必修学分。之后，高考选考物理的学生再学习更深入的力学和电学其他内容，并进一步学习热学、光学和原子物理的内容。对全体学生而言，2017 年版课程标准加强了对必修内容的要求，体现了对共同基础的重视。此外，在选择性必修系列模块的设计中，动量与动量守恒定律这一物理学中的重要基础内容，也被安排到前面（选择性必修 1）；另一特点是在选修中，分类设计了物理学与社会发展、物理学与技术应用、近代物理学初步等内容。根据学生的不同选择，"物理学与社会发展""物理学与技术应用"模块在内容的广度上拓宽了，有利于学生开阔视野，将物理和社会生活实践联系起来。

（三）对教材的内容进行整体分析

教师应从整体上对教材的内容进行分析，主要从以下几个方面考虑：（1）教材内容的逻辑结构。（2）教材中的重点和难点知识。（3）教材的内容在生活、生产、科学技术与社会中的重要的实际应用。（4）教材中所包含的科学方法和能力培养因素。（5）教材中渗透的思想教育因素。（6）教材的地位和作用。

（四）对教材中的每一节内容进行具体分析

教材中的每一节内容在教材分析中变得具体、详细，要求我们对教材的每一段内容、每一句话、每一个字都要认真阅读，仔细斟酌。主要从以下几个方面思考：（1）透彻地理解该节内容的全部知识，深入了解与这部分内容相关的背景材料，能从大学物理的高度看待中学物理教材的知识。（2）了解本节课在教材中乃至在物理学发展过程中的地位和作用。（3）分析学生学习本节课的心理特点，找出学生学习时易犯的错误并分析原因，寻求突破的方法，并选择适当的教学方法。（4）选择适合本节课的教学方法和学生学习的方法。

五、物理教材分析中遇到的问题

(一) 对自己的角色没有清晰的认识

在教材分析的过程中，师范生认为自己还是在学校学习的学生，没有将自己定位成真正的教师。因此，在面对中学物理教材时，他们会完全按照教材的内容进行分析。实际上，教师应该是教学过程的参与者、设计者。师范生往往忽视了自身的能动性，刻板地分析教材。在分析教材的过程中，师范生又过于突出对知识维度教学目标的分析，而容易忽略科学态度与责任的教学目标。这主要是因为知识的情感价值蕴藏在物理知识中，具有隐蔽性，容易被忽略。师范生只有有意识地去分析这些隐含的因素，才能更好地发挥教材的情感价值和思想教育价值。

(二) 缺乏对学习者 (中学生) 的诊断

对学习者的诊断主要从学习者的起点能力、学习者的生活概念和学习者的认知方式上诊断。(1) 学习者起点能力的分析。学生的起点能力是指学生学习新知识与技能前必须具备的原有知识与技能水平。师范生在进行教学分析时要准确地分析学生所具备的起点能力，通过诊断测验、作业批改和提问等方式确定学生的起点能力水平，以便能在学习新知识时采取相应的措施，确保学生具备接受新知识必需的起点能力。(2) 学习者生活概念的分析。学生在课堂上学习科学知识之前，往往通过日常生活实践获得了一些经验性的知识，即生活概念。学生已有的生活概念会直接影响到学生对科学概念的理解，特别是某些错误的生活概念在学生头脑中根深蒂固，会对学生理解科学概念起阻碍、消极的作用。这就要求师范生在进行教材分析时必须了解学生已经知道了什么、怎么得来的，特别是要找出学生头脑中存在的错误的生活概念，并采取一定的措施，帮助学生纠正头脑中的错误认知，建立正确的科学概念。(3) 学习者认知方式的分析。所谓认知方式也称认知风格，是指个体偏爱的加工信息方式，表现在个体对外界信息的感知、注意、思维、记忆和解决问题的方式上。例如，发问质疑型学生的科学学业成就显著优于记忆型或应用型学生，而且具备发问质疑型偏好的学生在创造力、科学态度、科学兴趣、好奇心等方面均优于记忆型的学生。师范生在进行教材分析的时候要考虑到中学生的认知风格，通过教学帮助中学生形成自己特有的认知风格。

（三）需要不断创新

教材分析的过程，需要师范生不断反思与不断创新。面对教材，师范生要考虑教材本身是否符合物理课程标准的要求，如教材的科学性、思想性、系统性和实践性等。例如，可以对现行教材（包括实验）的内容、体系是否趋于合理提出修改建议，或对物理教学中应该补充的内容进行研究，或对物理教材中容易被忽视的问题进行研究，或比较中外物理教材的不同。将科学知识、科学方法及科学态度与责任等几个维度的教学目标充分展现出来，并相互融合在一起，使教学活动具有更加丰富的教育内涵和科学内涵。

第二节　人教版"物理必修第一册"教材分析

本节内容主要以人教版《普通高中教科书物理必修第一册》教材为例，对教材中的知识、方法和学生的学习心理进行分析，从而使师范生掌握教材分析的方法。

一、"运动的描述"教材分析

（一）结构和功能分析

1. 知识的逻辑结构图

知识的逻辑结构图是指对所学的内容进行整理并制成比较系统完整的知识结构图，在心理学中被称为知识网络图。它可以是树状结构图，也可以是表格式结构图，还可以是箭头式结构图等，主要的目的是厘清知识脉络，帮助学生记忆和理解知识。这部分需要学习者自己完成。

2. 重点和难点

（1）重点

①理解加速度的概念、匀变速直线运动概念；理解质点概念以及初步建立质点模型所采用的抽象思维方法。②如何将数学上的坐标轴与实际的物理情境结合起来建立坐标系。③在研究具体问题时，如何选取坐标系。

（2）难点

理解瞬时加速度概念、加速度概念。

3. 知识的应用

通过"运动的描述"的学习，学生了解了描述物体运动的基本方法。关于参考系的教学，教师可以让学生举例说明"同一物体对不同的参照物运动情况不同"。坐标系的建立是教学的重点，教师可以列举具体事例让学生思考如何选择坐标轴、正方向、坐标原点，以及如何确定坐标轴上的刻度值。

学生清楚描述物体运动需要的物理量是时刻、时间、速度和位移。教师要帮助学生正确地认识生活中的时间和时刻；理解位移的概念，会用有向线段表示位移。时间是时间间隔的简称，指一段持续的时间间隔；时刻是指某一瞬间，在时间坐标轴上对应于一点；位移是指初位置指向末位置的有向线段，是矢量，与运动路径无关，只由初末位置决定；路程是质点运动轨迹的长度，是标量；等等。

4. 科学方法

（1）理想化方法

①质点的概念——对象模型。教师需要讲清楚将物体简化成质点的作用与将物体看成质点的条件。只有质量，没有形状和大小的点叫作质点。物体简化成质点的条件：物体的大小和形状对所研究问题的影响可以忽略不计。质点是一种科学抽象，一种理想化的物理模型。

②匀速直线运动的过程、匀变速直线运动的过程都是理想过程模型。

（2）数学方法

①用比值定义物理量的方法

例如，速度的定义、加速度的定义。

②图像的方法

用图像反映运动规律，例如匀速直线运动图像、匀变速直线运动的图像。

（3）物理学中具体的研究方法

①等效的方法

例如，平均速度的概念。

②极限逼近的方法

例如，瞬时速度的概念。

5．思想教育因素

培养学生学会用哲学的观点来看待物理知识，使学生认识到运动是宇宙中的普遍现象，运动和静止的相对性；培养学生热爱自然、勇于探索的精神，使学生形成良好的思考习惯。

6．地位和作用

引用教材第 8 页的一句话，霍尔顿说："无论从逻辑上讲还是从历史上讲，力学都是物理学基础，也是物理学及其他科学研究的典范……"

（二）学习心理分析

学生学习这部分内容存在的困难主要表现在以下几个方面：

1．瞬时速度概念的认知准备

①理性思维与感性经验的冲突。②未能理解极限逼近的思想方法。在生活中，学生感受到的瞬时速度是某一时刻的速度，而我们在推导瞬时速度公式时用了极限逼近的方法（足够短时间内的位移与时间的比值），这与学生原有的认识发生冲突。

2．对矢量的理解

高一学生刚接触矢量，可借鉴的生活经验较少，既要了解矢量的大小，又要理解矢量的方向，并且矢量之间的运算不遵循一般的代数法则，而遵循特殊的运算法则。比如位移、速度这样的物理量都是矢量。而有些物理量，只具有数值大小，不具有方向，这些量之间的运算遵循一般的代数法则。例如路程、速率这些物理量就是标量。学生在矢量方向上的学习容易出现理解上的困难。

如匀变速直线运动的加速度，学生认为物体做加速运动，加速度就为正值，物体做减速运动，加速度就为负值，产生对矢量正负号的错误理解。

3. 运动学公式的记忆和运用

匀变速直线运动规律一般应用在解决图像问题和追及问题，学生存在的困难在于选用哪些公式来列方程。熟记和运用直线运动的重要推论往往是解决问题的捷径。

（三）知识内容与教学分析

1. 质点　参考系

（1）质点的概念

（2）理想化模型

（3）一个物体看成质点的条件，由所研究的问题决定。同一个物体，由于所要研究的问题不同，有时可以看成质点，有时不能看成质点。

（4）运动和静止都是相对的。选取参考系不同，对物体运动的描述可能不同。参考系的选择是任意的，一般选择地面或相对地面静止的物体。建立适当的坐标系，包含原点、正方向和单位长度。质点做直线运动时，一般选质点的运动轨迹为坐标轴。

2. 时间　位移

（1）时刻和时间间隔

教师结合坐标系讲清楚"第三秒内""三秒末""三秒内"三个短语的区别和含义。逐个解释名词效果不好，可通过一个实例让学生分析、讨论各个概念间的联系和区别。

（2）位置和位移

知道两者的区别和联系：位移是矢量，路程是标量；位移是始点指向终点的有向线段，路程是始点到终点的距离。

位移是矢量，学生第一次接触矢量在理解上会存在困难，教师可以用有向线段直观、形象的特点表示矢量，通过列举实际的例子帮助学生理解。尤其是矢量相加法则的运用，要循序渐进，让学生慢慢领悟。

3. 位置变化快慢的描述——速度

（1）速度

①速度 $v=\dfrac{\Delta x}{\Delta t}$，即位移与发生这段位移所用时间之比表示物体运动的快慢。②用比值定义法来定义物理量。③它是矢量，反映了物体运动的快慢。

（2）平均速度

①一般来说，物体在某一段时间内，运动的快慢通常是变化的。所以，由 $\dfrac{\Delta x}{\Delta t}$ 求得的速度 v，表示的只是物体在时间 Δt 内运动的平均快慢程度，叫作平均速度。②矢量性：方向与 Δx 方向相同。③明确是哪段时间、哪段位移。④平均速率：运动路程对时间的比值，是标量，需要注意的是平均速度与初中所学的速度有区别，现在学的速度是矢量。

（3）瞬时速度（速度）

①定义：运动物体在某一时刻（或某一位置）的速度。准确地讲，瞬时速度是物体在某时刻前后无穷短时间内的平均速度。②公式 $\vec{v}=\dfrac{\Delta \vec{x}}{\Delta t}$（$\Delta t\rightarrow 0$）（极限逼近法），数学推导过程 $\vec{v}=\lim\limits_{\Delta\to 0}\dfrac{\Delta \vec{x}}{\Delta t}=\dfrac{\mathrm{d}\vec{x}}{\mathrm{d}t}$。③物理意义：描述物体在某一时刻或某一位置运动的快慢。④矢量性：与物体此时刻的运动方向相同，即物体运动轨迹在该点的切线方向。⑤速率：瞬时速度的大小。

（4）速度—时间图像

画出匀速直线运动和匀变速直线运动的 $v-t$ 图像（图 11-1），分析图像的特征、意义和应用。

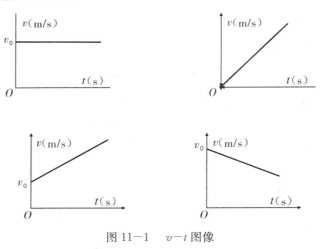

图 11-1　$v-t$ 图像

速度图像法是力学中一种常见的重要方法，它能够将问题中的许多关系，特别是一些隐藏关系，在图像上明显地反映出来，从而得到简捷的解题方法。

4. 速度变化快慢的描述——加速度

（1）定义：物理学中把速度的变化量与发生这一变化量所用时间之比叫作加速度。（加速度也是速度的变化率，它描述速度变化的快慢和方向。）概念的得出要从学生熟悉的现象出发，师生互动、积极讨论。

（2）比值定义 $a=\dfrac{\Delta v}{\Delta t}$，数学推导 $\vec{a}=\lim\limits_{\Delta t \to 0}\dfrac{\Delta \vec{v}}{\Delta t}=\dfrac{\mathrm{d}\vec{v}}{\mathrm{d}t}$。

（3）a 的物理意义：描述速度变化的快慢。

（4）加速度的方向：在直线运动中，如果速度增加，那么加速度方向与速度方向相同；如果速度减小，那么加速度方向与速度方向相反。关于加速度的方向，有两种学习方法：一是把变速运动局限在直线运动范围内，规定初速度的方向为正方向，加速运动时末速度大于初速度，按公式计算出加速度为正值，从而得出加速运动时加速度的方向和初速度方向相同。减速运动亦同。二是引出速度变化量的概念，根据加速度的定义式，得到加速度方向与速度变化量的方向之间的关系，从而确定加速度方向。前一种方法容易被学生接受，后一种方法比较严密，可用于讨论曲线运动的加速度，但难度较大，不易被学生接受。

（5）单位：国际单位"m/s²"，读作"米每二次方秒"。

（6）a 与其他物理量的辨析：学会区分速度、速度的变化量及速度的变化率；对于 a 的理解要让学生明白末速度不一定比初速度大，末速度也可以为零；加速度是矢量，有正负之分，正负号表示它的方向，表示加速度方向与速度方向之间的关系，表示物体是做加速运动还是减速运动。

二、"相互作用——力"教材分析

（一）结构和功能分析

1. 知识的逻辑结构

知识的逻辑结构可以通过树状结构或网络结构体现。

2. 重点和难点

（1）重点

滑动摩擦力的概念、静摩擦力的概念、摩擦力的计算、胡克定律的运用、力的合成与分解。

（2）难点

重心的概念、弹力的方向、静摩擦力的方向、力的分解。

难点的成因：重心的概念比较抽象，需要用到等效的思想；学生对弹力的方向缺少感性认识，不能清楚地感知弹力的作用效果；静摩擦力在很多情况下"似有非有"，方向不容易判断。

3. 知识的应用

这部分内容介绍了自然界中的四种基本相互作用、流体的阻力，并将物理知识及其在社会、技术中的应用介绍给学生，体现了物理与生活的关联性。

通过了解生活中增大和减小摩擦力的实例，学生产生将物理知识应用于生活和生产的意识。

4. 科学方法

等效的思想方法（重心的概念、力的分解）、实验归纳的方法（求合力的探究实验）、作图法（求合力和分力）。

5. 思想教育因素

激发学生探究科学本质的热情。例如在学习摩擦力的时候，学生会询问摩擦力是怎么产生的，教师要向学生说明，科学界还没有完全解释清楚其原因，目前认为是电磁力的残余造成的，还需要进一步研究解释。

6. 地位和作用

这部分内容讲述了与"力"有关的基础知识，是研究静力学和动力学所必需的预备知识。通过学习一些具体的力的知识，如重力、弹力、摩擦力等，为以后学习其他更加抽象的力打好基础。通过学习力的合成与分解过程，学生进一步探究矢量的运算方法，有利于对矢量的认识和学习。

（二）学习心理分析

1. 对矢量计算缺乏感性认识

高一学生刚接触矢量，对矢量运算没有任何生活经验可以借鉴，也没有任何感性的认识，这就需要教师引导学生通过对力的合成实验的探究，切身体验矢量的运算。

2. 对力的分类混淆不清

学生认为推力、拉力、压力、支持力是属于不同类型的力。在中学，主要根据力的性质来分类，力可以分为接触力和场力。事实上，推力、拉力、压力、支持力都属于弹性力。

3. 表达和理解上存在一些错误认识

（1）把摩擦力叫作摩擦阻力，原因是学生往往认为摩擦力总是阻碍物体的运动。

（2）认为接触面越光滑，摩擦力越小。实际上，如果接触面非常光滑，那么摩擦力反而增加。

（三）知识内容与教学分析

1. 重力与弹力

（1）力

在力学中，物体间的相互作用抽象为一个概念——力。力是一个物体对另一个物体的作用。

力的性质：物质性，力不能脱离物体而独立存在；矢量性，既有大小又有方向；相互性，力总是成对出现；独立性，一个物体同时受几个共点力的共同作用，每个力各自独立地产生作用效果，好像其他力不存在一样。

力的三要素：大小、方向、作用点。

力的大小：用弹簧测力计测量。

力的单位：国际单位"牛顿"，符号"N"。

力的图示和力的示意图：力的图示，用一条带箭头的有向线段来表示力，线段的长短表示力的大小，箭头表示力的方向，线段的箭头或箭尾表示力的作用点（箭头或箭尾常画在力的作用点上）；力的示意图不需要画出力的标度，只用一个带箭头的线段表示出力的大小和方向即可。

力的分类：按性质，重力、弹力、万有引力、摩擦力、电场力、分子力、磁场力、核力；按作用效果，向心力、拉力、动力、阻力等。

（2）重力

①重力概念

由于地球的吸引而使物体受到的力叫作重力。

地球表面上的物体所受的万有引力可以分解成物体所受的重力和随地球自转做圆周运动的向心力，即重力是万有引力的分力（这个问题可以在天体运动中来研究）。

当物体在赤道上时，$F_{向}$ 达到最大值，重力最小；当物体在两极时，重力等于万有引力，重力达到最大值；当忽略地球自转时，通常认为重力等于万有引力。

②重力的大小

$G=mg$，重力加速度不是恒定的。纬度越高，重力加速度越大；高度越高，重力加速度越小。重力加速度随纬度的变化而变化，但是变化很小，通常认为地球表面的重力加速度相等。

③重力的方向

重力的方向是竖直向下的，而不是垂直向下的，让学生真正理解"竖直向下"的含义。

④重力的作用点（重心）

教科书中用等效的思想引入重心的概念。等效的思想：一个物体各个部分都受到重力的作用，从效果上看，可以认为各部分受到的重力作用集中于一点，这一点叫作物体的重心。影响重心位置的因素：质量分布和物体的形状，还可以应用二力平衡的知识通过实验来确定形状不规则物体的重心位置。

（3）弹力

弹力是高中力学的基础内容和重要内容，是高一学生在学习过程中的一个难点，应该让学生体会弹力的产生原因和条件；通过放大微小形变的演示实验，拓宽学生的知识面，激发了学生的学习兴趣。弹力的方向是本节的重点和难点，学生通过实验探究弹簧弹力与形变量的关系，进而得出胡克定律。

①讲清楚弹力的产生条件

相互接触，发生弹性形变。

②演示实验（放大原理）

让学生体会到微小形变虽然不能直接观察，但可以通过其他办法来放大微小形变。这种"放大"的方法是物理学中经常用到的方法。

③弹力的方向

弹力的方向是教学的难点，应根据不同物体间的相互作用来分析弹力的方向（图11-2），让学生体会并总结弹力的方向，以培养学生分析问题、解决问题的能力。

轻绳弹力：轻绳只能产生拉力，不可能产生压力，方向沿绳指向绳子收缩的方向。轻杆弹力：可以是拉力，也可以是压力；方向可能沿杆，也可能不沿杆。接触面产生的弹力：压力、支持力，方向垂直于接触面指向恢复形变的方向；接触面若是曲面，弹力方向垂直于曲面的切面。

 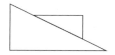

图11-2 物体间弹力的方向分析

④探究实验，得出胡克定律

教材中给出了探究弹簧弹力与形变量的关系的实验，需要学生动手操作，得出数据，根据数据作出 $F-x$ 图像，由图像得出结论，即 $F=kx$（k：弹簧的劲度系数，与弹簧的材料、弹簧的横截面积和弹簧长度等因素有关）。

教师可以讲解公式中物理量的意义：胡克于 1678 年从实验中总结出对于有拉伸或压缩变形的弹性体，在弹性限度内，应变 ε 与应力 σ 成正比，即 $\sigma=Y\varepsilon$，比例系数 Y 称为材料的杨氏模量，是描写材料本身弹性的物理量。当物体发生弹性形变时，物体内部将出现相互作用的内力，若横截面积为 S，内力在截面法线方向的分量为 F_n，则应力为 $\sigma=\dfrac{F_n}{S}$。设 l_0 为物体的原长，l 为拉伸或压缩后的长度，绝对伸长 $\Delta l=l-l_0$，则应变为 $\varepsilon=\dfrac{\Delta l}{l_0}$。因此，一般的胡克定律又可表示为 $\dfrac{F_n}{S}=Y\dfrac{\Delta l}{l_0}$。把上式用于弹簧的拉伸或压缩，这时 $\Delta l=x$，$F_n=f$，就有 $f=Y\dfrac{S}{l_0}x$。与 $f=kx$ 对比，弹簧劲度 $k=Y\dfrac{S}{l_0}$。由此可知，弹簧劲度 k 与下列因素有关：a）与杨氏模量 Y，即与材料的物理性质有关。b）与弹簧的截面积 S 的大小有关。c）与弹簧的原长 l_0 有关。

2. 摩擦力

学生在初中学习了有关摩擦力的知识，高中将继续延伸和拓展这部分知识。这部分内容是本章的重点，也是难点。摩擦力问题具有复杂性，在具体问题中又表现出"动中有静，静中有动"。静摩擦在许多情形下似乎又是"若有若无，方向不定"，对于初学者来说不容易理解。考虑到学生的认知规律和实验发生的先后顺序，教材先讲滑动摩擦力，然后介绍静摩擦力。

（1）滑动摩擦力

①由演示实验引出滑动摩擦力，给出滑动摩擦力的概念，即两个相互接触的物体，当它们相对滑动时，在接触面上会产生一种阻碍相对运动的力，这种力叫作滑动摩擦力。滑动摩擦力的方向总是沿着接触面，并且跟物体相对运动的方向相反。

②给出滑动摩擦力产生的条件。

③公式：滑动摩擦力 $f = \mu N$，μ 是比例系数，叫作动摩擦因数，它的值与接触面有关，接触面材料不同、粗糙程度不同，动摩擦因数也不同。

④与滑动摩擦力有关的物理量：物体的质料、表面情况、正压力，还和相对速度 v 有关。如图 11-3，在刚开始的时候，滑动摩擦力（F）比最大静摩擦力（F_0）小，而且随着相对速度的增大而继续减少，以后又随着相对速度的增大而增加。

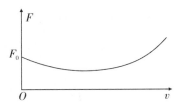

图 11-3　滑动摩擦力 F 的大小与物体运动速度的关系

（2）静摩擦力

①人用平行于地面的力推沙发，沙发出现相对地面的运动趋势，但它没有被力推动，由初中物理讲过的二力平衡知识，让学生判断摩擦力的方向和大小，之后增加推力，要动未动，得出最大静摩擦力，继续增加推力，沙发做匀速直线运动，沙发受到滑动摩擦力的作用。

②静摩擦力 $f = F$（F 为物体所受的外力），$0 < F \leqslant f_{max}$，$0 < f \leqslant f_{max}$。

③产生条件：两物体接触并相互挤压，物体之间有相对运动趋势，接触面粗糙。

④相对运动和相对运动趋势

教科书中让学生举例说明静摩擦力的作用，并让学生分析静摩擦力的方向。例如，手握瓶子在空中静止时，瓶子受到静摩擦力的方向如何？学生根据平衡条件能比较容易地判断出瓶子受到的重力和静摩擦力是一对平衡力，瓶子受到的静摩擦力向上，但瓶子相对于手有向下运动的趋势。教师要引导学生分析相对运动趋势方向，以培养学生思考问题的能力。

（3）滚动摩擦

当刚性圆柱体在地面上滚动时，圆柱体与地面接触处会发生形变（图

11-4）。将支持力$\vec{Q}$分解，$\vec{N}$与$\vec{G}$大小相等，由于不在同一直线上，会产生转动加速度，转动方向为逆时针，阻碍圆柱的转动。$\vec{f}$可看成静摩擦力。根据力的平移法将$\vec{N}$移到圆柱的质心O，这时将附加力偶矩$\vec{M}_{滚}$。$\vec{N}$与$\vec{G}$相平衡，这样等效后，圆柱受到$\vec{f}$和$\vec{M}_{滚}$的作用。$\vec{M}_{滚}$起到阻碍刚体运动的作用，其大小$M_{滚}=N\delta$，δ叫滚动摩擦系数，与接触面的材料、粗糙程度和滚动速率等有关。所以，滚动摩擦的实质是力偶矩而不是力。

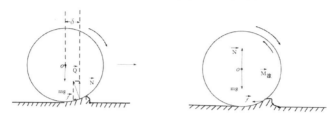

图 11-4　刚体受到的滚动摩擦分析图

（4）流体的阻力

教材中的科学漫步，探究流体的阻力跟物体的哪些因素有关。流体（气体或液体）不会对与它相对静止的物体施加摩擦力，但是对在其中运动的物体施加阻力。对于比较小的物体，在黏性较大的流体中缓慢运动时，所受的黏滞阻F与物体运动的速度v、横截面积S的方根、黏滞系数η成正比。例如，球形物体受到的黏滞阻力为$F=6\pi\eta vr$（r为球的半径、v为球体运动的速度、η为流体的黏滞系数），这就是著名的斯托克斯公式。对于比较大的物体，在黏性较小的流体中快速运动时，所受的黏滞阻力F与物体运动的速度v的平方、横截面积S成正比、与黏滞系数η无关。例如，圆柱体受到的黏滞阻力$F=\dfrac{1}{2}C_D\rho dlv^2$（$\rho$、$d$、$l$分别表示流体密度、圆柱体的直径、长度，$C_D$为阻力系数），汽车运动属于这种情景。

3. 牛顿第三定律

（1）定律的意义：牛顿第三定律是牛顿对力学基础理论最具独创性的贡献，形象而深刻地揭示了自然界中相互作用的物体之间的规律与特点。牛顿第三定律的应用非常广泛，凡是涉及两个或两个以上物体的物理过程的解答，往往都需要应用这一定律。

（2）定律的内容：两个物体之间的作用力和反作用力总是大小相等，方向相反，作用在同一直线上。

（3）力是物体间的相互作用：物体间的作用是相互的，一个物体受到另一个物体的作用，一定会有这个物体对另一个物体的作用。也就是说，一个物体如果是受力物体，它同时也是施力物体；物体间的相互作用是一对力，叫作作用力与反作用力。

（4）适用范围：惯性系和非惯性系中都适用。

（5）一对作用力、反作用力和一对平衡力的比较（见表11-1）。

表 11-1　作用力、反作用力和二力平衡

内容	作用力和反作用力	二力平衡
概念	作用力和反作用力是指相互作用的两个物体之间的一对作用力	二力平衡是指作用在同一物体上的两个力，大小相等，方向相反，并且在同一直线上
力的性质	一定为同性质的力	不一定为同性质的力
作用对象	作用在两个相互作用的不同的物体上	作用在同一物体上
依赖关系	相互依存，不可单独存在，具有瞬时对应关系，同时产生、同时变化、同时消失	无依赖性，不一定同时产生、同时变化、同时消失
叠加性	二力作用效果不可抵消，不可叠加，不可求合力	二力作用效果可相互抵消，可叠加，可求合力，且合力为零
相同点	等大（大小相等）、反向（方向相反）、共线（作用在同一条直线上）	

（6）牛顿第三定律教学的关键：让学生进一步深化力的概念；切身感受到力的作用的相互性；确切相信作用力与反作用力的普遍适用性；暴露出作用力与平衡力的混淆；学会综合应用牛顿第三定律分析问题。

4. 力的合成和分解

教科书用生活中常见的事例"水桶所受力"引入了合力、分力的概念以及等效替代的物理思想，接着通过探究性实验"探究两个互成角度的力的合成规律"得出求合力的方法——平行四边形定则。

（1）等效思想

如果 F_1 和 F_2 共同产生的效果与力 F 产生的效果相同，力 F 就叫作力 F_1 和 F_2 的合力。

（2）力的合成

求几个力的合力的过程叫作力的合成。

（3）求合力的方法

学生自己动手做实验，通过实验得出力的平行四边形定则。

结论：求互成角度的两个力的合力，可以用表示两个力的有向线段为邻边作平行四边形，平行四边形的对角线表示合力的大小和方向，这就是平行四边形定则。在此处，教师可以补充讲解三角形定则，即把两个共点力中的一个平移，使它们首尾相连，再用一个有向线段与两个力连接成一个三角形，第三边就是合力。

（4）定量计算合力关系式

$F = \sqrt{F_1^2 + F_2^2 + 2F_1F_2\cos\theta}$，$\mid F_1 - F_2 \mid \leqslant F \leqslant \mid F_1 + F_2 \mid$，其中 $0° \leqslant \theta \leqslant 90°$，合力>分力；当 $90° < \theta < 180°$，合力<分力；$\theta = 120°$，合力=分力。

（5）力的分解

求一个力的分力的过程叫作力的分解，力的分解遵循平行四边形定则（图 11-5）。即把已知力作为平行四边形的对角线，平行四边形的两个邻边就是这个已知力的两个分力。同一个力可以分解为无数对大小、方向不同的力，在实际问题中按力的作用效果来分解。

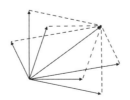

图 11-5　力的分解图

（6）通过实验让学生体会分力的效果

学生用铅笔、细线和橡皮来进行实验，通过痛觉来感受力的作用效果。重物（橡皮）的重力产生两个效果：对铅笔一个压的效果，对细线一个拉的效果（图 11-6）。

（7）力的分解成为难点的原因

学生在学习力的分解时存在的问题：力的合成需要集中思维，求几个力的合力，而力的分解需要发散思维，将一个力分解成几个力。在力的分解过程中，学生需要构想分解方案，并选择方案，高中学生发散思维不强，缺乏变通性、流畅性，所以不能灵活地对力进行分解；学生感性经验不足，对一个力产生的作用效果不清楚，或者感觉错误。因此，教师在教学的时候要让学生通过触觉亲身感受到力的作用效果（图 11-6）。

图 11-6　弹力作用效果图

（8）学生存在的错误认识

学生认为力的合成与分解是求作用在物体上的新力，尤其是把分力当成是一个新的力；认为合力一定比分力大。

（9）矢量相加法则

力是矢量，当求两个力的合力时不能简单地把两个力的大小相加，要按平行四边形定则来确定合力的大小和方向，只要是矢量求和就都遵循平行四边形定则（或三角形定则）。

5. 共点力的平衡

物体受到几个力的作用时，如果保持静止或匀速直线运动状态，我们就说这个物体处于平衡状态。物体处于平衡状态的动力学条件是 $F_合=0$ 或 $F_x=0$、$F_y=0$、$F_z=0$。注意：静止状态是指速度和加速度都为零的状态，如做竖直上抛运动的物体到达最高点时速度为零，但加速度等于重力加速度，不为零，因此，不是静止状态。

（1）静止状态和匀速直线运动状态看起来这两种运动形式是对立的，其实并没有本质的区别，只不过是选取的参考系不同而已。

（2）出现静止或匀速直线运动的不同状态是由于初始瞬间的运动状态不同而造成的，如果此时物体是匀速直线运动状态，它就会保持匀速直线运动。

（3）速度为零与静止不是一回事。若物体保持静止状态，则物体在任意时刻速度和加速度均为零，如果物体只是在某一时刻或某一位置速度为零，则此时物体并不能保持静止，如自由落体运动开始时刻并未处于平衡状态。

（4）三力平衡与多力平衡

三个共点力平衡时，其中任意两个力的合力一定与第三个力大小相等、方向相反，并且在同一直线上；若物体在 n 个非平行力的共同作用下处于平衡状态，这 n 个力的合力必然为零，其中任意"$n-1$"个力的合力必定与第 n 个力等值、反向，作用在同一条直线上。

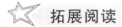 **拓展阅读**

"牛顿第一定律"教学分析

1. 牛顿第一定律的意义

牛顿第一定律定性地研究了力与运动的关系：①物体不受外力作用时的运动状态是匀速直线运动状态或静止状态，即力不是维持物体运动状态的原因。②物体一旦受到外力作用时即可改变原来的运动状态，由此可知力是改变物体运动状态的原因。③自然界中物体均具有惯性，没有不具有惯性的物体。显然，力与运动并没有直接的关系，力与运动状态的改变才是前后承接的因果关系。

2. 牛顿第一定律与牛顿第二定律的关系

学生存在的错误认识：认为牛顿第一定律是牛顿第二定律的特例。教师纠正：牛顿第一定律不是牛顿第二定律的特例，而是一条独立的规律。

①牛顿第一定律给出了力的定义。②牛顿第一定律给出了惯性的概念。③可以用牛顿第一定律来判断参考系是否为惯性参考系。

3. 物体运动状态的改变

物体在不受外力时，其惯性表现为物体保持静止或匀速直线运动状态；物体受外力的作用时，其惯性表现为物体运动状态改变的难易程度不同。在相同外力作用下，物体质量越大，惯性越大，改变物体的运动状态就越困难；反之，物体质量越小，惯性越小，改变物体的运动状态就越容易。

4. 牛顿第一定律发现过程

（1）历史回顾

亚里士多德认为力是维持物体运动的原因（错误的观点）；伽利略提出力不是维持物体运动的原因（理想斜面实验）；笛卡儿认为如果物体不受力，将沿同一直线运动；牛顿在前人的基础上总结并提出了牛顿第一定律。

（2）伽利略的理想斜面实验

经验事实：摩擦越小，越接近原高度［在②面分别铺上毛巾、木板和玻璃（图11-7）］；理想化：无摩擦时上升到原高度；推理1：倾角变小，若要上升到原高度，距离变长；推理2：倾角越小，小球通过的距离越长，当是水平面的时候，小球沿水平面永无休止地做直线运动；推理3：小球在无摩擦的水平面上运动，面上每个点都相同，所处的环境相同，小球速度不会变慢，也不可能变快，要是越变越快就达到无穷大的速度了，不符合客观实际，所以小球只能在无摩擦的水平面上做匀速直线运动；推理4：小球做匀速直线运动（笛卡儿）；结论：小球在无摩擦的水平面上所受到的合力为零，做匀速直线运动（牛顿提出）。

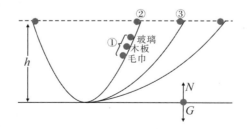

图11-7　伽利略理想斜面实验图

5．理想化实验方法

伽利略的理想斜面实验运用了理想化实验方法。这种方法是物理学进行研究的主要手段，它使我们在研究问题时避开次要因素，抓住主要矛盾，准确及时地探讨事物的本质，揭示规律，是在可靠的经验事实的基础之上采用科学的抽象思维而展开的。

 思考与讨论

1．在对教材内容进行分析的基础上，请画出"运动的描述"这一章内容的知识逻辑结构图。

2．在教学的过程中，如何纠正"运动需要力来维持"这一错误前概念？

3．请论述理想化的方法在物理教学中起到的作用。

4．在教材分析过程中需要对知识进行分析，请结合具体的教学内容进行知识分析。

参考文献

一、著作类

[1] 舒新城. 中国近代教育史资料（上册）［M］. 北京：人民教育出版社，1961.

[2] 廖伯琴，张大昌. 普通高中物理课程标准（实验）解读［M］. 武汉：湖北教育出版社，2004.

[3] 中华人民共和国教育部. 义务教育物理课程标准（2022 年版）［M］. 北京：北京师范大学出版社，2022.

[4] 中华人民共和国教育部. 普通高中物理课程标准（2017 年版）［M］. 北京：人民教育出版社，2018.

[5] 王震. 中学物理教学论［M］. 大连：辽宁师范大学出版社，2019.

[6] 于海波. 物理课程与教学论［M］. 吉林：东北师范大学出版社，2019.

[7] 张军朋，许桂清. 中学物理课程与教学论［M］. 北京：北京大学出版社，2021.

[8] 梁树森. 物理学习论［M］. 南宁：广西教育出版社，1996.

[9] 乔际平. 物理学习心理学［M］. 北京：高等教育出版社，1991.

[10] 施良方. 学习论［M］. 北京：人民教育出版社，2001.

[11] 乔际平，邢红军. 物理教育心理学［M］. 南宁：广西教育出版社，2002.

[12] 封小超，王力邦. 物理课程与教学论［M］. 北京：科学出版社，2005.

[13] 朱铁成. 物理课程与教学论［M］. 浙江：浙江大学出版社，2010.

[14] 郭怀中. 物理教学论［M］. 安徽：安徽师范大学出版社，2011.

[15] 乔际平，刘甲珉，万勇. 物理学科教育学［M］. 北京：首都师范大学出版社，1999.

［16］刘力. 新课程理念下的物理教学论［M］. 北京：科学出版社，2007.

［17］许国良，淘洪. 中学物理教学法［M］. 北京：高等教育出版社，2020.

［18］王较过. 物理教学论［M］. 西安：陕西师范大学出版社，2009.

［19］李新乡，张军朋. 物理教学论［M］. 北京：科学出版社，2009.

［20］冯杰. 中学物理课程与教学论［M］. 北京：北京大学出版社，2011.

［21］孙邦正. 中学教学法［M］. 北京：商务印书馆，1946.

［22］顾明远. 教育大词典（第一卷）［M］. 上海：上海教育出版社，1990.

［23］刘显国. 说课艺术［M］. 北京：中国林业出版社，2000.

［24］帅晓红. 中学物理微格教学教程［M］. 北京：科学出版社，2008.

［25］吴维宁. 新课程学生学业评价的理论与实践［M］. 广州：广东教育出版社，2004.

［26］张军朋. 物理教学与学业评价［M］. 广州：广东教育出版社，2005.

二、论文类

［1］范佳午. 2017 版和 2003 版《普通高中物理课程标准》比较研究［J］. 物理教师，2018，39（9）：2－8.

［2］李春密，张霄. 《义务教育物理课程标准（2022 年版)》的变化分析［J］. 物理教师，2022，43（6）：35－44.

［3］张东升. 我国中学物理教学方法改革趋势初探［J］. 现代中小学教育，2009（9）：32－34.

［4］单戈. 多媒体技术在初中物理教学中的应用研究［J］. 中学物理教学参考，2019，48（6）：17－18.

［5］郑莹. 初中物理微实验教学策略［J］. 现代中小学教育，2018，34（8）：47－50.

［6］沈光先，梁富珊，李璐. 教案与学历案的比较研究［J］. 遵义师范学院学报，2020，22（2）：86－88.

［7］周仲武. 说课及其要领［J］. 教育理论与实践，2008，28（9）：8.

［8］许鹏. 基于核心素养的"牛顿第三定律"教学设计［J］. 中学物理教学参考，2022，51（7）：21－24.

［9］张正严. 走向课堂教学的物理教学资源开发和利用［J］. 中学物理教学
    参考，2017，46（21）：16－20.

［10］张伟，郭玉英，刘炳升. 非常规物理实验：有待深入开发的重要物理
    课程资源［J］. 物理教师，2005（9）：47－50.

［11］张颖. 高中物理课程资源的应用实践［J］. 广西教育，2021（38）：
    115－116.

［12］郑志湖. 构建物理教学评价体系　促进学生核心素养发展［J］. 物理
    通报，2021（11）：148－152.

［13］李春密，杨薇，梁洁. 新课程理念下的物理课堂教学评价［J］. 物理
    教师，2006（3）：1－3.

［14］彭前程.《普通高中物理课程标准（2017年版）》的变化［J］. 课程·
    教材·教法，2018，38（9）：99－106.